O QUE ESTÃO FALTANDO SOBRE
ESTRATÉGIA DE PLATAFORMA

"*Estratégia de plataforma*, de Ojanperä e Vuori, é um livro singular. Combina a experiência prática de Ojanperä, alto executivo conhecedor das oportunidades e dos desafios da dinâmica de plataforma, com o trabalho de pesquisa de ponta de Vuori sobre o impacto do afeto e das emoções nas ações de uma equipe de liderança. Como resultado, *Estratégia de plataforma* é um livro extremamente útil, que trata de plataformas e de Inteligência Artificial associadas à mudança de estratégia de uma empresa e à sua consequente transformação organizacional. A singularidade deste livro é oferecer enfoques baseados tanto em pesquisa quanto em experiência prática, a fim de ajudar altos executivos a pensar e sentir seu caminho pelas estratégias de plataforma. Este livro tem lugar tanto na mesa dos líderes de empresa quanto na de acadêmicos."

Michael Tushman
Professor da Harvard Business School e coautor de *Liderança e Disrupção: Como Resolver o Dilema do Inovador* (Lead And Disrupt: How To Solve The Innovator's Dilemma), *Winning Through Innovation: A Practical Guide To Leading Organizational Change* e *Renewal And Navigating Change: How Ceos, Top Teams, And Boards Steer Transformation*

"Criar uma plataforma de negócios e adotar IA são hoje desafios fundamentais para muitas organizações. Ojanperä e Vuori aproveitam suas experiências, um como alto executivo e o outro como pesquisador de alto nível, para oferecerem um guia passo a passo capaz de transformar seu negócio. Você aprende a lidar não só com os difíceis desafios dos negócios, mas também com as mais sutis forças humanas que determinam se você será bem-sucedido ou não."

Professora
autora de *Edge: Tur*

"Este livro oferece um conjunto de enfoques abrangente e de vanguarda sobre como ser bem-sucedido em implantar plataformas de criação de valor, apoiado em tecnologias de altíssimo nível, como IA e aprendizagem de máquina. Oferece várias abordagens práticas passo a passo, para que executivos possam planejar sua implementação de ofertas baseadas em plataforma. Um dos valores mais destacados do livro é combinar considerações *hard* e *soft*, isto é, relacionadas tanto a aspectos concretos e físicos como a aspectos mais sutis. Os autores oferecem vários enfoques úteis relacionados à vertente *hard*, como estratégias, estruturas e sistemas organizacionais, e tecnologias de software, como interface de programação de aplicativos (*application programming interfaces*, APIs). E combinam habilmente esses aspectos *hard* com aspectos *soft* comportamentais, como energia emocional, pensamento humano criativo e controle responsável de IA."

Quy Huy
Professor de Estratégia da Insead

"Modelos de negócio em plataforma junto com IA criam uma nova vantagem competitiva e um valor superior para os clientes. É um guia claro e prático sobre como construir uma Plataforma Inteligente com sua equipe e seus parceiros externos."

Henrik Ehrnrooth
CEO da KONE

"Esse livro oferece um guia prático sobre como as estratégias de plataforma, combinadas com as forças dos dados e da IA, criam uma vantagem competitiva para empresas, qualquer que seja o setor de atuação. A combinação que os autores fazem entre pesquisa e experiência em profundidade oferece aos líderes uma sensação de urgência, necessária para ser um vencedor no futuro. Independentemente do setor, as empresas precisarão de confiança para cooperar em ecossistemas inteligentes e abertos, para, a partir disso, criarem resultados maiores junto com seus parceiros. Apreciei especialmente a visão da liderança centrada no humano e o impacto organizacional de simplificar a governança e agilizar a transformação em benefício de clientes, dos funcionários e da sociedade em geral. Leia!"

Martin Lundstedt
CEO do Grupo Volvo

"IA e plataformas são denominadores comuns para as estratégias vencedoras futuras. Ojanperä e Vuori mostram como você pode transformar seu negócio com lições aprendidas das melhores empresas do mundo."

John Lindfors
Parceiro Gestor da DST Global

"Como executivos de alto nível ou diretores não executivos de empresas de tecnologia, todos nós esforçamo-nos para ficar a par das tecnologias que dão sustentação ao poder e ao apelo de plataformas e IA. No entanto, o desafio maior é conseguir destilar isso num conjunto de prioridades práticas executáveis e escaláveis ao longo de forças de trabalho distribuídas. Os autores explicam de maneira prática como dar início à construção de uma plataforma inteligente para transformar seu negócio. Mas, mais importante que isso, é você aprender o que tem condições de fazer como líder para conduzir a mudança e ajudar sua equipe, seus colegas e seus parceiros externos a terem sucesso num mundo cada vez mais competitivo."

Rick Simonson
Parceiro Gestor da Specie Mesa L.L.C. e ex-diretor
financeiro da Sabre Corporation e da Nokia

"Este livro liga de maneira brilhante os componentes essenciais necessários para transformar seu negócio usando IA, pensamento em plataforma e criatividade humana."

Mårten Mickos
CEO da HackerOne, ex-CEO da MySQL e vice-presidente
sênior da HP e da Sun Microsystems

"Construir uma plataforma e um negócio bem-sucedidos exige ações tomadas na sequência correta para que de fato possam beneficiar e deleitar seus clientes e seus parceiros de negócios. Os sete passos descritos por Ojanperä e Vuori oferecem um guia de viagem para essa jornada. Começar com energia, criar valor com foco e, em última instância, multiplicar os benefícios criando o inesperado."

Christian Von Reventlow

Diretor técnico (Chief Technical Officer, CTO)
da MyRepublic e ex-gerente chefe de produto
(Chief Product Officer, CPO) da Telstra e da Deutsche Telekom

"AI e plataformas conduzem a transformação digital em cada um dos segmentos de um setor. São muitas as oportunidades para causar ou sofrer disrupção. Entre os dois extremos há elementos disponíveis para oferecer vantagens competitivas sustentáveis a quem agir mais rápido. *Estratégia de plataforma* oferece um programa simples de sete passos a respeito de como os executivos podem construir e executar uma estratégia para a era da IA e da plataforma. A abordagem única da obra apoia-se em extensa pesquisa, numerosos estudos de caso e em orientação prática – um livro de leitura obrigatória para líderes."

Risto Siilasmaa

Presidente da F-Secure Corporation e ex-presidente da Nokia

"Muita coisa mudou. Nossa maneira de comprar, socializar e de trabalhar, tudo mudou à medida que as plataformas começaram a funcionar. Aceleradas pela pandemia, essas plataformas prosperam. Poder-se-ia até dizer que são a única maneira de avançar. *Estratégia de plataforma* explica e mostra de que maneira a digitalização e as plataformas estão começando a mudar o modo como clientes e empresas se relacionam. As plataformas criam novas oportunidades de negócios para melhorar marketing, gestão do relacionamento com o cliente e estratégia de negócios. Empresas de muitos setores tradicionais já estão dando passos para transcender os limites do setor e tornarem-se plataformas inteligentes. Eu mesmo, como fundador de uma empresa de tecnologia, curti a leitura, por sua sabedoria, e aprendi com os inúmeros relatos de casos de *Estratégia de plataforma*. O professor Timo O. Vuori e o doutor Tero Ojanperä escrevem de uma maneira tão clara, inspiradora e orientada à ação que até o fundador e executivo mais ocupado vai achar o livro inspirador e útil como ferramenta estratégica."

Soulaima Gourani

CEO e cofundador da Happioh e jovem líder
global do Fórum Econômico Mundial

"Tero Ojanperä há anos vem se mostrando um pensador destacado na área de IA, sempre como um líder e um mentor visionário. Quando trabalhamos juntos na Nokia, inspirou-me com seus vislumbres e sua inteligência emocional. Desde então, assumiu vários projetos, como o lançamento da Silo AI, e tem atuado como pesquisador em várias universidades da Finlândia. O livro de Ojanperä e Vuori vai inspirar muitos altos executivos a navegarem com eficácia pela transformação organizacional no contexto dessa nova jornada de plataformas e IA. Sinto imenso orgulho desse meu antigo chefe por esse seu trabalho de pesquisa tão transformador."

Liz Schimel

Ex-chefe de negócios da Apple News+,
presidente da Condê Nast International e
diretora digital da Meredith Corporation

"Mesmo as melhores empresas precisam se renovar. O setor de artigos de luxo procura conectar o físico e o digital a novos modelos de negócio a fim de criar valor para o cliente. É preciso passar da pressão de ter que introduzir produtos à decisão de atender as necessidades do cliente e inspirar sonhos e emoções ao longo da vida. *Estratégia de plataforma* oferece um programa abrangente, mas simples e direto, para iniciar a transformação digital, incluindo a necessária mudança de mentalidade."

Georges Kern

CEO da Breitling

Copyright © 2022 Tero Ojanperä e Timo O. Vuori

Tradução publicada mediante acordo com a Kogan Page.

Título original: *Platform Strategy: Transform Your Business with AI, Platforms and Human Intelligence*

Todos os direitos reservados pela Autêntica Editora Ltda.
Nenhuma parte desta publicação poderá ser reproduzida,
seja por meios mecânicos, eletrônicos, seja via cópia xerográfica,
sem autorização prévia da Editora.

EDITOR
Marcelo Amaral de Moraes

EDITORA ASSISTENTE
Luanna Luchesi

REVISÃO TÉCNICA E PREPARAÇÃO DE TEXTO
Marcelo Amaral de Moraes

REVISÃO
André Figueiredo Freitas

PROJETO GRÁFICO
Diogo Droschi

CAPA
Diogo Droschi (Sobre imagem de AriesDesign/Shutterstock)

DIAGRAMAÇÃO
Christiane Morais de Oliveira

Dados Internacionais de Catalogação na Publicação (CIP)
(Câmara Brasileira do Livro, SP, Brasil)

Ojanperä, Tero
　　Estratégia de plataforma : como transformar o seu negócio em uma plataforma digital com o uso de Inteligência Artificial e humana / Tero Ojanperä, Timo O. Vuori ; tradução Luis Reyes Gil. -- São Paulo, SP : Autêntica Editora, 2022.

　　Título original: *Platform Strategy: Transform Your Business with AI, Platforms and Human Intelligence.*
　　Bibliografia.
　　ISBN 978-65-5928-215-9

　　1. Negócios 2. Estratégia 3. Transformação digital 4. Plataformas digitais 5. Estratégia de plataforma I. Vuori, Timo O. II. Título.

22-122087　　　　　　　　　　　　　　　　　　　　CDD-338.7

Índices para catálogo sistemático:
1. Negócios : Criatividade : Inovações tecnológicas : Economia 338.7

Eliete Marques da Silva - Bibliotecária - CRB-8/93804

A **AUTÊNTICA BUSINESS** É UMA EDITORA DO **GRUPO AUTÊNTICA**

São Paulo
Av. Paulista, 2.073 . Conjunto Nacional
Horsa I . Sala 309 . Cerqueira César
01311-940 . São Paulo . SP
Tel.: (55 11) 3034 4468

Belo Horizonte
Rua Carlos Turner, 420,
Silveira . 31140-520
Belo Horizonte . MG
Tel.: (55 31) 3465 4500

www.grupoautentica.com.br
SAC: atendimentoleitor@grupoautentica.com.br

Tero Ojanperä e Timo O. Vuori

ESTRATÉGIA DE
Plataforma

Como **transformar** o seu negócio em uma **plataforma digital** com o uso de **Inteligência Artificial** e **humana**

TRADUÇÃO
Luis Reyes Gil

autêntica
BUSINESS

SUMÁRIO

Lista de figuras	13
Sobre os autores	15
Apresentação	17
Prefácio	25
Agradecimentos	27
Introdução: Plataformas Inteligentes são vencedoras	29

1 Capítulo um
Transforme medo em energia   44

O medo dos executivos: paralisia e pânico	46
Por que os executivos têm medo de plataformas e de IA?	49
Quatro passos para transformar o medo dos executivos em energia	51
Medo organizacional: rigidez e resistência	57
Quatro passos para transformar o medo organizacional em energia	60
Medo dos parceiros: ceticismo e falta de confiança	66
Transforme o medo dos parceiros em energia por meio desses passos	67
Lições-chave para sua organização	72

2 Capítulo dois
Elimine atritos   74

Atrito cria oportunidades	76
Custos de busca e esforço	79
Passos para minimizar os custos de busca e esforço	81
Custos de incerteza e ansiedade	91
Minimize os custos de incerteza e ansiedade com os seguintes passos	92

Custos relacionados ao oportunismo 95

Passos para minimizar custos relacionados ao oportunismo 97

Crie magia 100

Lições-chave para sua organização 102

3 Capítulo três
Foque suas ações para criar fãs 104

Plataformas bem-sucedidas começam com uma oferta focada 106

Quatro passos para criar e lançar uma oferta focada 108

Aprimoramento contínuo e expansão gradual 122

Passos para aprimorar e expandir sua plataforma 123

Comunidades engajadas multiplicam o valor da plataforma 129

Passos para criar uma comunidade engajada 131

Lições-chave para sua organização 138

4 Capítulo quatro
Crie um ciclo de aprendizagem 140

Ciclos de aprendizagem fortalecem sua vantagem competitiva 142

O uso eficaz da IA começa pelas metas do negócio 144

Passos para definir suas metas de negócios para a IA 146

Aprendizagem sem dados é fantasia 149

Produza dados relevantes utilizando os passos a seguir 150

Aprendizagem contínua significa melhor atuação a cada dia 155

Passos para maximizar a aprendizagem contínua 156

Lições-chave para sua organização 165

5 Capítulo cinco
Comece com um cumprimento de mão algorítmico 168

Interfaces de programação de aplicativos (APIs) 170

Comece a desenvolver a API tendo em mente o público e o valor 172

Por que e como as APIs geram valor? 173

Desenvolva APIs como produtos e defina um modelo de negócio 179

Crie APIs bem-sucedidas por meio desses passos 180

Assuma uma visão de ciclo de vida em relação às APIs 186

Lições-chave para sua organização 193

6 Capítulo seis
Crie o inesperado **194**

Insights conceituais precisam de pensamento criativo 196

De fora para dentro: começar com tendências de mercado
  e oportunidades 198

Desenvolva *insights* conceituais de fora para dentro por
  meio desses três passos 199

De dentro para fora: começar com seus atuais pontos fortes e ativos ... 206

Desenvolva *insights* conceituais de dentro para fora por meio
  desses passos 207

"E se comprássemos?" 211

Três maneiras de usar o modelo "e se comprássemos?" 212

Gerencie pessoas e emoções para estimular a criatividade 217

Lições-chave para sua organização 222

7 Capítulo sete
Organize-se em torno da IA **224**

Substitua a hierarquia formal pela IA 227

Use esses passos para substituir a hierarquia formal pela IA ... 228

Aprenda a trabalhar com IA 240

Use esses quatro passos para aprender a trabalhar com IA 241

Transcenda as limitações físicas no desenvolvimento
  usando gêmeos digitais 246

Construa gêmeos digitais por meio desses quatro passos 248

Lições-chave para sua organização 252

Conclusão: Vivenciando os sete passos das Plataformas Inteligentes
  para transformar seu negócio 254

Referências 263

Índice remissivo 279

LISTA DE FIGURAS

Figura 0.1 Sete passos para se tornar uma plataforma inteligente — 38

Figura 2.1 Como criar experiência livre de atritos — 101

Figura 3.1 Como definir rotas alternativas até a sua visão — 110

Figura 6.1 Use analogias para ter novas ideias para a sua atual situação — 204

SOBRE OS AUTORES

O Dr. **Tero Ojanperä** é um líder de tecnologia de negócios de renome mundial. Cofundador do Silo AI, um dos maiores laboratórios privados de IA da Europa, é investidor, capitalista de risco e prestigioso membro de conselhos diretores de empresas listadas e não listadas. Foi membro da diretoria executiva da Nokia como gerente de tecnologia (CTO) e diretor geral de estratégia. A *Fast Company* o elegeu a sétima pessoa mais criativa nos negócios, e é também um "Jovem Líder Global" do Fórum Econômico Mundial. Mora em Helsinque, Finlândia.

O professor **Timo O. Vuori** é consultor de estratégia e professor da Universidade Aalto, considerada entre as 40 melhores escolas de negócios do mundo pelo *Financial Times*. Sua pesquisa pioneira tem foco no lado humano da elaboração de estratégias em organizações do setor de tecnologia como a Nokia. Por meio de consultoria e treinamento de executivos, Timo ajuda empresas a formular e implantar estratégias, ajudando-as a se transformar em plataformas inteligentes. Mora em Helsinque, Finlândia.

APRESENTAÇÃO

PLATAFORMAS ESPECIALMENTE ADEQUADAS AO MUNDO DIGITAL

Plataformas digitais – ou plataformas inteligentes, como os autores preferem chamá-las neste livro – são vistas cada vez mais como novas formas divergentes, talvez até revolucionárias, de organizar as atividades comerciais. O reconhecimento desse potencial nas plataformas inteligentes é relativamente recente. Quando a Apple lançou sua App Store em 2008, fez isso num evento discreto em comparação com o lançamento do iPhone. Poucos viram o potencial da App Store como um complemento crucial para o iPhone. Walter Isaacson (2011), em sua biografia de Steve Jobs, relata que Jobs não queria que a App Store fosse aberta a desenvolvedores fora da Apple, pois receava que houvesse perdas no controle de qualidade. Pressões da comunidade de desenvolvedores acabaram levando-o a assumir o risco.

Por volta dessa época, começaram a emergir negócios nativos em plataforma. Foi em 2008 em San Francisco que o Airbnb começou a ter uma alta demanda de quartos para pernoite toda vez que eram realizadas grandes conferências na cidade. **Hoje o Airbnb** é uma corporação de abrangência mundial**, com uma capitalização de mercado (*market cap*) superior à do Marriott e à do Hilton somadas**. No momento em que este livro está sendo escrito, há milhares de negócios em plataforma ao redor do mundo. EUA e China têm liderado essa tendência. Das dez empresas de maior valor em 31 de março de 2021, oito são negócios em plataforma: seis dos EUA (Apple, Amazon, Facebook, Google, Microsoft, Tesla) e dois da China (Ant Group, Tencent). O agregado de sua capitalização de mercado totaliza 10,48 trilhões de dólares. Note que incluo a Tesla como uma plataforma sobre rodas, o que ela de fato é.

Se você examinar as 100 unicórnios mais valiosas em abril de 2021, cerca de 70% delas são negócios em plataforma, e o impulso das plataformas tem crescido desde então. Negócios em plataforma continuam a se difundir, ameaçando negócios tradicionais em vários setores de maneira direta ou indireta.

Muito da atividade inicial tem se direcionado para o cliente (B2C, isto é, *business to consumer*, ou "da empresa para o consumidor"), mas espera-se que a nova grande onda seja de empresa para empresa (B2B, *business-to-business*). Todos os setores serão afetados, mas obviamente há diferenças na maneira pela qual os negócios reagem. Os limites entre os setores tornam-se indefinidos, já que as fusões cada vez mais são impulsionadas por ecossistemas em expansão, nos quais o acesso a dados costuma desempenhar papel maior que as conexões tradicionais. Nenhum negócio pode ficar indiferente a essa reorganização iminente. Todo negócio precisa adquirir uma compreensão de como as plataformas funcionam e por que elas têm tido tanto sucesso em fazer seus negócios crescerem e alcançarem essa alta valorização.

ESCALABILIDADE E EFEITOS DE REDE

Quais são os motores por trás da economia de plataforma? Por que as plataformas conquistaram altas posições na capitalização de mercado em tão pouco tempo?

As plataformas criam valor ao conectar compradores e vendedores. É isso o que as praças de mercado fizeram ao longo dos séculos, assim como, em tempos mais recentes, os shopping centers e as bolsas de valores, por exemplo. A escala dessas plataformas tradicionais é limitada pela distância física e por outros custos transacionais. Intermediários têm preenchido lacunas de valor, mas muitas vezes a um custo substancial.

Plataformas digitais podem conectar compradores e vendedores a um custo bem menor que as plataformas tradicionais ou os intermediários. As oportunidades de negócios residem em eliminar atritos e intermediários. Os elementos facilitadores são uma confluência de tecnologias digitais que se complementam.

Computação na nuvem, inteligência artificial, aprendizagem de máquina, tecnologias *blockchain* e de sensores, tudo isso contribui para formas de transacionar mais seguras e mais baratas. O baixo custo de coleta, armazenamento, processamento e distribuição de informações digitais pela internet ou "na nuvem" tornou as plataformas digitais altamente escaláveis. É essa escalabilidade, especialmente no mercado B2C, que tem visto a ascensão meteórica do valor de mercado das empresas mais bem-sucedidas. Outro fator-chave são os efeitos de rede inerentes às plataformas digitais. Quanto mais clientes há numa plataforma, maior o seu valor para os novos clientes. Depois de alcançar uma massa crítica, uma plataforma continua crescendo num ritmo cada vez maior, excluindo com frequência potenciais concorrentes. E quanto mais usuários a plataforma tem, mais dados ela gera.

Dados são valiosos por várias razões. Eles instruem a IA a se tornar mais inteligente, melhorando a precisão de seus modelos de previsão. E a IA provê informações que podem ser usadas para sugerir produtos e serviços individualizados ou melhores combinações de comprador-vendedor. Empréstimos baseados em dados têm propiciado acesso a crédito a grandes populações da China, Índia e outras partes da Ásia. A informação tem se tornado a nova garantia, especialmente em regiões pobres, onde as pessoas não têm patrimônio registrado. O monitoramento digital tem também reduzido drasticamente a taxa de fraudes. Esse é outro exemplo de como as tecnologias digitais conseguem reduzir os custos da informação e eliminar intermediários.

Dados também impulsionam o crescimento de ecossistemas. As fusões de ramos tradicionais de negócios estão ficando cada vez mais comuns. O valor de empresas de logística tem aumentado em razão do quanto os dados que elas possuem são desejáveis, mais que seus serviços de transporte. Compreender o papel cada vez maior dos dados e das plataformas é crucial para prever oportunidades e riscos nos mercados onde atuamos.

A EMPRESA INVERTIDA

Estratégia de plataforma tem foco na maneira como negócios estabelecidos podem abrigar plataformas digitais e aproveitar as oportunidades que elas oferecem. O livro traz lições de uma abundância de exemplos ilustrativos, apoiados na extensa experiência pessoal dos autores e em suas análises bem fundamentadas. Tudo o que foi escrito tem por objetivo ajudar executivos e suas empresas a encontrarem maneiras de se adaptar, se manterem relevantes e crescerem com a ajuda de plataformas.

Tornar-se uma plataforma de negócios exige uma grande mudança de mentalidade – uma nova maneira de pensar estrategicamente. O valor não é mais capturado pelo fomento de vantagens competitivas de longo prazo, apoiadas na posse de ativos valiosos e de métodos proprietários de produção. Interfaces abertas dão a parceiros e clientes acesso a informações e recursos da empresa, o que abre espaço para a inovação e cria maior valor para a plataforma. Isso é feito por meio de Interfaces de Programação de Aplicativos (*Application Programming Interfaces*, APIs), que fornecem algoritmos para acessar dados e também ferramentas para construir programas de terceiros em cima da plataforma. Os autores chamam as APIs de "cumprimentos de mão algorítmicos". As APIs são porteiros que substituem os tradicionais intermediários. Depois que a API é escrita, o custo marginal de usá-la é mínimo, pois não há envolvimento humano.

Quando a Amazon inaugurou sua plataforma de vendedores externos ou terceiros (vendedores do *marketplace* que não a própria Amazon) em 2006, suas vendas explodiram; hoje, vendas de terceiros excedem as da própria Amazon. Alguns anos mais tarde, a Amazon fez o mesmo com seu imensamente lucrativo serviço *cloud*, ou nuvem, que hoje detém 30% do mercado (Srgresearch, 2021).

São muitos os benefícios de abrir o acesso a plataformas aos que estão fora. Parceiros, antigos e novos, sentem-se empoderados e incentivados a contribuir com novas oportunidades e soluções. A Amazon fica com parte da receita, do jeito que a Apple faz com a App Store. O

Software-as-a-Service (SaaS, ou "Software-como-Serviço") é um modelo de negócio em rápido crescimento, que traz grandes benefícios econômicos. Reduz a capacidade ociosa sem que seja necessário distribuir programas individuais a clientes. Os donos de plataformas obtêm um fluxo constante de receita com investimento menor em ativos (embora lidar com computadores em nuvem seja caro). E ficam com uma fatia dos lucros de um sistema inovador que nunca poderiam replicar dentro da empresa – de novo, sem investimento direto.

É preciso coragem e talento para operar plataformas abertas. As principais alavancas estratégicas ainda ficam nas mãos do dono da plataforma, que projeta as APIs (ou seleciona APIs pré-projetadas) que serão usadas na plataforma. No entanto, não se dispõe do mesmo controle sobre o tipo de aplicações que são construídas por meio da interface. Outra limitação vem da necessidade de levar em conta os efeitos que as mudanças nas APIs têm sobre os parceiros de rede.

Existe um entendimento geral de que a propriedade de ativos confere às empresas a capacidade de coordenar atividades de modo mais eficaz. As transações de mercado criam fortes incentivos, mas esses são direcionados a benefícios próprios. A cooperação melhora quando mais ativos são trazidos para debaixo do mesmo teto. As plataformas digitais oferecem uma terceira opção, ao se avaliar o jogo de perde-e-ganha entre cooperação e iniciativa, que fica em algum lugar entre fazer e comprar. Projetar o campo de jogo por meio de APIs e orquestrar o jogo de cooperação são dois dos desafios de uma estratégia de plataforma.

UM FUTURO SEM FRONTEIRAS?

As plataformas apagam as fronteiras das corporações e tornam difusas suas linhas de negócios. Em 2002, Jeff Bezos divulgou sua famosa "ordem da API" ["API mandate"]; citando a partir do livro, ele começou declarando que "todas as equipes de agora em diante vão expor seus dados e funcionalidades por meio de interfaces de serviços" (KRAMER, 2011). Isso tornou o funcionamento interno da Amazon muito mais transparente. Foi uma decisão corajosa abrir a empresa a pessoas de fora de uma maneira tão reveladora, e mostrou a capacidade de Bezos de prever e controlar o desdobramento futuro do negócio em plataforma.

A ordem foi especialmente valiosa para a divisão de computação na nuvem da Amazon, a AWS, que em 2021 contribuiu com cerca de 60% da receita operacional da Amazon. Foi o que integrou as interfaces interna e externa da Amazon, eliminando fronteiras.

Haier, a maior empresa do mundo de eletrodomésticos linha branca, utiliza um modelo de negócio com distinções ainda menores entre dentro e fora. As equipes são formadas à medida que os pedidos chegam, cada uma concorrendo pelo direito de atender ao pedido. Os de fora também podem vir, apresentar propostas e até liderar equipes formadas por empregados da Haier. Embora a Haier seja um tópico sempre presente nos currículos das escolas de negócios, o modelo não se difundiu (ao contrário da abertura da Amazon). Na verdade, a Haier tem unidades europeias e americanas nas quais partes do sistema estão implantadas, mas as normas e regulamentações legais têm impedido sua adoção em larga escala.

Com essas observações futuristas, o que sugiro é que estamos vendo apenas o início de novos modelos de negócio e formas de organização, radicalmente diferentes, mais abertos. As tecnologias digitais não eliminam o incentivo básico nem os problemas de coordenação que definiram os limites no passado, mas parece que o jogo de compensações mudou em favor de maior abertura.

Estratégia de plataforma oferece aconselhamento detalhado e perspicaz a executivos de negócios a respeito de como transformar uma empresa numa plataforma inteligente. O livro combina uma sólida experiência de negócios com casos concretos e com pesquisas acadêmicas de ponta, de alto nível. Ele expõe de maneira convincente o valor das plataformas, sublinhando a importância de ter uma estratégia focada que dê atenção não apenas às soluções tecnológicas e aos cálculos analíticos, mas também ao lado humano das transições. Tenho certeza de que a leitura deste livro marcará o início de uma jornada de transformação para muitas organizações.

Bengt Holmström
Nobel de Ciências Econômicas de 2016

Referências

Isaacson, W. *Steve Jobs: The Exclusive Biography.* Nova York: Simon & Schuster, 2011.

Kramer, S. D. The Biggest Thing Amazon Got Right: The Platform. *GigaOm*, 12 out. 2011. Disponível em: https://gigaom.com/2011/10/12/419-the-biggest-thing-amazon-got-right-the--platform/ (arquivado em https://perma.cc/KAX6-KFER). Acesso em 28 jun. 2022.

AMAZON and Microsoft Maintain their Grip on the Market but Others are also Growing Rapidly. *SRG Research*, 29 abr. 2021. Disponível em: https://www.srgresearch.com/articles/amazon-and-microsoft-maintain-their-grip-market-others-are-also-growing-rapidly (arquivado em https://perma.cc/F96X-B2SK). Acesso em 28 jun. 2022.

PREFÁCIO

Escrevemos este livro para ajudar líderes a comandar e agir diante da disrupção causada pelas plataformas e pela inteligência artificial (IA).

Há vários livros que descrevem a economia de plataforma e a inteligência artificial. Mas não constituem um guia suficientemente claro para transformar seu negócio atual numa plataforma inteligente ou para criar uma a partir do zero. Faltava uma receita simples e direta sobre como dar início e liderar a transformação. Foi o que quisemos corrigir com o livro *Estratégia de plataforma*.

Nossas experiências e pesquisas nos ensinaram que você não pode transformar seu negócio numa plataforma inteligente da noite para o dia. Se ficar ansioso em copiar tudo o que as empresas bem-sucedidas estão fazendo hoje, vai pressionar demais e com rapidez excessiva. Sua estratégia de plataforma vai falhar em dar um ritmo eficaz às suas ações.

A carreira de Tero na Nokia estava profundamente assentada em plataformas. A ascensão e o declínio da Nokia compõem uma história de plataformas. Ao sair da Nokia em 2011, Tero pôs em foco startups e investimentos, o que o ajudou a compreender de que maneira os negócios surgem. Ele também atua hoje como membro de conselhos diretores de empresas listadas e não listadas na bolsa de valores e tem visto diretorias esforçando-se para lidar com modelos de negócio disruptivos. Em 2017, foi cofundador da Silo AI, uma empresa de IA que ajuda seus clientes a transformarem seus negócios por meio de IA.

A pesquisa de Timo põe foco no lado humano dos processos de elaboração de estratégias e de inovação. Ele tem conduzido extensos estudos de caso sobre a Nokia e outras grandes empresas que, desde

2006, enfrentaram a revolução digital e das plataformas. Por meio de seu trabalho, aprendeu como e por que as empresas falham em transformar e liderar a mudança. Também aprendeu o que as empresas bem-sucedidas fazem de diferente. Aprimorou essas lições na prática por meio do treinamento de executivos e da prestação de consultoria em estratégia desde 2015. Treinou dezenas de CEOs e ajudou várias grandes empresas a desenvolverem novas estratégias e implementá-las.

Nossos caminhos se cruzaram em 2013, quando Timo entrevistou em sua pesquisa o ex-CEO da Nokia, Olli-Pekka Kallasvuo, quem sugeriu que eu também conversasse com Tero. Essa entrevista foi a semente de nossa colaboração. Encontramo-nos de novo em 2016, após a defesa de tese de doutorado de Timo Ritakallio, presidente-executivo do maior grupo financeiro da Finlândia, o OP Group, e aluno de Timo. Em nossa conversa, percebemos a necessidade de desenvolver uma melhor compreensão sobre como liderar plataformas de empresas e essa discussão deu início à nossa parceria.

Estratégia de plataforma reúne anos de pesquisa, de experiências práticas e de *insights* humanos sobre modelos de negócio disruptivos conduzidos por IA e plataformas. Esperamos que *Estratégia de plataforma* ajude você como líder de negócio a dar o primeiro passo ou a acelerar a transformação de sua empresa por meio de IA, plataformas e inteligência humana.

AGRADECIMENTOS

Muitas pessoas contribuíram para fazer este livro acontecer. É difícil lembrar de todas as interações valiosas que tivemos durante a jornada e é bem provável que tenhamos esquecido de algumas.

Mas sem adotar nenhuma ordem específica, agradecemos a Timo Lappi, Wisa Majamaa, Mikko Kosonen, Yves Doz, Quy Huy, Olli-Pekka Kallasvuo, Pekka Koponen, Kari Pulli, Jaakko Soini, Teppo Paavola, Mark Borden, Johannes Koponen, Bengt Holmström, Matti Alahuhta, Henrik Ehrnrooth, Risto Siilasmaa, Timo Ritakallio, Atte Lahtiranta, Marco Argenti, Pekka Mattila, Elisabeth Pesola, Minna Wickholm, Raija Kuokkanen, Markku Mäkeläinen, André Noël Chaker, Liz Schimel, Mårten Mickos, Dave Stewart, Daniel Ek, Rick Simonson, Alf Rehn, Christian von Reventlow, Christian Juup, Oskar von Wendt, Niko Eiden, Hans Peter Brondmo, Matias Järnefelt, Taneli Ruda, Timo Toikkanen, Janne Öhman, Jussi Palola, Senja Larsen, Jukka Salmikuukka, Visa Friström, Tuomas Syrjänen, G. Bailey Stockdale, Ari Tulla, Markus Salolainen, Eetu Karppanen, Tomi Pyyhtiä, Jussi Mäkinen, Toni Kaario, Helene Auramo, Kizzy Thomson, Wisa Koivunen, Tiina Mäkelä, Vesa Tuomi, Liisa Välikangas, Sven Smit, Joerg Hellwig, Klara Svedberg, Mikael Fristedt Westre, Bo Ilsoe, Atte Honkasalo, Waltteri Masalin, Upal Basu, Risto Rajala, Henry Schildt, Robin Gustafsson, Jane Seppälä, Suvi-Tuuli Helin, Christian Mohn, Lari Laukia, Reetta Repo e Matti Vestman; Peter Sarlin, Juha Hulkko, Ville Hulkko, Pauliina Alanen, cofundadores, funcionários e clientes da Silo AI; a participantes do programa Prodeko Life-Long Learning em 2019 e a outros professores e alunos da Universidade Aalto que contribuíram com comentários e feedback; a Soulaima Gourani, Thomas Crampton e outros amigos da comunidade YGL; aos colegas da Nokia; a Tomi Ere e outros colegas da August Associates; à Géraldine Collard, nossa editora.

E um caloroso agradecimento às nossas famílias e entes queridos pelo apoio.

INTRODUÇÃO

PLATAFORMAS INTELIGENTES SÃO VENCEDORAS

Foi no início de 2010. A Nokia era líder de mercado em celulares com uma fatia de mais de 30% do mercado global. Uma reunião entre Steve Jobs e Olli-Pekka Kallasvuo, CEO da Nokia, acabara de acontecer. Olli-Pekka, na época chefe de Tero, estava chocado. Ficou ruminando na mente as palavras de Jobs, que dissera: "Eu não deveria contar isso aos meus concorrentes. Mas você não é meu concorrente, então posso lhe contar". Reagindo ao ar de perplexidade de Olli-Pekka, Jobs prosseguiu, "Vocês [a Nokia] não são uma plataforma. Existe apenas outra empresa de plataforma além da Apple: a Microsoft" (SIILASMAA, 2018).

Mas, se a Nokia não podia ser considerada uma plataforma, não era por falta de tentativa. À época, Tero estava encarregado de montar o serviço de plataforma da Nokia, chamado Ovi. Era um portfólio de diferentes serviços: música, compartilhamento de fotos, redes sociais, vídeo e TV. A Nokia adquirira quase todos eles e a ideia era pôr esses serviços para rodar em três sistemas operacionais: S40 para os telefones básicos, Symbian para os smartphones e o Meego, baseado em Linux, para smartphones de ponta. Como sabemos agora, a Nokia não foi bem-sucedida com smartphones. Embora tenha criado alguns aparelhos icônicos como o N95 em 2008, nunca desenvolveu uma plataforma e um ecossistema significativos.

A Nokia havia esquecido o que a tornara o *player* número um no mundo dos telefones – o foco. No início da década de 1990, sob a liderança de Jorma Ollila, a Nokia passou de conglomerado a empresa focada. Abriu mão de vários negócios – produtos relacionados a florestamento, TVs, computadores, produtos químicos, cabos e pneus de carros. A única coisa que a Nokia manteve foi o negócio de comunicação móvel. O *dream team* que Jorma liderou, que incluía Olli-Pekka (até então diretor financeiro), concentrou-se no emergente negócio da telefonia móvel e construiu uma das marcas mais influentes do mundo, mas não resistiu à onda seguinte de inovação em smartphones e plataformas.

Não se monta uma plataforma juntando várias aquisições. Plataformas evoluem ao longo do tempo, pouco a pouco. Você constrói uma plataforma se tiver foco. Isto é, fazendo uma coisa excepcionalmente bem e, então, expandindo, projetando seu negócio e sua arquitetura técnica para a expansão. A Apple fez isso com o iPhone em 2007, com apenas um modelo, mas com uma plataforma sobre a qual os outros podiam se inovar. De modo similar à Apple, a Tesla lançou apenas um modelo, o modelo S, em 2016. Ambas tinham uma arquitetura desenhada para evoluir como plataforma. Foi assim que a Apple criou o fenômeno dos *apps* e que a Tesla popularizou os veículos autônomos.

Mas a Apple já deixou de ser uma empresa de plataforma de smartphone. Evoluiu ao longo dos anos. Alavancou suas capacidades com novas verticais, como saúde e bem-estar, serviços, como o Apple One, e veículos, como o carro Apple, a ser lançado. Similarmente, a Tesla entrou no negócio de energia junto com o de veículos. Empresas vencedoras na economia de plataforma, como Amazon, Alibaba, Facebook e Tesla, estão transcendendo os limites dos setores, indo além de seus segmentos. Capitalizam em ecossistemas mais amplos, como saúde e energia, que fortalecem sua oferta e expandem suas oportunidades comerciais. Neste livro, você aprenderá a fazer o mesmo.

Essas empresas se tornaram o que chamamos de *plataformas inteligentes*. Plataformas inteligentes geram efeitos de rede, têm um ciclo de aprendizagem alimentado por Inteligência Artificial (IA) e alavancam inteligência humana para dar saltos inesperados que expandem sua oferta.

Bem, talvez você pense que isso só é possível para as empresas grandes e poderosas. No entanto, as lições oferecidas por essas empresas que se transformaram em plataformas inteligentes contêm elementos cruciais para empresas de vários portes. Isso inclui tanto grandes indústrias estabelecidas, que buscam preservar seu domínio e crescer via plataformas, quanto startups nascidas em meio digital, que pretendem desafiar o status quo e transformar radicalmente seus setores.

UMA NOVA ABORDAGEM À ESTRATÉGIA

Empresas de vários setores tradicionais já dão passos para transcender seus limites setoriais e se tornarem em plataformas inteligentes. Um exemplo é a Flexport, empresa de despacho de fretes que está simplificando o arcaico negócio de logística global. Ela consegue fazer isso oferecendo soluções inteligentes de logística e expandindo serviços não tradicionais no setor, como consultoria de comércio e financiamento.

A KONE, segunda maior empresa de elevadores do mundo, pôs foco nas necessidades do cliente ao compreender a urbanização. Por exemplo, desenvolveu uma corda de elevador superleve, a KONE UltraRope, que permite que os elevadores percorram alturas de até 1.000 metros (KONE, 2019). Também criou a primeira série de elevadores digitalmente conectados do mundo. Mas, para se expandir além da venda de elevadores e escadas rolantes, precisou de um ecossistema de parceiros, e a KONE passou anos explorando uma maneira de trabalhar com eles. Por fim, seu chefe de parcerias decidiu lançar uma plataforma para edifícios inteligentes. Ele se envolveu com o resto da organização para convencê-los. Agora, a KONE conecta parceiros de maneiras inteligentes para prover fluxos de pessoas cada vez mais eficazes. Esses fluxos introduzem elementos como robôs de reposição de minibares, que tradicionalmente não tinham nada a ver com elevadores. A empresa começou com foco, aprimorou sua oferta, fez melhorias e só então decidiu se expandir por meio de formas criativas e inteligentes.

O número de empresas que já percebeu o poder de plataformas inteligentes cresce como uma bola de neve. Uma delas é a Lanxess, empresa química alemã de 11 bilhões de dólares, cujo CEO e diretor digital lançou a plataforma Chemodis – um site de varejo [*marketplace*] *business-to-business* (B2B), que faz a conexão entre oferta e demanda e causou disrupção no setor químico. Outro exemplo é a John Deere, fabricante de implementos agrícolas. Há dez anos, seus líderes viram uma oportunidade de incentivar a inovação trabalhando com parceiros. A empresa conectou seus tratores e outros equipamentos a uma nuvem digital central e abriu a plataforma a parceiros. Com isso, não só evitou uma morte lenta como ocupou o assento do motorista, criando novos setores alcançando tremendo crescimento.

Para as plataformas inteligentes, é crucial o uso de dados e de IA para melhorar continuamente o que elas oferecem. Por mais de um século, a Thomson Reuters vem coletando imensos volumes de dados proprietários. Um *insight* essencial de seus líderes de negócios foi concluir que a pergunta não era "O que a IA poderia fazer?", mas "Que problemas a IA poderia resolver?" (THOMSON REUTERS, 2020). Ela pôs foco em ajudar profissionais do Direito. Para isso, a Thomson Reuters treinou seu serviço jurídico, Westlaw Edge, com dados proprietários. Com um ciclo de aprendizagem baseado em IA, cada nova questão do cliente ajuda a melhorar ainda mais o sistema. Desse modo, eles aprendem continuamente, e, com isso, melhoram seu serviço e captam mais clientes. E mais clientes significam mais dados e uma aceleração maior da aprendizagem. A maneira tradicional de conduzir uma estratégia sugere que as empresas devam pôr foco num setor específico, selecionar uma posição ideal para esse setor e desenvolver capacidades adequadas a essa posição. Diversificar para setores não relacionados tem sido visto como um erro movido por uma pretensão arrogante; a verdadeira liderança resultaria, então, de uma visão que alinhasse ações firmes voltadas a uma meta específica. Mesmo aquelas abordagens que enfatizam a agilidade estratégica tendem a acompanha-la de uma perspectiva estreita. O pensamento predominante é que as empresas têm que ser ágeis em seus atuais setores, desenvolvendo rapidamente seus produtos e empreendendo vários tipos de ações competitivas. Em vez de abrir a mente dos executivos e alavancar as novas possibilidades da era da plataforma, elas amplificam sua atenção míope ao setor atual e às maneiras tradicionais de conduzir os negócios.

Em contraste com isso, defendemos que está emergindo uma nova maneira de conduzir estratégias. As empresas líderes não se definem mais em termos dos limites tradicionais dos setores. Em vez disso, buscam ativamente ultrapassar esses limites e criar valor sinérgico transpondo setores. São capazes de fazer isso porque os modelos de negócio em plataforma e as ferramentas de IA permitem combinar atividades que tradicionalmente eram incompatíveis. Mas essa capacidade não se baseia apenas em tecnologia – seus líderes precisam de qualidades humanas, como o *insight* criativo, para enxergar as oportunidades, e também de coragem para empreender a ação.

Um exemplo é a Ant Financial, um filhote da Alibaba, que criou um forte alicerce num serviço vertical, financeiro, com sua plataforma de pagamento Alipay (OJANPERÄ; VUORI, 2020). Em seguida, começou a construir uma "plataforma de estilo de vida digital de ponto único" que conecta 40 milhões de provedores de serviços, incluindo empresas de entrega de alimentos, hotéis e empresas transportadoras (ALIPAY, 2020).

Embora os líderes de negócios de empresas estabelecidas reconheçam as possibilidades das novas tecnologias, eles têm dificuldades para acompanhá-las em seus negócios atuais. Ficam paralisados e perplexos com as novidades do setor e com as exigências de mudança que provêm da diretoria e dos funcionários. Nós ajudaremos você a evitar essa armadilha. Vamos expor concretamente que coisas você precisa fazer e em que ordem.

ELEMENTOS DE UMA ESTRATÉGIA DE PLATAFORMA QUE TRANSCENDA O SETOR

Para transcender os limites do setor, sua empresa precisa assentar três elementos cruciais e pensar na estratégia de plataforma como uma sequência de passos ao longo do tempo. Os três fatores são:

1 efeitos de rede propiciados por uma abordagem de plataforma;

2 um ciclo de aprendizagem alimentado por IA;

3 o uso ativo de inteligência humana, *insight* e criatividade.

Os capítulos deste livro descrevem os sete passos por meio dos quais você pode construir esses três elementos cruciais para o seu negócio.

Mas primeiro vamos dar uma olhada mais detalhada em cada um desses três fatores.

■ Efeitos de rede propiciados por uma abordagem de plataforma

O primeiro elemento consiste numa abordagem de plataforma que gere efeitos de rede. As plataformas possibilitam que múltiplas outras partes criem valor ao combinarem seus esforços e facilitarem a interação. O valor de uma plataforma cresce à medida que aumentam o número de usuários, as interações e os usos da plataforma, criando assim um *efeito de rede*.

Se houvesse apenas um telefone no mundo, isso não faria sentido. Dois telefones já permitiriam que duas pessoas se comunicassem. Milhares de telefones possibilitam milhões de conexões entre pessoas. E isso torna o telefone mais valioso para cada um dos indivíduos que têm telefone. Esse é um *efeito de rede direto*. Outro exemplo de um efeito de rede direto são as resenhas e recomendações do site do cliente da Amazon. Quanto mais usuários, mais resenhas e recomendações e, portanto, mais valor para outros usuários da Amazon.

Nos efeitos de rede indiretos, o valor de um grupo de usuários cresce à medida que aumenta o número de usuários de outro grupo. Por exemplo, desenvolvedores e clientes de iPhone criam efeitos de rede indiretos entre si. Quanto mais houver de cada grupo, mais todos vão se beneficiar. Quanto mais desenvolvedores, maior a variedade de *apps* disponíveis e, com isso, maior valor para o cliente. E quanto mais potenciais clientes houver, maiores serão as expectativas de vendas para um desenvolvedor de aplicativo, e maior a receita que a plataforma poderá render para eles.

A John Deere conecta múltiplas partes da agricultura, como máquinas, agricultores, sistemas de gestão de fazendas e desenvolvedores de aplicativos. Cada novo integrante fortalece o efeito de rede indireto. Como resultado, as máquinas produzem mais dados, que os desenvolvedores de aplicativos podem usar. Mais sistemas de gestão agrícola conectados à plataforma aumentam sua atratividade para os fazendeiros. E quanto maior o número de aplicativos, melhor os fazendeiros poderão otimizar sua atividade agrícola dentro da plataforma.

Em razão de sua natureza inerente, os efeitos de rede geram benefícios duradouros. A plataforma vai melhorando com o tempo, e isso a torna ainda mais atraente para os novos clientes e para que outras partes interessadas se juntem a ela. Além disso, os efeitos de rede dificultam a saída das pessoas da plataforma. É pouco provável que elas obtenham benefícios equivalentes de plataformas menos desenvolvidas.

Além dos benefícios por efeitos de rede, um modelo de plataforma permite que as empresas acumulem rapidamente novas capacidades. Isso é crucial quando elas buscam expandir sua oferta ou ultrapassar os limites do setor. Em vez de desenvolver uma nova capacidade de maneira orgânica ou por meio de uma aquisição, o modelo de plataforma permite à empresa oferecer ao cliente serviços de terceiros via plataforma.

A Interface de Programação de Aplicativos (*Application Programming Interface*, API) é um mecanismo destinado a conectar novos aplicativos à plataforma. Os clientes ficam com a impressão de que é a plataforma que tem a função exercida pelo aplicativo, e a partir disso escolhem comprá-los da plataforma. É o que ocorre com o iPhone, que dá a impressão de ter todas as grandes funcionalidades que terceiros, isto é, desenvolvedores de aplicativos, oferecem. Ou como a John Deere, que em vez de apenas vender máquinas, oferece também aplicativos que usam seus dados para aumentar a produtividade dos agricultores. Portanto, a abordagem de plataforma leva a inovação a um nível totalmente diferente daquele que qualquer empresa que opere num único setor é capaz de alcançar.

■ Um ciclo de aprendizagem alimentado por IA

Plataformas inteligentes têm um ciclo de aprendizagem alimentado por IA que melhora rapidamente sua criação de valor e sua eficiência em novos domínios. Depois que entram em um novo setor, elas "rodam" mais rápido que os estabelecidos ou que outros estreantes e logo oferecem mais valor que eles.

Os ciclos de aprendizagem propiciados por IA consistem em ciclos de ações, análises de dados e revisões de ações. A cada etapa, vários dados sobre a ação e seus resultados são mensurados. Também, múltiplas ações e seus resultados são comparados entre si. Com isso, é possível determinar quais são as qualidades das ações que levam aos melhores resultados. Na rodada seguinte, consegue-se incluir essas qualidades a todas as ações, chegando a um desempenho melhor. Além disso, pode-se propositalmente experimentar várias medições alternativas e manter aquelas que melhoram o desempenho, descartando as outras. Conforme ciclo se repete várias vezes, o desempenho dele melhora consistentemente e ganha-se uma capacidade superior de desempenhar aquela tarefa em foco.

Embora o ciclo de aprendizagem seja similar à aprendizagem humana natural, há uma diferença essencial: a velocidade e o acúmulo de experiência. Um humano pode refletir sobre as próprias ações e os resultados que obtém com elas e, talvez, sobre ações e resultados de uns poucos colegas. Isso gera alguma aprendizagem. Porém um sistema de IA registra com precisão e reflete de modo sistemático sobre as ações e resultados de milhares ou milhões de pessoas, criando uma magnitude de aprendizagem totalmente diferente.

Além disso, os humanos têm dificuldades para admitir os próprios erros e aceitar que suas ideias iniciais estavam erradas. A IA, ao contrário, não tem esses problemas. Por isso, a IA não só aprende mais e com maior rapidez, como também aprende de modo mais preciso. Está isenta de mecanismos de defesa do ego e de outros obstáculos psicológicos à aprendizagem.

■ Inteligência, insight e criatividade humana

Em terceiro, as plataformas inteligentes alavancam a inteligência humana, a criatividade e a coragem de dar saltos inesperados, expandindo seu espectro de ofertas. Não ficam presas ao setor tradicional ou a identidades específicas de produto, e veem oportunidades de sinergia em setores distantes sem medo de agir sobre essas oportunidades. Na realidade, juntam setores afastados e constroem entre eles um "buraco de minhoca" propiciado por tecnologia, algo que outros sequer conseguem imaginar.

Insight e criatividade humanos são aspectos necessários porque a IA, apesar de todas as suas virtudes, ainda não é muito criativa. A Amazon jamais teria passado da venda de livros à de outros itens e oferecimento de serviços de nuvem a partir do uso que fez da IA para otimizar a venda de livros. A Apple não teria passado da venda de computadores à elaboração de iPods e iPhones partindo do seu uso de IA na análise dos tipos de computadores preferidos pelos clientes. Movimentos estratégicos de romper com uma categoria requerem criatividade humana. A IA é boa dentro dos limites, mas para transcender os limites de um setor é necessário *insight* humano.

Para usar *insight* e criatividade humanos de modo produtivo em sua organização você precisa gerir a psicologia da empresa. Os *insights* das pessoas vêm de seus cérebros, e há vários fatores organizacionais influenciando seus cérebros. Você precisa compreender de que modo seu pessoal pensa e sente, e por que pensa e sente assim. Então terá como mudar os fatores que ativam comportamentos contraproducentes e acrescentar fatores que estimulem sua inteligência, *insight* e criatividade.

SETE PASSOS PARA CONSTRUIR UMA ESTRATÉGIA DE PLATAFORMA QUE TRANSCENDA O SETOR

Para criar uma estratégia que transcenda seu setor você precisa gerenciar três dinâmicas interdependentes: 1) criar efeitos de rede, 2) adotar IA e 3) ter criatividade humana e coragem para dar o salto a novos domínios. Como o medo pode paralisar sua empresa e impedi-lo de adotar a nova tecnologia e rever seu modelo de negócio, você precisa começar transformando medo em energia. Mas essa energia só trará bons resultados se você fizer a escolha certa da tecnologia e do modelo de negócio. E, de novo, essas escolhas só lhe permitirão levar adiante a transformação se você tiver coragem e criatividade para transcender os limites do setor.

Portanto, você precisa de uma abordagem que te ajude, ao longo do tempo, a sincronizar e criar sinergia entre IA, efeitos de rede e psicologia, a fim de gerar uma transformação radical. Nós apresentamos essa abordagem em sete passos, com base em pesquisa e estudos de casos a respeito de como plataformas de economia vencedoras desenvolveram seus negócios ao longo do tempo. A figura abaixo descreve esses passos.

Figura 0.1 Sete passos para se tornar uma plataforma inteligente

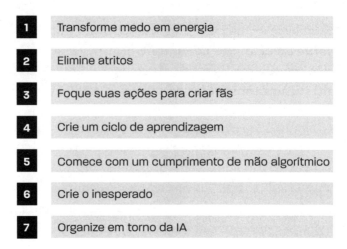

1. Transforme medo em energia
2. Elimine atritos
3. Foque suas ações para criar fãs
4. Crie um ciclo de aprendizagem
5. Comece com um cumprimento de mão algorítmico
6. Crie o inesperado
7. Organize em torno da IA

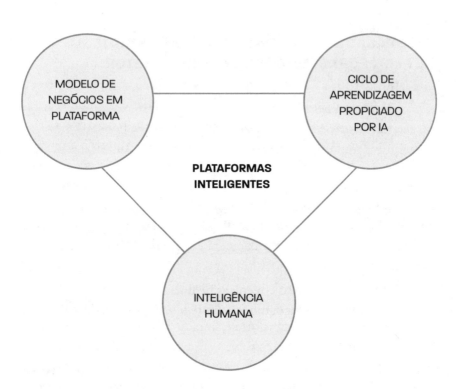

A Tesla ilustra esses passos muito bem. Enquanto outras fabricantes de automóveis ficaram intimidadas, com medo de novas tecnologias, Elon Musk *transformou o medo do desconhecido em energia* e numa poderosa força de mudança. Com os supercarregadores, a Tesla *eliminou o atrito* causado pela necessidade de carregar seu veículo elétrico. A Tesla *começou com uma abordagem muito focada* num carro de luxo, para clientes conscientes das questões ambientais, e isso construiu impulso. Sua condução autônoma não era perfeita, mas com o *ciclo de aprendizagem* ela se desenvolve mais rápido em relação à concorrência.

A Tesla também começou a abrir sua plataforma a aplicativos de terceiros. Isso permite *cumprimentos de mão algorítmicos* por meio de interfaces de programação de aplicativos (APIs – *application programming interfaces*), que possibilitam a comunicação direta entre os programas de computador. E a Tesla *cria o inesperado* ao alavancar as capacidades de bateria, análise de dados, (*analytics*) e design ao se expandir para sistemas domésticos de armazenamento de energia. Aumentando sua eficácia e alcançando o pleno potencial das plataformas e da IA, a Tesla está cada vez mais *organizando suas atividades em torno de IA*. Ela emprega IA para substituir a hierarquia formal de gestão e coordenação de várias operações.

O **Capítulo 1** descreve de que modo você pode *transformar o medo em energia*. Tornar-se uma plataforma inteligente muda sua organização de maneiras muito radicais. Isso desencadeia medo em muitas pessoas – entre sua equipe de executivos, os funcionários e potenciais empresas parceiras. Como resultado, as preocupações deles podem levar à inércia e impedir sua transformação. Para tornar esses medos em energia, você precisa promover escolhas estruturais e processuais conscientes e aplicar várias técnicas psicológicas. Com base na nossa experiência concreta e em recentes pesquisas de alto nível (Vuori; Huy, 2016a; 2016b; 2018), descrevemos essas escolhas e técnicas de uma maneira prática.

O **Capítulo 2** mostra como ao *eliminar atritos* de suas operações e simplificar as coisas para seus clientes você constrói um alicerce forte para sua plataforma. Os modelos de negócio em plataforma são eficazes porque combinam múltiplos *players* para que trabalhem juntos. Isso só será significativo se não houver atrito entre eles. O atrito é resultado do custo transacional. Nesse capítulo, você aprende como minimizar os três custos transacionais fundamentais: custos de busca e esforço, custos de incerteza e ansiedade, e custos relacionados a oportunismo. Nosso capítulo mostra como fazer para aumentar a confiança e os controles em sua plataforma de maneiras inteligentes, por exemplo, com sistemas de classificação, sem complicar demais o uso da plataforma.

O **Capítulo 3** diz que você precisa *focar suas ações para criar fãs*. Depois de identificar os negócios ou processos dos quais são possíveis eliminar atritos, você está pronto para lançar um produto "ponta de lança" que vai envolver mais pessoas e começar a expandir sua plataforma. O foco inicial estreito em um produto líder permite que você faça uma coisa excepcionalmente bem – como o iPhone e o Tesla –, com um produto apenas. Isso engaja os clientes e os mantêm comprometidos, contribuindo para acumular efeitos de rede. Você aprende a identificar uma área focal lucrativa e a empreender ações iniciais.

Além disso, depois que as empresas definem seu foco, elas refinam sua oferta e constroem uma comunidade engajada. Você aprende várias práticas por meio das quais pode melhorar sua área focal de maneira estável e contínua. Como elemento final, você ganha conhecimento sobre como construir uma comunidade por meio de múltiplos métodos, por exemplo, ao permitir a comunicação entre as partes interessadas de sua plataforma. A comunidade engajada fortalece os efeitos de rede e provê *insights* valiosos para você melhorar ainda mais sua plataforma.

O **Capítulo 4** te ajuda a descobrir como um *ciclo de aprendizagem alimentado por IA* permite melhorar de maneira extremamente rápida e eficaz a oferta focada e o engajamento. Um ciclo de aprendizagem alimentado por IA é uma abordagem sistemática para coletar e analisar dados a partir de suas ações, a fim de melhorá-las. As melhorias podem estar relacionadas à eficiência de custos, à qualidade do produto ou do serviço, engajamento do cliente e vários outros resultados desejáveis. Para alcançar aprimoramentos significativos, você precisa começar com metas de negócio. É muito fácil imaginar várias aplicações de IA e acabar perdido no meio de dados e relatórios que não fazem sentido. Mas quando são definidas metas de negócio, seus esforços aplicados na IA promovem diretamente uma melhora na sua plataforma. Você também aprende como produzir dados relevantes para permitir o uso da IA e a aplicação de várias práticas para maximizar a aprendizagem contínua a partir de dados. Esse capítulo mostra exemplos particularmente convincentes da Tesla, Uber e Orica (um fornecedor de explosivos) a respeito de cada aspecto da construção de um ciclo de aprendizagem.

O **Capítulo 5** começa com a abertura do jogo – discute de que modo você pode usar *um cumprimento de mão algorítmico* para envolver mais *players* na sua plataforma. Esses *players* podem ser novos clientes, provedores de serviço terceirizados e vários tipos de fornecedores. Eles estarão incrivelmente dispostos a aderir à sua plataforma. E a razão disso é o entusiasmo que você vem criando com sua oferta focada, que tem melhorado radicalmente com o ciclo de aprendizagem alimentado por IA. Um cumprimento de mão algorítmico permite que as empresas se juntem à sua plataforma de maneira fluente, pois propicia comunicação direta e negociação entre computadores, sem envolvimento humano. Tecnicamente, isso se dá por meio das interfaces de programação de aplicativos (APIs). Você aprende a definir metas de negócios para a API e a desenvolver APIs como produto. Também passa a dominar uma visão de ciclo de vida para as APIs, essencial para a evolução de longo prazo da sua plataforma.

O **Capítulo 6** te leva para o lado criativo. Até aqui, você criou uma oferta focada e foi melhorando-a por meio do ciclo de aprendizagem alimentado por IA e de cumprimentos de mão algorítmicos com terceiros. Em seguida, vamos te mostrar o que fazer para que se *crie o inesperado*. Você pode dar saltos radicais a partir de seu setor predominante. Tratam-se de movimentos imprevistos porque, do ponto de vista de negócios tradicionais, essa diversificação não faz sentido. Mas as plataformas e a IA te permitem combinar com eficácia e sinergia atividades de setores distantes, de maneiras que agreguem valor. Você aprende três abordagens específicas para desenvolver os *insights* radicais que se tornam seus movimentos inesperados. Criamos essas abordagens ao aplicar a pesquisa mais recente sobre gestão estratégica e criatividade a várias empresas. Isso nos permite agora descrever na prática e concretamente como você pode usar essas práticas na sua organização.

O **Capítulo 7** muda o foco da nova oferta que você deveria fornecer aos mercados para o que você já tem prometido, *organizando em torno de IA* uma entrega mais eficaz A ideia central da qual você lembrará pelo resto de sua carreira é que você deve, sempre que possível, substituir a hierarquia formal por uma coordenação alimentada por IA. Também aprenderá a trabalhar com IA. Começará familiarizando-se com a IA e usando-a como um conselheiro adicional. No final, aprenderá a confiar na IA e a deixar que ela, de maneira autônoma, analise e implemente as melhores decisões. Também vamos mostrar como você pode se livrar de restrições físicas no desenvolvimento usando gêmeos digitais.

Esses **sete passos** vão mudar sua mentalidade, e você começará a pensar de modo diferente a respeito de como criar valor e expandir seu negócio.

CAPÍTULO UM

Transforme medo em energia

Tornar-se uma plataforma inteligente pode parecer um desafio tecnológico. Nossa pesquisa mostra que é também um desafio psicológico, impregnado de medos irracionais. As plataformas inteligentes desafiam muitos dos nossos implícitos pressupostos de negócios, como as maneiras de trabalhar que as organizações vêm aprimorando há anos e talvez precisem mudar.

Por exemplo, o negócio de smartphones transformou-se numa plataforma de negócios após a chegada do iPhone. Em vez de oferecer modelos de telefone alternativos dotados apenas de aplicativos de software pré-definidos, a Apple permitiu que os clientes baixassem aplicativos de terceiros por meio da App Store. Esses aplicativos revolucionaram a maneira como as pessoas usavam seus telefones.

A Nokia era o titã do setor na época, e seus líderes tiveram que repensar a ideia do telefone. A empresa tivera sucesso na produção de dezenas de aparelhos diferentes. Em contraste a isso, o modelo de plataforma teria exigido que ela reduzisse o número de modelos. A qualidade de seu sistema operacional também exigia certo nível de mudança para facilitar a terceiros o desenvolvimento de aplicativos para telefones Nokia. Isso foi crucial, já que terceiros desenvolvedores de aplicativos impulsionam o efeito de rede. Como resultado, a direção e a equipe de alta gestão da Nokia experimentaram sério desconforto e medo (Vuori; Huy, 2016a). E, como sabemos agora, a Nokia chegou atrasada ao jogo do smartphone.

No entanto, o medo não precisa desacelerá-lo. Ao contrário, você pode usar o próprio medo a seu favor. O medo é uma das emoções humanas mais poderosas. Depois que você canaliza a energia do medo para crescimento e expansão, não há o que consiga deter sua organização.

Os veículos elétricos, a nuvem e os carros autônomos devastaram o setor automotivo. Estreantes como a Tesla, assim como a Apple quando introduziu o iPhone, fazem o jogo da plataforma. A Volkswagen quer evitar o destino da Nokia, e seu CEO, Herbert Diess, reconheceu a ameaça de ser derrubado: "A era clássica dos fabricantes de automóveis acabou […]. A grande questão é: Somos suficientemente rápidos?" (REUTERS, 2020). Seu desafio é ajudar os executivos, a organização e os parceiros a superarem o medo da mudança e se moverem com a suficiente rapidez.

Neste capítulo, descrevemos ferramentas que tornam a transição mais fácil. Elas te ajudam a iniciar a transformação para tornar seu negócio em uma plataforma inteligente. Existem três tipos de medo a superar, e eles afetam três grupos diferentes de partes interessadas em sua organização:

- Executivos: paralisia e pânico.

- Organização: rigidez e resistência.

- Parceiros: ceticismo e falta de confiança.

Você pode transformar cada um desses tipos de medo em energia por meio das ações apresentadas neste capítulo.

O MEDO DOS EXECUTIVOS: PARALISIA E PÂNICO

O medo impede as organizações de se transformarem em plataformas de negócios e de adotarem a IA. Ele costuma se manifestar como paralisia e pânico, que nos refreiam. Os medos diminuem nossa inteligência, por estreitar nosso pensamento e bloquear a criatividade.

Alguns líderes ficam paralisados. Ao reconhecerem a importância das plataformas, começam a perder o sono. Imaginam que serão demitidos à medida que as novas empresas em plataforma roubarem seus clientes. No entanto não conseguem visualizar o que deveriam fazer. Portanto, seguem seu velho instinto e se escondem.

Acham que se continuarem escondidos a ameaça não chegará até eles. Uma presa tem reação similar diante de um predador. Em termos cognitivos, o medo faz com que eles estreitem sua mente e fiquem avessos a riscos. Evitam assumir qualquer posição ou ação mais ousada, já que isso os tornaria mais visíveis. É claro: a última coisa que uma presa quer é ficar visível quando a ameaça está por perto.

Eles tampouco querem arrumar briga com um predador. Em vez disso, se não conseguirem se ocultar da atenção pública, entram em negação. Ou seja, mentem para si mesmos e acham que a ameaça não está ali, do mesmo modo que uma criança reage ao cobrir os olhos diante da TV quando Pennywise, o palhaço, está prestes a atacar uma de suas vítimas.

A Tesla apresentou seu Model S em 2016. Desde então, já lançou vários modelos alternativos. A disrupção continua acelerada. A reação do restante do setor foi ficar paralisado. Apenas em 2020 é que a Volkswagen anunciou cortes em unidades de combustível para investir mais em veículos elétricos (Reuters, 2020). A Tesla, porém, já seguiu em frente. A empresa está experimentando novos *modelos de negócio*, alimentados por seu software de condução totalmente autônoma e por seus negócios de seguros e transporte de passageiros por aplicativo. Também entrou em setores totalmente novos, fazendo incursões em sistemas domésticos de energia por meio da Tesla Powerwall e da Solar Roof.

Em 2007, os executivos da Nokia declararam que o iPhone da Apple iria "estimular esse mercado [e ser] bom para o setor" (Forbes, 2007). A declaração ilustra bem os efeitos do medo. A Nokia não cobriu os olhos literalmente, apenas mentalmente. Em termos cognitivos, a equipe da Nokia sabia que o "iPhone era uma extensão do Mac — um computador Mac com um rádio acrescentado. [A Apple tem] projetado os aplicativos e o OS há 35 ou 40 anos" (Vuori; Huy, 2016a). Mas ainda assim seu medo gerou a ilusão de que a Nokia se beneficiaria com sua introdução. A Nokia já começara a projetar *touchscreens* e uma *app store* antes de 2005. No entanto, o medo e a paralisia impediram que o progresso fosse rápido o suficiente.

Os líderes costumam entrar em pânico. Eles veem que a ameaça é iminente e que precisam fazer alguma coisa. Infelizmente, colocam mais ênfase no "fazer" e menos em definir "o que" fazer.

O pânico deles pode assumir várias formas. Por exemplo, alguns começam reformatando a organização. Nomeiam novos líderes e mudam as estruturas formais. Podem também propor novos processos e iniciar um grande número de projetos de consultoria.

Se os esforços internos não se mostram suficientes para aliviar o pânico, os líderes também empreendem ações mais extensivas. Medidas típicas são fazer grandes investimentos em projetos vagos de inovação, aquisições arriscadas e apresentações vistosas mas abstratas de mudanças radicais e voltadas para o futuro.

Na década de 2010, empresas automobilísticas entraram em pânico diante de três ameaças: os veículos autônomos, os veículos elétricos e o transporte compartilhado de passageiros. Após o sucesso da Uber, muitas decidiram apostar no transporte compartilhado. A BMW lançou um serviço de transporte compartilhado, o ReachNow, em 2018. A Daimler aliou-se à Via e lançou um serviço de transporte compartilhado de ônibus. Em 2019, a BMW e a Daimler juntaram forças com uma joint venture, a FreeNow. No entanto, esses serviços falharam em alcançar escala. No outono de 2020, a Uber considerou adquirir a FreeNow (FREITAG, 2020).

Todos esses movimentos à primeira vista parecem fazer sentido. No entanto, falharam em reconhecer que deveriam ter criado um produto convincente, focado, e um serviço que escalasse para ser bem-sucedido. No Capítulo 3, vamos discutir de que modo o foco cria fãs e permite-o escalar. Mais importante ainda, a disrupção no setor automotivo foi uma batalha de plataformas. Apostar em veículos elétricos não vai ajudar a não ser que se construa também uma plataforma de software para acompanhá-los.

Ao enfrentar a ameaça de três grandes empresas – Facebook, Google e Amazon –, a Verizon, uma gigante das comunicações, construiu uma plataforma de negócios. Ela adquiriu a AOL e a Yahoo e fundiu-as sob o nome Oath. Em 2019, admitiu a derrota e uma desvalorização de 5,6 bilhões de dólares.

Em 2012, a Microsoft anunciou uma nova estratégia. Queria experiências contínuas de hardware, software e serviços. Sua estratégia era similar à da Apple, empresa que ela temia muito. A aquisição do negócio de celulares da Nokia por 7 bilhões de dólares foi um movimento de Steve Ballmer ditado pelo pânico. Satya Nadella conseguiu desfazê-lo. O que veio em seguida foi uma desvalorização de 7 bilhões de dólares e a demissão de 7.800 funcionários. Mas Nadella também transformou o medo em energia. Ele colocou o foco da empresa em computação na nuvem. A Microsoft voltou a ser um *player*.

O maior banco comercial da Finlândia é o OP Group. A digitalização e as plataformas vêm minando a posição dos bancos tradicionais. O seu CEO previu em 2017 que centenas de filiais seriam desativadas, e que milhares de pessoas perderiam seus empregos (YLE, 2017). Essa previsão estava correta, mas a empresa entrou em pânico. Decidiu aventurar-se num negócio de compartilhamento de carros. Também se expandiu para serviços de habitação e vários outros domínios. Mais tarde, o banco foi fechando esses empreendimentos, um por um. A empresa voltou, então, a colocar foco em seus serviços bancários essenciais, enfrentando o medo com uma abordagem ativa voltada à digitalização.

Não há por que entrar em pânico. A paralisia inicial não precisa ser fatal, já que as disrupções em geral levam um tempo. O ciclo típico é de 10 anos. Porém você precisa identificar os sinais e começar a se mexer o quanto antes com uma visão de longo prazo.

POR QUE OS EXECUTIVOS TÊM MEDO DE PLATAFORMAS E DE IA?

As empresas sempre temem coisas novas, capazes de destruí-las. Plataformas e IA não são exceção. Qualquer mudança radical no cenário de negócios e quaisquer novas concorrências são suficientes para mandar muitas empresas estabelecidas ao esquecimento. Isso é razão suficiente para ficar com medo.

Além disso, plataformas e IA também têm características que geram mais medo do que outros tipos de mudança. Não se trata apenas de um novo concorrente que faz as coisas um pouco melhor ou de uma nova legislação que favorece algumas empresas de perfil um pouco diferente. Não: plataformas e IA mudam a lógica fundamental dos negócios, das organizações e dos setores. Elas fazem muito daquilo que você tinha aprendido que não era válido. E isso assusta num nível diferente.

■ Perda do controle

Plataformas significam que você passa a ter parceiros, e não subordinados. Portanto, não tem poder hierárquico sobre eles, nem um controle real sobre os planos e o desempenho deles. Logo, talvez se sinta menos no controle, e essa perda de controle gera medo.

Até mesmo Steve Jobs tinha receio de depender de parceiros. De início, ele não quis *apps* de terceiros no iPhone. Mas, após reação violenta dos desenvolvedores, mudou de ideia. Vinte anos mais tarde, a receita da App Store é de cerca de 54 bilhões de dólares (STATISTA, 2020).

■ Uma mudança radical no modelo de negócio

Quando você se torna uma plataforma inteligente também precisa desafiar muitas ideias tradicionais a respeito do funcionamento do seu negócio. O modelo de negócio em plataforma difere radicalmente do tradicional.

Por exemplo, adotar uma abordagem de plataforma pode fazer a receita de sua empresa diminuir significativamente. Mesmo assim, seus lucros, em termos absolutos, podem multiplicar-se, porque são os *royalties* que costumam formar a base dos modelos de negócio em plataforma. No entanto, esse declínio na receita às vezes dá a entender às partes interessadas que o novo modelo torna a empresa menor. Isso cria raiva e medo nas pessoas, e elas sequer consideram a possibilidade de se tornarem uma plataforma inteligente.

■ Menos espaço para o julgamento pessoal

A adoção cada vez maior de tecnologia digital aumenta o volume de dados disponíveis para a tomada de decisões. Em razão disso, as empresas conseguem automatizar muitas decisões que antes exigiam um julgamento executivo. Esse desdobramento pode ser sentido como uma ameaça pessoal por executivos, pois sua identidade é definida por sua expertise e julgamento. Muitos líderes definem-se como ótimos tomadores de decisões. Eles fazem ostentação de seus "35 anos de experiência", nos quais apoiam seu valor. Suponha que um algoritmo de IA promete tomar excelentes decisões. Diante disso, esses líderes podem sentir que o aspecto que os distingue, isto é, seu talento para tomar decisões, tornou-se irrelevante.

Por exemplo, a IA consegue prever quando faltarão peças numa fábrica, e faz isso com uma precisão impressionante. No entanto, um gestor de fábrica experiente talvez não confie nessa previsão. Afinal, tem dezenas de anos de experiência; por que uma máquina seria capaz de saber mais que ele? Então, pode haver uma campanha contra o uso de IA. As pessoas às vezes até criam situações para que o algoritmo de IA falhe, introduzindo, por exemplo, situações atípicas que diminuam a precisão dos algoritmos baseados em dados prévios.

QUATRO PASSOS PARA TRANSFORMAR O MEDO DOS EXECUTIVOS EM ENERGIA

De que maneira você como executivo pode combater a emoção que sente ao perder o controle ou diante da mudança radical no modelo de negócio e da redução de espaço para suas avaliações pessoais? E, mais importante, como conseguirá que sua equipe faça o mesmo? Vamos explicar os quatro passos necessários para conseguir isso.

Quatro passos para transformar medo dos executivos em energia

1. Crie segurança psicológica e atenção plena coletiva
2. Crie e avalie opções
3. Identifique para cada opção a menor ação que cause maior impacto
4. Aborde potenciais parceiros com antecedência

1. Crie segurança psicológica e atenção plena coletiva

Por trás de todos os medos, há o medo fundamental de não sobreviver a alguma coisa. Muitas vezes, executivos não admitem o medo que estão sentindo e o projetam na situação estratégica ou em outras pessoas. A sensação de ameaça pessoal amplifica sua ansiedade em relação à situação da empresa e complica as discussões a respeito de tópicos estratégicos difíceis.

Uma cultura tóxica de discussões amplifica o medo pessoal. Isso pode ocorrer quando há pessoas que fazem comentários deselegantes a respeito das opiniões dos outros ou se permitem abusos verbais contra aqueles que compartilham notícias ruins ou pontos de vista críticos. Portanto, você precisa antes de mais nada corrigir essa cultura de discussões.

Disputas internas e deslealdades entre executivos eram marcas registradas da cultura tóxica da Microsoft (EICHENWALD, 2012). Ao assumir como CEO em 2014, Satya Nadella pediu para que os membros de sua equipe de executivos lessem *Comunicação Não-violenta* (ROSENBERG, 2003). O livro destaca quatro princípios para uma comunicação eficaz:

- Observe o que aconteceu. Evite qualquer julgamento ou crítica.

- Declare como você se sente quando observa a situação.

- Articule que necessidade sua não está sendo atendida.

- Proponha uma ação concreta para atender a essa necessidade.

Raramente um livro provoca uma mudança tão fundamental como essa. É claro que foi necessário muito mais trabalho. Mas a utilização do livro por Nadella foi o caminho para a nova Microsoft.

Um número cada vez maior de equipes de gestão está adotando regras explícitas de discussão para aumentar a segurança psicológica. Por exemplo, Risto Siilasmaa, presidente da Nokia de 2012-2020, introduziu as sete Regras de Ouro para discussões na diretoria (SIILASMAA, 2015). Algumas dessas regras são:

- Pressuponha as melhores intenções nas ações dos outros. Atue de modo aberto, honesto e direto e tenha a expectativa de que os outros farão o mesmo.

- Esteja preparado para um debate acalourado, mas conduza isso de maneira estruturada e respeitosa. Então, dê apoio positivo às decisões que surgirem, mesmo que você não tenha ganhado a discussão.

- Desafie de maneira firme e respeitosa a gestão e ao mesmo tempo tenha em mente que a diretoria só será bem-sucedida se o CEO e a equipe gestora forem também bem-sucedidos.

Risto deu reforço a essas regras. Quando um membro da diretoria ou alto gestor se desviava delas, ele conversava com a pessoa em particular.

Então o executivo, que havia se desviado, pedia desculpas na reunião seguinte (VUORI; HUY, 2021).

A Netflix apregoa uma cultura de franqueza. A empresa incentiva um feedback direto de todos com todos, incluindo as confrontações diretas com o CEO. Mas a maneira pela qual os funcionários da Netflix dão seu feedback é crucial. Começa com a regra: parta sempre da suposição de que o outro tem a melhor das intenções. E o feedback oferecido deve poder ser transformado em ação (HASTINGS; MAYER, 2020).

Além da ameaça de comunicação hostil, há a perda de controle, que é uma força fundamental que reduz a segurança psicológica quando as empresas se movem em direção a plataformas. Portanto, é essencial aumentar a sensação de controle durante o processo de elaboração da estratégia. Você pode fazer isso especificando com precisão os passos do processo da sua estratégia. Talvez não consiga controlar o que acontece no ambiente, e tampouco conseguirá saber de antemão o que sua empresa escolherá. Entretanto pode influenciar na maneira de abordar a tarefa. Desse modo, você ganhará confiança e transformará seu medo em energia. Vai parar de girar em círculos e começará a avançar.

Dentro de um clima de incerteza, uma parte do medo vem de não saber o que fazer e, ao mesmo tempo, sentir a urgência de fazer alguma coisa. Uma solução simples, embora temporária, é escolher não fazer nada. Para aliviar seu medo, você e sua equipe executiva podem decidir gastar um ou dois meses tentando compreender o que está acontecendo na realidade externa. E você deve fazer isso sem nenhuma tentativa de encontrar soluções.

Essa abordagem coloca você num estado de atenção plena, no qual você abre sua percepção e aceita as coisas como são. Você simplesmente procura entender. Passa de sujeito na primeira pessoa a observador na terceira pessoa. Começa a ver o quadro mais geral, os padrões de ações e as forças em jogo. Você obtém satisfação de uma compreensão de nível mais elevado.

Em termos práticos, você pode:

- fazer um resumo das tendências externas;

- entrevistar pessoas que tenham interesses na empresa e até concorrentes;

○ avaliar situações internas e externas;

○ avaliar as mudanças no comportamento dos consumidores.

2. Crie e avalie opções

Pesquisas extensivas em psicologia mostram que nosso cérebro gera uma reação de medo sempre que ocorrem duas condições. Primeiro, quando a situação externa se afigura de algum modo como uma ameaça ao nosso bem-estar ou ao nosso sucesso. E, segundo, quando não se sabe o que fazer a respeito de uma situação. Uma situação ameaçadora não se mostra assustadora se você sabe que é capaz de lidar com ela. Por exemplo, se você, sozinho, depara com um assaltante num beco escuro, é provável que sinta medo, pois não sabe se conseguirá evitar o confronto. Mas se estiver acompanhado por vários guarda-costas, a preocupação será menor, já que você sabe que eles irão protegê-lo.

As opções estratégicas são como guarda-costas – oferecem uma maneira de lidar com uma situação ameaçadora.

Atualmente, a nova concorrência criada pelas plataformas ameaça seu negócio. Mas, se você gerar uma opção estratégica possível, suas chances de encarar com sucesso o novo concorrente aumentarão. Se você criar várias alternativas, suas chances serão ainda maiores. Logo, as opções aliviam seu medo.

Você deve procurar criar opções, mesmo em situações nas quais imagina que não há opções. O medo causa um estreitamento do pensamento, e é por isso que você imagina não haver opções. Portanto, obrigue-se a criar uma alternativa, mesmo que seja ruim. Você se sentirá menos ansioso. E poderá pensar em termos um pouco mais amplos, alavancando sua inteligência humana. De novo, isso reduzirá seu medo e permitirá que você crie mais e melhores opções.

Depois de criar várias opções, comece a fazer uma avaliação crítica delas. Identifique quais são as suposições cruciais por trás de cada opção.

Por exemplo, a opção de adotar um modelo particular de negócios pode ter como pressuposto a introdução de inovações tecnológicas específicas. Ou o uso disseminado de IA pode exigir a melhora da infraestrutura de dados da empresa. Depois de identificar esses pressupostos, você será capaz de avaliar se eles são válidos. Por meio desse processo, compreenderá quais são as opções que têm maior probabilidade de dar certo. Esse escrutínio aumentará sua confiança na escolha final. Você terá certeza de que ela é a melhor opção de todas as que você poderia ter imaginado.

3. Identifique em cada opção a menor ação que cause o maior impacto

Não importa a opção que você escolha, precisará empreender várias ações para criar uma plataforma inteligente – como investir em desenvolvimento tecnológico em vários módulos, alcançar vários mercados, recrutar novos talentos, introduzir novos produtos e assim por diante. Isso pode ser sentido como uma grande sobrecarga e trazer de volta o medo paralisante, mesmo que você já tenha começado a se sentir energizado.

Por isso, é essencial fazer pequenas ações que gerem um impacto significativo. Há ações que têm um custo e um risco relativamente baixos, e, assim, não estimulam muito medo. Ao mesmo tempo, precisam ter um impacto visível, de modo que animem as pessoas e possam gerar mais energia. Além disso, devem constituir um degrau para suas próximas ações.

Portanto, como parte do processo sistemático de transformar medo executivo em energia, você precisa construir um caminho que leve da situação presente até o estado que você tiver definido como meta. Para implementação efetiva da estratégia, você pode usar os métodos descritos no Capítulo 6, "Crie o inesperado", e também o método reverso que apresentamos no Capítulo 3. Para transformar medo em energia, você precisa lembrar dos elementos essenciais: imaginar todos os passos significativos exigidos para que a opção se realize; refletir sobre as diferentes maneiras em que esses passos podem ser seguidos; e identificar a sequência que começa com o menor esforço e causa o maior impacto.

Um exemplo disso é a Tetra Pak, empresa que oferece soluções e serviços para o setor de alimentos e bebidas. Ela criou uma visão voltada para a "manufatura-como-serviço". Para tanto, precisava de dados mais precisos das fábricas. Em 2019, como primeiro passo rumo a essa visão, lançou um site de vendas B2B para peças de reposição – mais detalhes no Capítulo 3, "Foque suas ações para criar fãs".

Essa abordagem, além de reduzir o medo associado à realização do primeiro passo, cria um sentido de continuidade. A continuidade é boa porque minimiza a ameaça de identidade que é criada pela nova direção de plataforma. Além disso, quando você identifica com antecedência os possíveis pontos de pivotagem e os diversos caminhos, o medo associado a qualquer opção diminui. Você pode também identificar de que maneira poderá pivotar após cada passo rumo aos outros caminhos que tiver imaginado.

4. Aborde potenciais parceiros com antecedência

Em comparação com os modelos de negócio tradicionais, uma das incertezas cruciais nos modelos de negócio em plataforma é quanto ao envolvimento dos parceiros. Os efeitos de rede geram valor nas plataformas, mas, sem parceiros, seu valor é zero. Além disso, você não tem como saber de antemão se os parceiros que escolheu vão gerar valor.

Para reduzir essas incertezas e transformar o medo associado a elas em energia, você precisa abordar previamente os potenciais parceiros. Ao interagir com outras empresas, você consegue sentir se elas vão aderir ou não à sua plataforma. E também registra uma sensação a respeito da real capacidade delas em contribuir.

Você não precisa começar com negociações muito formais. Almoços descontraídos e sessões de *brainstorming* ajudam você a entender se há sintonia com elas e se elas têm interesse de fato. Aos poucos, você pode revelar e propor mais coisas, caso sinta que estão sendo sinceras e que estão curiosas em saber mais.

À medida que você tem uma noção melhor de quais parceiros estão animados e seriam mais capazes de contribuir, seu medo de não encontrar os parceiros certos diminui. Então, você libera energia para visualizar melhor a plataforma e agir de acordo.

O Capítulo 5, "Comece com um cumprimento de mão algorítmico", mostra como a fabricante global de elevadores KONE criou um programa bem-sucedido de parcerias com suas Interfaces de Programação de Aplicativos (APIs). À medida que as APIs permitiram que os computadores da KONE e os de seus parceiros interagissem sem envolvimento humano, elas revolucionaram as soluções de fluxo de pessoas para edifícios com os elevadores KONE.

MEDO ORGANIZACIONAL: RIGIDEZ E RESISTÊNCIA

Enquanto o medo dos executivos leva a decisões falhas, os medos que se disseminam pela organização causam rigidez e resistência. Gestores de nível médio e funcionários que têm receio das novas tecnologias e dos novos modelos de negócio podem asfixiar a transformação e o crescimento com uma rigidez não consciente e uma resistência ativa.

No início da década de 2000, os grandes jornais americanos sentiram que a mídia on-line representava uma ameaça para eles. Muitos de seus executivos superaram esse medo e fizeram investimentos substanciais em novas empresas de mídia. Contrataram expertise tecnológica e novas equipes e lançaram sites na internet. Infelizmente, como mostra pesquisa realizada pela Universidade de Harvard (GILBERT, 2005), eles não alavancaram as possibilidades das tecnologias mais recentes; em vez disso, simplesmente replicaram o jornal impresso na internet. Foi quase como se o novo departamento de mídia pegasse um exemplar impresso do jornal da manhã, escaneasse e fizesse o upload para o site.

O comportamento desses jornais ilustra uma rigidez organizacional baseada no medo. A equipe do jornal quis se adaptar, mas seu medo levou-a a continuar apegada ao pensamento tradicional. Encarou as normas do setor jornalístico como imutáveis e deixou de criar novos serviços. Quando as pessoas têm medo, elas se apegam à tradição. E como o medo restringe os processos cognitivos, leva-as simplesmente a fazer o que já vinham fazendo. Isso pode ocorrer mesmo quando as empresas se dispõem a lançar programas de mudança e contam com uma equipe motivada.

Muitas organizações atualmente vêm tentando adotar modelos de negócio em plataforma dessa mesma maneira rígida adotada pelas empresas jornalísticas do início da década de 2000. Querem criar uma plataforma de múltiplos lados com vários parceiros inovadores. E querem também ter um controle hierárquico sobre os parceiros e manter processos pré-definidos, lineares. Querem criar ciclos de aprendizagem e alavancar megadados com diversos parceiros, mas se recusam a compartilhar dados com eles.

Em 2020, a Disney lançou seu serviço de streaming Disney+, doze anos depois da Netflix. Outras empresas de mídia tradicionais estão agora seguindo esse caminho. Por que demoraram tanto? Porque são vítimas de seu sucesso, e o medo deixou-as paralisadas. É difícil uma empresa passar para um novo modelo quando otimizou seu negócio dentro do antigo modelo. Os filmes eram lançados primeiro nos cinemas, depois em outros canais. Mas as mudanças nos hábitos dos consumidores desafiaram esse modelo. A Microsoft adotou bem cedo o modelo de negócio em plataforma, e o Windows foi extremamente bem-sucedido. No entanto, quando o setor migrou para o celular e a nuvem, a Microsoft ainda otimizava tudo em torno do Windows, negligenciando as plataformas Android e iOS.

O medo também cria uma resistência ativa, que desacelera a sua jornada rumo a se tornar uma plataforma inteligente. Os funcionários resistem porque se sentem ameaçados. Mesmo as pessoas mais espertas podem desenvolver esse tipo de reação, como mostra o estudo da Universidade de Harvard sobre a NASA (Lifshitz-Assaf, 2018).

ESTUDO DE CASO
Medo e resistência na NASA

A NASA decidiu adotar práticas de inovação aberta em 2009 para aumentar sua produtividade e sua capacidade de resolução de problemas. Eles recorreram a práticas de inovação aberta para abrir a NASA a pessoas de fora, com propósitos de resolução de problemas. O que fizeram, essencialmente, foi transformar a NASA numa plataforma, que fazia a ligação entre os problemas identificados internamente e os solucionadores externos de problemas.

No entanto, a equipe interna da NASA vinha trabalhando tradicionalmente com problemas tecnológicos relacionados exclusivamente a missões espaciais. Os engenheiros orgulhavam-se de sua condição de líderes mundiais na solução de problemas. Para eles, abrir a NASA à expertise externa era uma ameaça e uma ofensa. O líder da inovação, por exemplo, descreveu:

> Quando você perguntava [se você tem algum problema de P&D para compartilhar], eles [os engenheiros] diziam, "Você quer que eu lhe diga o que eu não consigo resolver?". Em grande medida, era como se eles, ao dizer-nos o que não conseguiam resolver, fossem expor algum tipo de incompetência [...]. O pensamento deles era, "Vocês estão pedindo que outros [nas plataformas abertas de inovação] resolvam isso para nós". Era visível que as pessoas ficavam fisicamente desconfortáveis com isso, a julgar pela sua linguagem corporal. (LIFSHITZ-ASSAF, 2018, p. 757)

Embora o intuito fosse melhorar a capacidade da NASA de resolução de problemas transformando-a numa plataforma, muitos de seus membros mais destacados tinham medo e resistiam a essa mudança. Consequentemente, recusavam-se a compartilhar problemas com gente de fora ou compartilhavam apenas questões simples, com uma intenção meramente simbólica. (O estudo concluiu que cerca de um terço dos membros estudados resistia à nova abordagem.) Do mesmo modo, é provável que muitas das mentes de mais alto nível em sua organização fiquem ofendidas e preocupadas se você propuser abrir seu negócio a uma expertise externa. ■

Fonte: Lifshitz-Assaf, 2018

Outro exemplo que vale a pena examinar é o das lojas de departamentos que querem se beneficiar da criação de uma plataforma de vendas on-line. Quando tudo dá certo, elas conseguem integrar as operações físicas às operações on-line sem descontinuidades. Mas os funcionários na loja de departamentos física podem se rebelar ativamente contra as operações on-line. Eles têm medo de perder o emprego quando as vendas passarem a ser feitas pela internet. Portanto, várias empresas tradicionais de sucesso falharam nessa transição para o *e-commerce*, enquanto as estreantes foram bem.

QUATRO PASSOS PARA TRANSFORMAR O MEDO ORGANIZACIONAL EM ENERGIA

Você não precisa ter receio da rigidez e da resistência de sua organização. Há medidas simples que você pode tomar para fazer disso uma poderosa força de mudança.

Quatro passos para transformar o medo organizacional em energia:

1 Envolva os membros da organização na criação e avaliação de opções
2 Enfatize a continuidade na comunicação
3 Apoie e propicie a aprendizagem
4 Use a análise interna para otimizar seu timing

1. Envolva os membros da organização na criação e avaliação de opções

Uma parte da preocupação dos membros da organização quanto a ela se tornar uma plataforma inteligente vem da falta de conhecimento e de compreensão. É provável que eles não tenham ideia das tendências e forças externas que obrigam sua organização a se tornar uma plataforma, ou que tenham criado suspeitas quanto às verdadeiras intenções que você tem para efetuar a mudança. Assim, quanto mais você puder envolvê-los no atual processo de pensamento estratégico, menos medo vão sentir.

Você pode envolver os membros de sua organização em cada uma das etapas do processo descritas acima a fim de reduzir o medo executivo. Pode fazer isso de uma maneira suficientemente leve, de modo que não atrase demais o processo nem crie o risco de vazar informações sensíveis. Além disso, quando as pessoas são parte do processo, elas podem passar pelo mesmo movimento de crescimento emocional e cognitivo dos executivos. E experimentarão isso ainda que não façam parte da tomada de decisões final ou não tenham acesso a todas as opções e dados.

Na prática, muitas das organizações com as quais trabalhamos têm usado os seguintes tipos de abordagem:

a   Comunicar desde o início do processo que o propósito é investigar a situação estratégica e avaliar várias opções. Por isso, todas as ideias e pontos de vista são bem-vindos. Essa comunicação cria segurança psicológica.

b   Compartilhar informações sobre as tendências externas e a situação competitiva nas apresentações internas e em outros fóruns adequados. Você pode também pedir que as pessoas contribuam para as análises SWOT[1]. Lembre as pessoas que é positivo que todos compreendam a realidade antes de tirar conclusões. Desse modo, você enfatiza o valor da atenção plena.

c   Convidar as pessoas a gerar e sugerir possíveis plataformas e outras opções estratégicas para a sua empresa. Você pode fazer isso em oficinas ou pelos canais on-line. À medida que elas veem as várias opções sugeridas por seus colegas, compreendem melhor que a sua ideia não é a única direção possível e ficam mais abertas à mudança.

d   Organizar debates e outras situações de avaliação crítica, como oficinas e levantamentos on-line, para identificar os pressupostos essenciais de cada opção estratégica. Desse modo, você dá um auxílio adicional aos membros de sua organização para que vejam a complexidade da situação estratégica e se desapeguem de suas crenças antigas, rígidas, que contribuem para a sua resistência.

---

[1]   A Análise SWOT – de Strengths (Forças), Weaknesses (Fraquezas), Opportunities (Oportunidades) e Threats (Ameaças) é uma importante ferramenta de planejamento estratégico, usada para coletar dados importantes sobre o ambiente interno da empresa (forças e fraquezas) e externo (oportunidades e ameaças). (N.T.)

e Pedir que desenvolvam planos de ação possíveis para um seleto número de opções. Ao imaginarem as ações, as pessoas ficam mais propensas a empreendê-las, e há uma redução no efeito de choque, que poderia gerar resistência.

2. Enfatize a continuidade na comunicação

Em qualquer mudança radical, o que gera medo é a própria mudança. Então, em vez de enfatizar a dimensão da mudança em sua comunicação, costuma ser benéfico enfatizar as coisas que NÃO mudam. Desse modo, você cria uma sensação de continuidade, que faz as pessoas se sentirem mais seguras. Mesmo que alguma coisa nova aconteça, a maioria das atividades seguirá como sempre. Portanto, isso pode indicar que a estratégia de plataforma, afinal, não é tão assustadora assim. Ao contrário, os novos aspectos poderão até começar a parecer animadores.

A Netflix tinha um negócio de envio de DVDs quando o streaming apareceu como novo modelo de negócio. Ela viu a oportunidade mais cedo. O CEO havia esboçado uma visão de longo prazo. Por isso, era apenas questão de tempo para que o poder computacional e a conectividade ficassem no nível adequado para tornar possível a transição. A Netflix já tinha iniciado a transformação quando mudou seu modelo de negócio, passando do aluguel de DVDs individuais para o modelo de assinatura. Assim, a introdução do streaming não foi uma mudança radical, teve continuidade com o negócio vigente.

Essa abordagem foi usada pela Nokia quando ela se desfez de seu negócio de telefones e o transferiu à Microsoft. Foi uma mudança de estratégia radical para a empresa. Em sua comunicação, a Nokia deu ênfase em sua história de 150 anos e no fato de ter se reinventado várias vezes. Foi criada a expressão "Mude o DNA". Os funcionários não ficaram tristes por terem perdido sua identidade de telefonia celular. Em vez disso, sentiam orgulho pela identidade mais abstrata de mudança e renovação.

No caso da NASA, o trabalho de identidade foi direcionado para criar continuidade (Lifshitz-Assaf, 2018). Muitos engenheiros da empresa começaram a reinterpretar seu trabalho definindo-se como buscadores de soluções, e não mais como solucionadores de problemas.

Eles sempre haviam encontrado soluções para os problemas mais desafiadores e essenciais relacionados às viagens espaciais. Tradicionalmente, haviam gasto muito tempo buscando a solução internamente. Em contraste com isso, após a mudança, passaram a explorar também alternativas fora da empresa. Assim, embora suas atividades tivessem mudado, a mudança não foi apresentada de maneira tão radical. Portanto, sentiram-se menos ameaçados.

3. Apoie e propicie a aprendizagem

Depois que você começa a implementar um modelo de negócio em plataforma e ciclos de aprendizagem baseados em IA, seus funcionários precisam começar a agir de novas maneiras. Novos processos requerem aprender muitas coisas novas. Você passa de controlar sua cadeia de fornecimento a orquestrar parceiros, e isso pode ser desafiador. Interagir com software de IA às vezes é difícil. Os funcionários sentem uma "ansiedade de aprender", isto é, veem aumentar seu nível de estresse e o sentimento de que talvez sejam incapazes de desempenhar o que a empresa e seus colegas esperam. Se essa ansiedade alcançar um nível muito elevado, as pessoas podem se tornar rígidas em seus comportamentos, resistir ativamente às novas exigências ou até abandonar a organização.

Você deve evitar aumentar a pressão sobre os funcionários. Procure reduzir a ansiedade de aprendizagem na organização. O problema não é que os funcionários não queiram aprender (nesse caso, uma pressão iria motivá-los). O problema é que eles se sentem incapazes. Para reduzir a ansiedade em relação à aprendizagem você deve apoiá-la e propiciá-la de várias maneiras.

Uma boa prática é contrabalançar as necessidades de aprendizagem com o apoio. Coloque foco nas aptidões necessárias. O ideal é fazer isso gradualmente. Os funcionários podem aprender um subconjunto de habilidades, colocá-las em prática, criar rotinas com elas e, então, aprender um novo subconjunto de capacidades.

Empresas e seus funcionários precisam ficar mais bem informados a respeito de IA. Portanto, necessitam instrução e treinamento. Um exemplo excelente é o da E.ON, uma empresa de energia alemã. Ela fez um esforço específico para aumentar a compreensão sobre dados e

IA na empresa. Desse modo, organizou treinamento em visualização e interação com dados no nível interno e externo da empresa. Além disso, providenciou cursos de *nanodegree* na Udacity em aprendizagem de máquina, visão computacional e reforço profundo de aprendizagem (INSEAD, 2020).

Com uma compreensão adequada de AI, a E.ON definiu bolsões de valor para vislumbrar as oportunidades de IA mais significativas, como ativos e redes inteligentes, e economia de energia assistida por IA. IA não é sobre tecnologia, é sobre direcionar valor tangível.

Além de auxiliar os funcionários a dominarem novas habilidades, você precisa ajudá-los a compreender a lógica do novo modelo de negócio. Os funcionários costumam não ver o valor geral de uma plataforma inteligente, que otimiza o desempenho no nível do sistema. Os funcionários só conseguem ver uma parte do sistema. Portanto, podem sentir que as ações requeridas deles são desnecessárias ou até prejudiciais. Por exemplo, podem achar que a necessidade de introduzir mais informações a respeito dos clientes e suas atividades é um desperdício. Não conseguem ver como essa informação beneficia outras operações da organização.

Para evitar reações adversas à otimização em nível de sistema, você precisa mostrar de que modo os vários elementos se interligam no espaço e no tempo. Entender o quadro geral permite que os funcionários saibam de que modo o uso que fazem da IA e de ferramentas de plataforma ajuda a organização. Também é útil você alinhar incentivos à nova meta de otimizar um quadro mais vasto. Você deve recompensar funcionários por comportamentos que beneficiem a IA e o uso da plataforma, e não apenas resultados locais.

4. Use a análise interna para otimizar seu timing

A comunicação é mais eficaz quando é formatada para se adequar melhor ao ânimo e às preferências do seu alvo. Tradicionalmente, a comunicação de mudanças na organização apoia-se na gestão de nível médio, que formata a mensagem do CEO para adequá-la a seus funcionários. Em contraste com ela, a comunicação do CEO tem permanecido genérica. Nos tempos atuais, porém, a IA e outras ferramentas permitem que os líderes dirijam sua comunicação de maneira muito mais eficaz.

Você pode, por exemplo, coletar dados sobre os sentimentos e atitudes dos funcionários no dia a dia por meio do Moodmetric ou de ferramentas similares. Há dias em que eles estão entusiasmados e motivados, e outros em que o ânimo está baixo. Você pode usar esses dados para saber se um indivíduo, em um determinado dia, fica excepcionalmente reativo a mudanças. Assim, pode escolher o momento mais oportuno para fazer as comunicações sobre mudanças e ações. Por exemplo, pode definir um período de uma semana no qual vai comunicar mudanças específicas. Se isso for feito em dias em que os funcionários estão mais bem dispostos do que a média, isso favorecerá uma melhor comunicação.

É muito comum a gestão ter dificuldades com o rastreamento de projetos de mudança. Departamentos de gestão de projetos tentam acompanhar cronogramas, riscos e mudanças. Ultimamente estão emergindo ferramentas de gestão de projetos alimentadas por IA.

A IA rastreia o progresso relativo de equipes e indivíduos dentro de um programa de mudanças e faz ajustes de acordo nas ações e comunicações de mudança. Por exemplo, há alguns indivíduos ou grupos que adotam a maioria dos novos comportamentos exigidos para a iniciativa de mudança. Eles têm maior probabilidade de aceitar uma comunicação positiva focada na próxima rodada de mudanças e em desafios futuros. Em oposição, alguns indivíduos e grupos ainda se debatem com seus passos anteriores. Eles talvez se motivem mais com recursos de apoio adicionais, com alguma provisão de estrutura, com a disposição dos gestores de reconhecer o efeito adverso e com outros tipos de apoio.

A análise preditiva permite que você gerencie projetos de mudança em bases mais proativas (Stenius; Vuori, 2018). Você pode prever sistematicamente impedimentos e obstáculos, quem sabe até mesmo antes que afetem o ambiente de trabalho. Por exemplo, os intervalos para o café podem se estender por mais alguns minutos em relação a como era antes, a partir de medições baseadas na atividade dos funcionários no computador. Ou você pode constatar um aumento no trânsito por sites de internet não relacionados com o trabalho. Talvez sejam os primeiros sinais de uma redução na motivação durante a implementação da mudança. Se você consegue identificar esses sinais, tem como rever seus planos de ação e comunicação e corrigir problemas que talvez ainda não tenham emergido plenamente ou se tornado aparentes.

MEDO DOS PARCEIROS:
CETICISMO E FALTA DE CONFIANÇA

Quando você cria uma plataforma inteligente, precisa da adesão de usuários e de outras empresas. É crucial contar com eles porque são os efeitos de rede que impulsionam o valor nas plataformas. Além disso, para maximizar a melhora contínua com os ciclos de aprendizagem propiciados por IA, dados do maior número possível de parceiros são necessários. No entanto, os líderes de potenciais parceiros às vezes têm medo de que a plataforma não seja bem-sucedida, apesar do significativo investimento, ou de que você venha a explorá-los e colher todos os benefícios.

Por exemplo, as plataformas B2B precisam atrair a adesão tanto do lado da demanda quanto do lado da oferta. Quando a Tetra Pak lançou seu site B2B de peças de reposição e serviços, precisou convencer fornecedores terceiros a se juntarem a ela.

Mesmo que os líderes confiem no sucesso de uma determinada plataforma, podem não confiar no dono dela. Pensam em se juntar à plataforma vencedora, mas temem não se beneficiar o suficiente com ela. Imaginam que outros membros da plataforma irão se beneficiar mais do que eles com a adesão.

Por exemplo, a Nokia enfrentou um grande dilema em 2010, quando precisou decidir entre o Android e o Windows como a nova plataforma para seus smartphones. A Android detinha a maior fatia de mercado. Teria sido uma aposta segura, pois a Nokia pelo menos se juntaria a uma plataforma de sucesso. Já o Windows tinha uma fatia de mercado bem menor e não oferecia nenhuma certeza de que poderia se tornar uma das líderes.

No entanto, apesar de muitos observadores acharem a Android a escolha óbvia, não foi assim que Nokia enxergou as coisas. Se ela se juntasse à plataforma Android, precisaria aceitar as regras da plataforma. Isso não se mostrou atraente pela percepção da Nokia. Em particular, o Google vinha obtendo lucros do ecossistema de aplicativos que operava por meio da plataforma. Além do mais, o Google tratava cada empresa do ecossistema Android em termos iguais. Isso reduzia a Nokia ao papel de um designer de hardware que utilizava (mais ou menos) o mesmo sistema operacional dos demais concorrentes. Portanto, a preocupação dos líderes da Nokia era que a concorrência no ecossistema Android diminuísse seus lucros e que apenas o Google se beneficiaria da sua entrada. Preferiram, assim, o Windows, mas o ecossistema do sistema operacional não chegou a decolar.

Confiar nos parceiros é especialmente importante quando se faz necessária uma extensa partilha de dados para acelerar o uso da IA. Mas as empresas muitas vezes acham muito problemático compartilhá-los. Por exemplo, uma empresa que desenvolvia uma solução de previsão de manutenção para fábricas encontrou dificuldades para obter acesso aos dados requeridos. Seus clientes achavam que compartilhar seus dados seria benéfico aos concorrentes deles. Ou que a plataforma acabaria alcançando uma posição bem forte.

TRANSFORME O MEDO DOS PARCEIROS EM ENERGIA POR MEIO DESSES PASSOS

Você pode empreender várias ações para transformar o medo de seus parceiros em energia. Com isso, os medos deles não precisarão criar atrito e, em vez disso, vão energizar seus esforços conjuntos e impulsionar o sucesso da plataforma.

Quatro passos para transformar o medo dos parceiros em energia:

1 Comece a construir relacionamentos o mais cedo possível
2 Comunique uma visão clara aos membros que já estão a bordo
3 Gere experiências emocionais positivas
4 Mantenha o impulso por meio de ações conjuntas frequentes, mesmo que pequenas

1. Comece a construir relacionamentos o mais cedo possível

As pessoas se mostram céticas com estranhos que chegam com uma proposta – e geralmente têm boas razões para isso. Assim, você precisa se certificar de que não é um estranho quando começar a negociar uma colaboração com uma potencial empresa parceira. Você pode se fazer conhecido de muitas maneiras, como revelou uma pesquisa da Universidade Stanford sobre empreendimentos bem-sucedidos no Vale do Silício:

a) Comunique ativamente informações a respeito de sua liderança e compartilhe histórias (SANTOS; EISENHARDT, 2009). Quanto mais visível você for numa área, mais pessoas vão se familiarizar com seu rosto (ou com o logo da sua empresa). Uma pesquisa na área de psicologia chamaria isso de "o efeito da mera exposição". As pessoas começam a confiar em pessoas e entidades que veem com frequência, mesmo que não tenham interações com elas ou um conhecimento maior. Biologicamente isso faz sentido, já que cada encontro que não resulta num ataque é evidência de que você não é um predador.

b) Peça ajuda e orientação antes de fazer alguma proposta. Um dos achados de maior impacto foi que as empresas que pedem ajuda e orientação de antemão são percebidas de modo mais positivo que as outras. As pessoas se sentem lisonjeadas quando alguém lhes pede conselho. E essa lisonja gera uma emoção positiva, que é associada à pessoa que pediu o conselho (HALLEN; EISENHARDT, 2012).

2. Comunique uma visão clara aos membros que já estão a bordo

Há outras razões pelas quais outras empresas podem não se juntar à sua plataforma inteligente. Por exemplo, elas podem achar que a plataforma vai fracassar. Você pode atenuar esse sentimento mostrando uma visão convincente. Também é útil mencionar um bom número de empresas que já aderiram, pois isso amplia a impressão de sucesso.

Uma pesquisa realizada na Universidade Stanford por Pinar Ozcan e Kathleen Eisenhardt (2009) mostrou que a comunicação proativa e corajosa ajuda as empresas a terem sucesso na construção de alianças. Essas empresas vislumbram uma rede e uma estrutura setorial vencedoras.

Então, vendem sua visão para convencer múltiplos parceiros ao mesmo tempo. Fazem parecer que a inovação está tendo sucesso pelo fato de estarem garantindo que outras empresas já estão a bordo. Dizem a cada empresa que encontram: "Veja, todas essas outras empresas já estão conosco", o que faz com que elas também se juntem. Desse modo, a promessa vira uma realidade, e elas ganham uma massa crítica de empresas apoiadoras.

Em contraste, empresas menos bem-sucedidas abordam as potenciais empresas parceiras uma a uma, sem comunicar uma visão clara do que estão construindo. As potenciais parceiras, então, têm menor probabilidade de imaginar que a plataforma dará certo. Portanto, é menos provável que tenha adesão e que a plataforma vingue.

Em 2020, a mudança de logo da Amazon comunicou essa visão grandiosa. A seta de A a Z indicava que você podia conseguir tudo da Amazon. Expressava confiança. A Amazon convenceu até seus concorrentes a aderirem à plataforma ao aumentar a receita de curto prazo deles. Marcas como ToysRUs, Borders e Target entraram. E ela também atraiu terceiros vendedores menores ao prometer compartilhar a análise de dados (Kelion, 2020).

3. Gere experiências emocionais positivas

Quando as pessoas experimentam emoções positivas com alguém, passam a associar essas emoções a essa pessoa. Assim, se você consegue fazer seus parceiros potenciais experimentarem qualquer emoção positiva durante suas interações, isso aumentará sua probabilidade de eles se sentirem favoráveis a você. E o medo deles se transforma em energia para colaborar.

ESTUDO DE CASO

Gerar emoções positivas para motivar colaboração

A Virta Ltd é uma startup europeia bem-sucedida que desenvolve um ecossistema de recarga para veículos elétricos.

Durante seus anos de fundação, os criadores da empresa, Jussi Palola e Elias Pöyry, entraram em contato com várias potenciais empresas parceiras e sempre procuraram gerar emoções positivas e entusiasmo em relação aos carros elétricos e à empresa. Geralmente começavam esses encontros com um test drive de um veículo elétrico. Deixavam o provável parceiro dirigir o carro e sentir sua suavidade e aceleração. Eram os primeiros tempos dos veículos elétricos. Portanto, para muitos era a primeira experiência.

Assim, era compreensível que ficassem muito animados. E essa animação era associada a uma eventual colaboração (VUORI; HUY, 2016b). Esse estímulo intencional de uma excitação emocional contribuiu para o sucesso da empresa. Foi a primeira empresa nesse setor em mudança a ser incluída na lista FT 1000 do *The Financial Times,* que listou as empresas de crescimento mais rápido em 2020 (VIRTA, 2020). Em 2021, a Virta já operava em 30 países.

Além de criar experiências emocionais agradáveis e estimulantes durante seus anos iniciais, a Virta tem sistematicamente levado em conta os pontos de vista de seus parceiros. O modelo de negócio da Virta apoia-se em parceiros locais que instalam e são proprietários de suas estações de recarga. Ao mesmo tempo, a Virta fornece a plataforma para operá-las. Ela procura entusiasmar e empoderar seus parceiros, permitindo que tenham sua marca visível. Dessa maneira, os parceiros podem sentir orgulho de estarem construindo a infraestrutura do veículo elétrico, enquanto a Virta segue operando nos bastidores.

Além disso, a empresa tem procurado tornar o processo muito fluente para seus parceiros. Portanto, pode atuar imediatamente sem quaisquer empecilhos ou complicações assim que os potenciais parceiros se sentem animados a participar. Estes só precisam fazer a conexão com a solução Virta, que inclui o conceito do negócio e os processos-chave, a tecnologia e a gestão do relacionamento com o cliente. ∎

A Apple, o Google e outras empresas que dependem de vários desenvolvedores externos também buscam gerar excitação emocional de diversas maneiras. Os eventos organizados por essas empresas são sempre cheios de humor e com uma apresentação estimulante. "E tem mais uma coisa" – era o famoso encerramento dos eventos de Steve Jobs na Apple. Steve Jobs conseguia transformar as monótonas apresentações de produtos em grandes espetáculos de mídia.

Essas empresas também distribuem muita coisa de graça (camisetas e outros itens do tipo) e isso gera sentimentos agradáveis e reforça a identificação com a empresa. Também compartilham material instrumental gratuitamente. Por exemplo, abrem o software-fonte de IA e de aprendizagem de máquina para gerar confiança e acelerar a inovação. O código aberto ajuda a criar empatia com os clientes e com desenvolvedores menores (FORBES, 2019). Um exemplo disso é o Google, que abriu o código do Tensor Flow, uma plataforma para implementação de aprendizagem de máquina.

4. Mantenha o impulso por meio de ações conjuntas frequentes, mesmo que pequenas

As plataformas inteligentes prosperam a partir de uma interação estruturada entre diversas partes. Se você se encontra uma vez com alguém, tem o contato. Ao realizar um projeto conjunto, já tem um bom início. Para criar uma plataforma que funcione, você precisa de interação constante.

Portanto, é bom criar várias atividades nas quais você e suas empresas parceiras criem algo conjuntamente. Podem ser coisas relativamente simples, como esforços de marketing conjuntos ou codesenvolvimento de algum aspecto. Cada interação aproxima as partes e reforça os laços entre elas. Como resultado, elas se acostumam a trabalhar juntas e, de modo espontâneo, passam a encarar umas às outras como parceiras. E ao fazerem isso, começam a investir cada vez mais na parceria.

O Google, por exemplo, tem um grande ecossistema de desenvolvedores que não trabalham para o Google, mas usam os produtos Google e contribuem para o seu desenvolvimento. Para manter esses indivíduos agregados ao sistema, o Google organiza vários eventos locais e globais com eles, além da comunicação on-line frequente. Assim, o Google cria interações frequentes que reforçam a identificação dos indivíduos com a empresa e seu ecossistema, aumentando seu compromisso com ela. Isso também inspira novas ideias a respeito do que eles podem fazer com as ferramentas do Google e para elas mesmas. Como resultado, aumenta a probabilidade de que permaneçam no ecossistema Google.

LIÇÕES-CHAVE PARA SUA ORGANIZAÇÃO

O medo pode impedir a sua transformação estratégica em plataforma inteligente. As pessoas experimentam medo porque a lógica da plataforma e o uso de IA contêm incertezas, desafiam velhos pressupostos, reduzem sua sensação de estar no controle e ameaçam sua identidade. O medo dos executivos provoca paralisia ou pânico nas organizações. O medo organizacional causa rigidez e resistência. O medo dos parceiros impede que se juntem à sua plataforma. É um medo que se manifesta como ceticismo e falta de confiança.

No entanto, o medo não precisa fazer você empacar. Reflita sobre as questões apresentadas a seguir. Elas te ajudarão a identificar os medos que espreitam sua organização e a transformá-los em energia.

■ **Medo dos executivos**

- De que modo os modelos de negócio em plataforma e a IA desafiam os pressupostos atuais e a identidade da sua equipe de executivos? Como você e os membros da sua equipe se sentem em relação a isso?

- O que você poderia fazer para que as discussões entre executivos transmitissem uma sensação de segurança que permitisse apresentar quaisquer pontos de vista e gerar entusiasmo a respeito de novas perspectivas?

- Que opções você poderia criar para se tornar uma plataforma e adotar IA? Quais seriam os aspectos mais estimulantes de cada um desses elementos?

- Para cada opção, você poderia pensar nos primeiros passos e abordar potenciais parceiros?

■ Medo organizacional

- Que sinais de medo, rigidez e resistência relacionados a plataformas e à IA sua organização tem manifestado?

- De que maneira os membros de sua organização poderiam contribuir para criar e avaliar opções? Como você poderia dar apoio à aprendizagem na sua organização? Como poderia comunicar que as capacitações e atividades atuais ainda permanecerão válidas no futuro?

- Você consegue perceber quando os membros da sua organização se sentem desmotivados e quando estão entusiasmados? O que você poderia fazer para acompanhar melhor os sentimentos deles em tempo real?

■ O medo nos parceiros

- Que preocupações e dúvidas suas empresas potenciais parceiras têm a respeito da sua plataforma?

- Você já deu início a uma construção informal de confiança com parceiros potenciais?

- De que maneira você poderia comunicar sua liderança e sua visão? Como poderia fazer com que os parceiros potenciais se sentissem animados e tivessem outras emoções positivas?

- O que você poderia fazer para manter e incrementar o impulso que conseguiu com os parceiros que já demonstraram interesse?

CAPÍTULO DOIS
Elimine atritos

O martelo pneumático emitia seu som contínuo enquanto João construía a estrutura de madeira de uma nova casa. De repente, a ferramenta silenciou. O martelo pifou. "Ah, meu Deus, agora vai atrasar tudo e vai ser uma encrenca até arrumar um novo", João pensou.

Mas não é preciso se preocupar, pois a gestão ágil da Hilti, a gigante das ferramentas elétricas, entrega uma ferramenta nova em questão de horas. Sim, porque como o martelo automático tem um chip embutido, ele pode ser facilmente identificado e localizado. Assim, substituir uma ferramenta quebrada é uma experiência sem atrito. Não há necessidade de ficar ansioso com quebras de ferramentas; nem gastar tempo indo atrás de uma nova. No futuro, a IA poderá até prever quebras e programar consertos de ferramentas antes que elas quebrem, e ao mesmo tempo providenciar o envio de outras diretamente até os trabalhadores onde quer que estejam trabalhando.

Nossa pesquisa mostrou que plataformas bem-sucedidas começaram identificando setores e processos que tinham alto nível de atrito. Empresas em plataforma põem foco em remover esse atrito para reduzir os custos transacionais (LAUKIA, 2018; LEINONEN, 2020; MOHN, 2017; REPO, 2018). Eliminar atrito torna os serviços mais fáceis de acessar, libera novo valor e causa disrupção nas empresas estabelecidas.

A Hilti é um exemplo de pioneira na criação de experiências livres de atrito. Já em 2000, lançou a Hilti Fleet Management para ferramentas elétricas premium no setor de construção. Em vez de comprar ferramentas, os clientes pagam uma taxa mensal para acesso ao equipamento, com disponibilidade de reparos rápidos e rastreamento a respeito do uso das ferramentas, assegurando menos quebras.

O serviço de gestão ágil da Hilti reduz custos transacionais. Custos transacionais têm a ver com o dinheiro, tempo e esforço despendidos para comprar ou usar seu produto ou serviço. Achar a ferramenta certa leva menos tempo do que antes, e há menos esforço exigido até que ela seja entregue. O cliente fica tranquilo, pois sabe que não perderá um tempo valioso quando uma ferramenta quebrar e precisar de reparo. E a Hilti pode rastrear o uso das ferramentas para garantir sua utilização adequada. Neste capítulo, vamos discutir de que modo as plataformas emergem à medida que eliminam atrito. Reduzir custos transacionais elimina atrito. Se os custos transacionais forem altos demais, seus clientes não vão adquirir seu produto ou serviço, pelo simples fato de constatarem que há esforço demais envolvido em comprar, mesmo que eles gostem do produto e do preço.

Vamos examinar três tipos de custos transacionais:

- custos de procura e esforço;

- custos de incerteza e ansiedade;

- custos relacionados à oportunidade.

Vamos descrever os conceitos e processos envolvidos para corrigir isso. Também vamos demonstrar como as plataformas inteligentes aprendem com dados para reduzir o atrito. Finalmente, vamos explicar de que modo as plataformas inteligentes ajustam esses três custos entre si, criando experiências livres de atrito. Com essa abordagem, plataformas inteligentes criam magia, elevam o nível da experiência do usuário e causam disrupção nos setores.

ATRITO CRIA OPORTUNIDADES

O atrito se manifesta como custos transacionais. Um custo transacional é qualquer custo envolvido em realizar uma transação econômica (RINDFLEISCH, 2020; WILLIAMSON, 2017). Por exemplo, ao despachar carga, há alguns custos transacionais agregados ao preço do próprio despacho. Esses custos transacionais podem ser monetários, como a comissão de um caminhão agendado por meio de uma empresa que atue como intermediário, ou algo mais abstrato, como o tempo e o esforço mental exigidos para realizar a transação.

Custos transacionais são um conceito geral. No entanto, seu papel é significativo em negócios em plataforma por duas razões. Primeiro, as plataformas costumam ganhar uma vantagem em relação a outras empresas porque o modelo em plataforma permite reduzir substancialmente os custos transacionais. Portanto, propicia uma organização mais eficiente. Basta pensar em como a Uber causou disrupção nas empresas de táxi ineficientes. Com ele é possível conseguir uma corrida de táxi com um clique e ficar tranquilo, pois pode-se ver o tipo de veículo e de motorista que será enviado e saber a hora exata que chegará. Ou pense no Airbnb, que criou todo um novo mercado ao conectar donos de residências e viajantes.

Segundo, criar transações mais fluentes pode ser um passo crucial para alcançar a massa crítica de clientes que você precisa ter para lançar uma plataforma bem-sucedida. A simplicidade para a adesão de novos clientes é essencial nas plataformas. Se o cliente precisar digitar coisas demais, esperar muito tempo ou se ele não tiver certeza daquilo que receberá, você perdeu o jogo. Há outros serviços que oferecem uma experiência mais rápida e mais prática.

Muitos setores têm uma maneira estabelecida de fazer as coisas, que é parte da sabedoria convencional do setor. Temos consciência de que as coisas não são ideais, mas aceitamos o que temos, até que alguém não aceite mais o status quo e mude tudo, como ocorreu com a Blockbuster. Alugar DVDs numa loja era muito bom até que deixou de ser. A Netflix criou uma experiência sem atrito para você assistir seu filme favorito. A mudança na expectativa do cliente começou no B2C, mas agora vemos muitos negócios B2B sofrendo disrupção. E a crise da covid-19 acelerou o ritmo da mudança.

Para ter sucesso com uma plataforma, é preciso fazer com que a experiência do cliente mude de patamar. Por exemplo, havia alto atrito no comércio off-line na China, já que o sistema de cartão de crédito não era tão desenvolvido como nos países ocidentais. Para eliminar esse atrito, a Ant Financial introduziu os pagamentos Alipay QR code. Os consumidores pagavam escaneando um QR code fornecido pelo comerciante. Foi assim que a Ant Financial deu seu primeiro passo em direção a uma plataforma.

Já desde o início, a Amazon percebeu que precisava reduzir o atrito no comércio digital. Demorava muito para o cliente conseguir os produtos adquiridos. Logo, lançou o Amazon Prime, com entrega em dois dias ou até no mesmo dia.

Plataformas inteligentes não se restringem a uma única redução no atrito. Elas reduzem o atrito continuamente, aprendendo a partir de dados. A próxima corrida de Uber será mais rápida que a última conforme se melhora a capacidade da empresa de rastrear e mapear. E seu motorista de Uber também será melhor que o anterior graças a um feedback constante.

Palavras e expressões da moda, como *blockchain*, IA, Internet das Coisas (*Internet of Things*, IoT), identificação por radiofrequência (*radio-frequency identification*, RFID), drones, robótica e realidade aumentada/realidade virtual (*augmented reality/virtual reality*, AR/VR), para citar apenas algumas, são capazes de causar disrupção em todos os negócios. Empresas e seus líderes focam no desenvolvimento ou aquisição de uma tecnologia específica *in-house*, ou, então, investem em startups. Com muita frequência, isso faz alimentar expectativas exageradas de mudança. Após alguns projetos de "teste de conceito", o entusiasmo inicial vai diminuindo, e as atenções passam para a tecnologia seguinte.

Entretanto, se você encara a nova tecnologia como algo que permitirá reduzir o atrito, está no caminho certo. Pense em como a Netflix identificou a conectividade e o poder computacional como os aspectos que iriam propiciar o streaming. Eles esperaram o momento certo para implantar o serviço.

As etiquetas RFID, que têm baixo custo, permitem identificar e rastrear produtos físicos. Os dados digitais codificados nas etiquetas, também chamadas de rótulos inteligentes, podem ser lidos por ondas de rádio. Elas, por exemplo, identificam as ferramentas elétricas Hilti. Portanto, a Hilti pode rastrear o uso de ferramentas elétricas em tempo real e prever que ferramentas serão necessárias em cada fase da construção. Desse modo, a empresa pode criar proativamente um plano de ferramentas para um local de construção e otimizar ativos, alocando o equipamento certo no lugar certo e na hora certa.

Os drones também reduzem atrito no acesso a informações. Antes era preciso um helicóptero para tirar fotos aéreas ou fazer vídeos. Agora pode-se usar drones para supervisionar cultivos, campos, florestas, oleodutos, parques eólicos e outras infraestruturas cruciais. Há menos esforço e custos menores. Além disso, os dados criam um efeito de rede. Cada novo cliente contribui com novos dados que treinam os modelos de IA. Portanto, os modelos de IA continuamente aprimoram a maneira pela qual preveem quebras.

A tecnologia torna as coisas mais rápidas e mais diretas. Elimina intermediários e traz novos ativos para a rede. Tudo isso reduz os custos transacionais e comanda o sucesso nas plataformas.

A seguir, vamos discutir cada tipo de custo transacional em detalhes e o que você precisa fazer para reduzi-los ou eliminá-los.

CUSTOS DE BUSCA E ESFORÇO

Digamos que você é um engenheiro numa fábrica de iates e está consertando uma máquina que apresentou defeito. O dispositivo está fazendo um ronco esquisito e você localiza que o problema é a bomba hidráulica, que quebrou. Infelizmente, você não tem uma bomba para reposição no local. Aliás, a empresa que fabricava aquela bomba faliu há alguns anos, e você não encontra mais essa bomba nos seus canais habituais de peças de reposição.

Você precisa de uma bomba equivalente. E precisa dela rápido, porque cada hora de máquina parada custa 20 mil dólares em vendas perdidas e custos fixos. Você digita no Google, "bombas hidráulicas". Encontra várias, mas nenhum dos sites consegue lhe dizer se a bomba deles serve para substituir sua bomba quebrada. Eles tampouco lhe dão uma resposta precisa sobre o prazo de entrega.

Você então liga para as várias empresas para obter mais informações. Alguém atende na primeira empresa. A pessoa transfere você para outro funcionário. Este lhe diz que as bombas deles são incompatíveis com a sua máquina. Na segunda empresa, a pessoa consulta os manuais e no final explica que a bomba deles não vai servir. A essa altura, a operação toda já consumiu três horas e custou à sua empresa 60 mil dólares.

Por fim, a terceira empresa diz que a bomba deles provavelmente vai atender às suas necessidades. Você fica aliviado. Mas há um probleminha. A empresa armazena as bombas num depósito e ali há apenas um funcionário com treinamento suficiente para identificar a bomba certa, só que ele está de licença médica. Ou seja, você vai ter que pegar o carro e ir até o armazém para identificar a bomba e trazê-la. São 300 quilômetros, isto é, mais três horas para ir e outras três para voltar. O custo total da máquina parada já está batendo nos 200 mil dólares. Além disso, você desperdiçou um dia inteiro de trabalho procurando a peça e depois dirigindo até o depósito para retirá-la.

Esse exemplo ilustra o que chamamos de custos de busca e esforço. São custos com os quais seu cliente arca para encontrar e adquirir um produto ou serviço. Esses custos vão afastar seus clientes, mesmo que eles gostem de seu produto.

Custos de busca ocorrem quando o produto ou serviço desejado não é prontamente disponível. São situações, em que a pessoa primeiro precisa procurar um fornecedor do serviço ou produto, e esse processo de busca pode levar bastante tempo e custar bastante dinheiro. Por exemplo, quando alguém quer encontrar um novo funcionário que seja especialista numa tarefa crucial, muitas vezes gasta semanas de esforços ativos até encontrar candidatos à altura. O custo de busca ocorre antes mesmo que a transação efetiva para contratar o funcionário seja iniciada.

Custos de esforço são aqueles que ocorrem no desempenho da transação. Podem incluir, por exemplo, a citada viagem até o depósito para retirar o produto ou os cliques ou digitações exigidos para ter acesso a um conteúdo on-line.

Quando o custo transacional é alto em comparação com o valor do produto ou serviço, é mais provável que ele influencie na decisão da pessoa de adquirir ou não ou produto ou serviço. Suponha, por exemplo, que uma corrida de taxi até um restaurante custe 20 dólares a ida e outros 20 a volta. Em comparação com isso, um bom jantar (sem nada de luxuoso) custa apenas 30 dólares. Nesse caso, o custo transacional é alto em relação ao preço do jantar que você pretende consumir. Portanto, talvez você prefira abrir mão do jantar, já que ele custa muito caro em relação ao prazer e à nutrição que irá proporcionar. Outro exemplo é quando a operação de comprar um jogo para celular exige um login muito complicado e muitos cliques; o esforço da transação acaba sendo alto demais em comparação com o prazer que o jogo iria lhe proporcionar e, então, você desiste de comprá-lo.

PASSOS PARA MINIMIZAR OS CUSTOS DE BUSCA E ESFORÇO

Custos de busca e esforço podem dificultar muito para os seus clientes o uso de sua plataforma, mesmo que eles gostem dela. O custo total para os clientes não é apenas o dinheiro que eles pagam diretamente. Inclui também o esforço que precisam fazer para chegar até você e as taxas adicionais relacionadas a esse esforço. Para maximizar o engajamento do cliente, você precisa minimizar esse atrito extra. Os passos a seguir vão guiá-lo.

Cinco passos para minimizar os custos de busca e esforço em sua plataforma

1. Junte demanda e oferta num site [*marketplace*]
2. Crie pareamentos inteligentes
3. Minimize o número de decisões dos clientes
4. Permita acesso a ativos ociosos e reduza a necessidade de capital
5. Use tecnologia para automatizar e suavizar a experiência

*1. Junte demanda e oferta num site [*marketplace*]*

Um grande site de compra e venda de produtos (*marketplace*) é uma plataforma que permite que compradores e vendedores se encontrem para fazer negócios. Os mercados tradicionais ficavam em praças nas cidades, mas hoje as abordagens digitais aumentaram a praticidade, a rapidez e a escala. Os mercados digitais juntam demanda e oferta em setores fragmentados e reduzem os custos de busca e esforço, como fazem a Amazon e o Alibaba. Os *marketplaces* deram origem a novos mercados, como o Airbnb, que conecta donos de residências e viajantes.

Os consumidores comandaram a primeira leva de *marketplaces*. No entanto, o mesmo fenômeno está por trás dos *marketplaces* B2B. Usuários de negócios também esperam contar com uma experiência igual à do usuário simples, como a que se habituaram a ter com os serviços B2C. Portanto, juntar demanda e oferta num *marketplace* cria amplas oportunidades de negócios.

A Tetra Pak oferece soluções e serviços para o setor de alimentos e bebidas. Em 2019, lançou um *marketplace* B2B para peças de reposição e consumíveis. A empresa fornece equipamento a 5 mil fábricas ao redor do mundo. Um grande número de fornecedores oferece essas peças de reposição e consumíveis, mas não há um local central para fazer os vários pedidos. Logo, as fábricas enfrentam problemas com coordenação. Por isso, a Tetra Pak inovou e ofereceu uma solução melhor.

Ela é um dos maiores fornecedores de seus clientes. No entanto estes também compram coisas de outros, mas gostariam de poder contar com uma loja na qual pudessem comprar tudo de forma unificada. O Tetra Pak B2B *Marketplace* junta velocidade, praticidade e transparência. Porém, no modelo *marketplace*, a Tetra Pak não tem ações do *marketplace*. Em vez disso, é o vendedor original que atende aos pedidos. À medida que vão chegando, os pedidos são despachados aos clientes. E a Tetra Pak monitora os fornecedores quanto ao nível dos serviços.

2. Crie pareamentos inteligentes

Juntar oferta e demanda tem sido um dos desafios econômicos centrais na história da humanidade. Há pessoas que dispõem de uma solução e outras que estão com um problema, mas, na maioria das vezes, essas pessoas não se conhecem. Tradicionalmente, elas têm se encontrado por acaso em lugares abertos, como uma praça de mercado ou locais de um tipo específico de serviço, como um ponto de taxi.

À medida que esses sites tipo *marketplace* vão emergindo, é possível um pareamento mais inteligente, que reduz significativamente os custos de busca. Temos como comunicar o que precisamos e o que podemos oferecer. Então, algoritmos de softwares de rede encontram aquilo que mais combina conosco.

Esse pareamento pode ser realmente inteligente, isto é, os algoritmos conseguem identificar compatibilidades entre uma necessidade e uma solução, usando dados sem envolvimento ativo do cliente.

No site Upwork, pessoas ou empresas podem facilmente contratar um freelancer. E você também pode se tornar um, oferecer seus serviços e começar a ganhar dinheiro. Nós chamamos isso de *gig economy*, "economia de trabalhos eventuais". Os algoritmos da plataforma conseguem fazer um rápido pareamento entre empregadores e empregados, reduzindo o custo de busca associado a encontrar a pessoa certa para o trabalho. Com um sistema de pontuação, é possível diferenciar os melhores. Dessa maneira, há uma redução do atrito e, portanto, dos custos de busca.

Para poder fazer um pareamento inteligente, você precisa começar refletindo a respeito dos desafios de pareamento que os possíveis clientes de sua plataforma enfrentarão. Avalie que serviços ou produtos um grupo particular de pessoas ou empresas precisa. Em seguida, avalie o grau de facilidade ou dificuldade que eles enfrentam para encontrar o serviço ou produto quando precisam dele. Nas áreas em que eles encontram as maiores dificuldades, sua plataforma poderá melhorar esse pareamento.

Você precisa também considerar o outro lado: quais são os serviços e produtos que as empresas estão oferecendo? De que modo elas estão encontrando seus clientes? Será que elas têm necessidade de encontrar mais clientes de uma maneira que envolva menos esforço? De novo, se o fornecedor de um serviço ou produto enfrenta atrito no processo de venda, a sua plataforma pode melhorar essa situação.

Depois de identificar tanto os potenciais consumidores de um produto ou serviço quanto um fornecedor, você precisa refletir sobre aquilo que terá condições de criar uma combinação excelente. Que parâmetros você poderia medir para prever se um determinado cliente vai se beneficiar de um fornecedor específico e se o fornecedor vai achar essa transação atraente?

ESTUDO DE CASO

Pareamento inteligente para bem-estar de idosos

Para ilustrar um pareamento inteligente, vamos ver o exemplo da Gubbe – uma startup finlandesa que oferece serviços de bem-estar a idosos. Os fundadores da empresa constataram que pessoas idosas se beneficiariam de uma interação regular com outras pessoas. Esses encontros melhorariam suas funções cognitivas, seu bem-estar emocional e sua saúde física. No entanto, muitas pessoas idosas vivem afastadas de seus parentes mais próximos e têm um número restrito de amigos, que costumam ter pouca mobilidade. Então, geralmente vivem sozinhas. Elas têm uma necessidade, mas um alto grau de atrito impede que tenham essa necessidade atendida.

Por sua vez, jovens adultos geralmente querem experiências de vida que tenham um sentido mais amplo e profundo. Podem sentir falta de uma interação maior com pessoas de outra geração, e muitos deles se mudaram para outra cidade, a fim de estudar ou trabalhar. Às vezes também precisam ganhar um dinheiro a mais. Ajudar idosos, portanto, pode trazer-lhes benefícios psicológicos e também financeiros. No entanto, nem sempre é fácil encontrar um lugar para trabalho voluntário. Por exemplo, esses jovens podem ter que assumir um compromisso formal com um abrigo ou programa específico. Ou seja, eles têm o desejo de ajudar idosos, mas há algum tipo de atrito que cria restrições a isso.

A Gubbe criou uma plataforma para encontrar combinações entre idosos e jovens adultos. Por meio dessa plataforma, parentes de pessoas idosas (que têm a tutela do idoso) convidam um jovem para acompanhar a pessoa mais velha, entretê-la com jogos ou fazer caminhadas. O jovem inscreve-se como voluntário e, então, pode ser convidado. A Gubbe leva em conta vários parâmetros cuidadosamente selecionados e também a localização dos idosos e dos jovens, para assegurar combinações seguras e adequadas. ∎

Você pode também aplicar esses pareamentos inteligentes a negócios B2B. Por exemplo, um site de peças de reposição pode definir configurações para as suas fábricas clientes. Com isso, conhecerá as peças necessárias e poderá usar parâmetros adicionais para chegar à melhor combinação de peças e serviços. Os sites *marketplace* B2B não são sites genéricos de comércio digital, mas sim plataformas bem mais inteligentes. Simplificam processos, diminuem a necessidade de repetir o que já é de conhecimento comum e reduzem os custos de busca e de esforço.

A IA aprimora a combinação inteligente, criando um ciclo de aprendizagem. Cada pareamento produz novos dados que podem ser usados para treinar e melhorar os algoritmos de IA. Falaremos mais detalhadamente sobre os ciclos de aprendizagem no Capítulo 4.

3. Minimize o número de decisões dos clientes

Depois que um cliente escolhe seu produto, ele quer finalizar a operação sem precisar enfrentar incômodos adicionais. Porém muitas empresas ainda exigem que seus potenciais compradores considerem várias opções ou detalhes antes de concluir a transação.

Com frequência, essas considerações adicionais fazem o cliente gastar um tempo substancial. Ele precisa refletir sobre as escolhas, apesar de ter um conhecimento prévio limitado para poder fazer essas escolhas.

O ideal é você reduzir o esforço que o cliente tem que fazer, oferecendo uma opção padrão que provavelmente será adequada à maioria dos clientes.

ESTUDO DE CASO

Minimizar as decisões nas soluções de recarga do *e-car*

Várias empresas de energia, donos de instalações e outras partes ligadas ao setor têm interesse em operar estações de recarga para carros elétricos. No entanto, criar uma estação requer fazer várias escolhas. Essas escolhas envolvem várias decisões técnicas relacionadas à solução de recarga, à experiência do cliente durante a recarga, ao modelo e processo de negócio para operar a recarga, ao processo de instalação e a vários outros aspectos. Se você é um gestor ocupado, isso tudo será excessivo. O mais provável é que você desista e volte a cuidar de suas tarefas urgentes em vez de ficar estudando as especificidades que lhe permitam fazer as escolhas certas.

Para minimizar o atrito na operação de estações de recarga, a Virta Ltd criou uma solução análoga à da Amazon, que permite a compra com um único clique. Seja como uma instalação de recarga ou como representante de outra parte interessada, você pode contatar a Virta e eles lhe fornecem um pacote pronto. Organizam a instalação e colocam seu logo no equipamento, bem visível ao cliente. Portanto, sem atrito, você passa a dispor da sua estação de recarga.

Ao mesmo tempo, a Virta oferece soluções para facilitar o uso das estações de recarga aos condutores de veículos. Desse modo, ela conecta a instalação ou a empresa de energia aos motoristas de veículos elétricos com o mínimo de atrito. ▪

Para minimizar o número de decisões que seu cliente precisa tomar, siga os seguintes princípios:

- Simplifique a primeira utilização: exija o mínimo de informação para a pessoa se cadastrar no serviço e elimine todos os passos desnecessários.

- Evite o *feature creep* (aumento gradual e insidioso de recursos): pare de desenvolver a versão 2.0 já que você pode vender a versão 1.0.

- Em vez de oferecer uma longa lista de aspectos, atenha-se a uns poucos essenciais, para poder ganhar massa crítica.

- Restringir as escolhas é um aspecto crucial no lançamento de sua plataforma, como veremos no Capítulo 3.

4. Permita acesso a ativos ociosos e reduza a necessidade de capital

O mundo está se movendo para uma economia de compartilhamento. Os carros ficam ociosos 95% do tempo (MORRIS, 2016). O

Uber propiciou que veículos convencionais fossem usados em serviços de taxi. O Airbnb percebeu que as pessoas têm imóveis ociosos que os viajantes poderiam usar. O Uber e muitos outros serviços identificaram ativos ociosos e maneiras inteligentes de fazer com que fossem usados. Assim, eliminaram o atrito que os impedia de alavancar ativos que não estavam prontamente disponíveis àqueles que precisavam deles.

O brilhantismo da Uber, do Airbnb e de outros pioneiros da economia de compartilhamento decorre de uma percepção simples. Eles conseguem aumentar a utilização de cruciais ativos. Com isso, esses ativos ficam (quase) liberados para o novo serviço, já que a plataforma não precisa comprar e ser dona dos ativos. Por exemplo, a Uber não é dona dos ativos de produção – os carros particulares dos motoristas da Uber. Dessa maneira, não precisa pagar impostos, juros e taxas de manutenção por eles. Como os ativos são conseguidos (praticamente) de graça, não há necessidade de se preocupar com capital adicional.

A plataforma que você cria pode igualmente reduzir atrito na vida das pessoas ao permitir aproveitar ativos subutilizados. Avalie para os seus clientes quais são os ativos que eles precisam usar ocasionalmente e que são de propriedade deles. Será que existe alguma maneira de compartilhar esses ativos por meio da sua plataforma? Alternativamente, será que há ativos similares subutilizados em algum outro contexto? Será que sua plataforma poderia permitir o uso flexível desses ativos ligando os dois domínios?

Às vezes não é possível identificar ativos não utilizados. Além disso, muitas pessoas não querem ser donas de coisas ou não têm condições para isso. Um bom número de mercados são criados por alguém que assume o risco de ser proprietário e faz baixar o capital inicial para os clientes. A Hilti, por exemplo, passou da venda de produtos para um ágil serviço de aluguel, manutenção e gestão-como-serviço no ramo de ferramentas.

Ao reduzir a necessidade de capital, você reduz a barreira para tentar novas coisas. Pense nos *e-scooters* ([patinetes elétricos). A mobilidade nas cidades é problemática: o carro fica preso no trânsito, a bicicleta às vezes exige esforço físico excessivo e andar a pé é muito lento. As *e-scooters* oferecem uma solução prática, que fica disponível por toda parte. Você pode pegar uma delas em qualquer lugar e largar também em qualquer lugar; basta pagar pelo *app*.

Motores elétricos mais potentes e de peso leve, junto com avanços no desenvolvimento da tecnologia de baterias, tornaram possíveis as *e-scooters*. Mas, para popularizá-las e criar um novo negócio, foi necessário dispor de uma plataforma estabelecida de compartilhamento de viagens, como a Tier, a Voi ou a Lime, para citar apenas algumas. A solução eliminou o atrito decorrente de colocar as *e-scooters* em uso e movê-las de um lugar a outro. Os clientes não precisaram despender esforço para achar uma loja nem de dinheiro à mão para comprar uma. Menos custos de busca e esforço.

5. Use tecnologia para automatizar e suavizar a experiência

Para cada ponto de atrito pode haver uma solução tecnológica capaz de reduzi-lo. A tecnologia pode suavizar a transação ao requerer menos trabalho manual ou cognitivo (ver SCHMIDT; WAGNER, 2019). Você precisa identificar os pontos de atrito em seu serviço ou produto e, então, avaliar de que modo as opções tecnológicas podem tornar a transação mais fluente.

Por exemplo, empresas como Deliveroo, Wolt, DeliveryHero e Just Eat são todas de serviços de entrega de comida. Elas eliminam atrito da experiência de solicitar uma refeição, do sofá da sua casa. Focam em como facilitar a realização de um pedido on-line e sua liberação em domicílio. Usam internet de celular e GPS para rastrear e otimizar os trajetos de entrega, propiciando um serviço sem obstruções. Eliminaram o atrito do processo. A IA ajuda essas empresas a otimizarem ainda mais suas operações.

A tecnologia também tem facilitado as transações no setor financeiro. Comprar uma casa é algo cheio de entraves, mesmo quando você já encontrou um ótimo imóvel e está pronto para fechar o negócio. Terá ainda que ir até o banco para assinar uma papelada, e isso geralmente precisa ocorrer com a presença do vendedor para que ele também assine.

Uma startup finlandesa, a DIAS, executa transações imobiliárias para proprietários de casas de maneira totalmente digital. A DIAS usa uma *blockchain* que armazena informação de maneira distribuída nas bases de dados de bancos comerciais. Essa abordagem aumenta a segurança e a confiabilidade da plataforma. O comprador e o vendedor podem aprovar separadamente o negócio sem precisar ir à agência bancária. O banco, então, transfere o dinheiro e o sistema registra a transação.

A startup indiana Paytm oferece serviços como recarga de celular, pagamento de contas, agendamento de viagens, cinema e eventos e pagamentos em loja. Ela usa um QR code, abreviatura para *quick response* (resposta rápida), um código de barras bidimensional usado como método de pagamento direto, já que exige apenas a criação de um código de barras e a impressão numa placa. Os clientes podem então escanear o código e pagar com seus celulares.

Mas os QR codes também são uma prova de que o foco em tecnologia não é suficiente para eliminar atrito. Você ainda precisa considerar a cadeia de valor inteira e o comportamento do consumidor. Na China e na Índia, os QR codes são amplamente adotados para pagamentos, mas o recurso não se popularizou no mundo ocidental. A diferença talvez seja cultural, mas pode também estar relacionada com o status do ecossistema. Nos países ocidentais, os comerciantes já dispunham da estrutura necessária para pagamentos com cartão, ao contrário do que ocorria na Índia e na China. O QR code ofereceu um método de pagamento prático, em substituição ao dinheiro vivo, sem exigir que se investisse previamente em infraestrutura, como foi preciso para o pagamento com cartão.

A John Deere é uma empresa pioneira na digitalização do setor agrícola. Sua plataforma IoT conecta tratores, agricultores, plantio, semeadura e equipamentos para lavoura com a nuvem. Além disso, coleta e cultiva dados para o valor do cliente. Com base nessas percepções, o sistema comanda equipamento em campo. Caminhões de dez toneladas podem deslocar-se com uma precisão inigualável. Os agricultores compartilham dados com fornecedores de sementes, fertilizantes e produtos químicos e, antes que tais produtos fiquem em falta, um pedido automático é gerado e enviado. Há, assim, diminuição do custo de esforço.

Com dados da máquina, a John Deere pode prever problemas com máquinas. A manutenção preventiva rastreia padrões nos dados para identificar falhas. Os técnicos poupam tempo e esforço, e é possível reduzir os tempos de máquina parada.

A realidade aumentada acrescenta elementos digitais a uma visão ao vivo, usando a câmera de celular ou óculos AR. Por exemplo, é capaz de mostrar *overlays* (sobreposições de blocos de instruções) referentes à desmontagem de um equipamento fabril, com instruções para reparos passo a passo. A AR melhora a eficiência dos processos de manutenção. Mesmo um técnico menos habilitado pode realizar tarefas de manutenção com o auxílio de um *overlay* ou de orientações de um especialista remoto.

Às vezes a nova tecnologia não reduz o atrito. Ao contrário, aumenta-o. O 3D é um exemplo. No início da década de 2010, a TV 3D estava posicionada para ser uma grande novidade. Na Mostra Eletrônica ao Consumidor de Las Vegas, fabricantes anunciavam a TV 3D como o próximo aspecto disruptor. No entanto, havia pouco conteúdo disponível, e os óculos 3D eram desajeitados e dificultavam sua utilização. Além disso, o 3D não prometia eliminar nenhum atrito. Longe disso, criava novo atrito, já que era difícil adquirir conteúdo adequado, e, portanto, o valor geral criado para os consumidores era muito baixo. Em poucos anos, a TV 3D deixou de ser uma promessa de "bombar" e transformou-se num fiasco. Em 2016, nenhuma TV Samsung tinha mais o recurso 3D (KATZMAIER, 2016).

O simples é belo e eficiente. O Dash Button da Amazon (botão de compra instantânea) é pré-configurado para pedidos de produtos específicos. Basta apertar um botão e ele dispara um pedido automático – você não precisa digitar nada no sistema. Agora a Amazon passou a adotar Dash Buttons virtuais, que podem ser criados para quaisquer produtos solicitados com frequência. Ele corta custos de esforço e assim fortalece o apelo da plataforma da Amazon.

Pense nos pontos de atrito experimentados pelos cientes e por outros potenciais participantes da plataforma do seu negócio. Em que pontos eles precisam se deslocar, fornecer informações ou exercer qualquer outro esforço para comprar seu produto ou serviço? Para cada esforço manual, maneira você poderia usar tecnologia para remover ou minimizar o esforço necessário?

Para poder identificar pressupostos nos quais você sequer pensa a respeito, desafie-se a cortar todos os custos transacionais e de tempo em 80%. Se hoje seu cliente gasta sete minutos para comprar seu produto, de que maneira você conseguiria cortar esse tempo e fazê-lo cair para 84 segundos? Se eles agora precisam digitar 200 caracteres para fazer um pedido, como você poderia reduzir isso para 40 caracteres?

Similarmente, para outros potenciais parceiros de plataforma, avalie em que pontos eles experimentam atrito e como você poderia alavancar tecnologia para minimizá-lo. Se seu parceiro atualmente precisa gastar 10 horas revisando seu código para cada *app* que pretende usar em sua plataforma, como você poderia reduzir isso para 2 horas? Se são necessários 10 minutos para que um produto seja descrito em sua plataforma, como seria possível você cortar isso para 2 minutos? Se são necessárias 2 horas para ajustar equipamento às suas necessidades de processamento, como você poderia cortar isso para 24 minutos? Se cada novo funcionário consome uma hora para ser treinado na sua plataforma, como seria possível cortar isso para 12 minutos?

CUSTOS DE INCERTEZA E ANSIEDADE

Imagine de novo que você é aquele engenheiro procurando uma bomba hidráulica. Mas agora imagine um cenário no qual a terceira empresa diz que eles têm como mandar a bomba imediatamente de taxi. A pessoa ao telefone anota seu endereço e diz: "Vou pegar a bomba imediatamente e colocar num taxi". Então, vocês se despedem e desligam.

Você vai tomar um cafezinho e começa a especular: será que localizaram a bomba certa? Será que já despacharam? Talvez eles mandem uma mensagem assim que puserem a bomba num taxi. Mas depois de 15 minutos, nada de mensagem. Você decide ligar de novo. Ninguém atende. Vai ver que já despacharam e agora estão em reunião, você pensa. Ou será que ainda estão no depósito tentando localizar a bomba certa?

Depois de uma hora, você ainda não sabe se a bomba está a caminho ou não. O que você sabe é que todo mundo está parado esperando a bomba chegar. Fica na dúvida se deveria tentar em outra empresa ou aguardar. Para garantir, pede uma segunda bomba.

Depois de 3 horas e 20 minutos, finalmente o taxi chega. É a bomba certa. Você fica aliviado e corre para instalar a bomba. Mas depois de passar as últimas três horas com esse nível de ansiedade, você jura que nunca mais vai recorrer a essa empresa.

Os *custos de incerteza e ansiedade* são o preço mental e emocional que você paga pela compra e uso de um serviço ou produto particular. Esse custo mental ocorre entre a decisão de compra e a conclusão de uma transação. Por exemplo, depois que você chama um taxi, geralmente há um período de espera de alguns minutos entre o momento em que você faz a solicitação e a chegada do carro. Durante esse tempo, você está na incerteza por não saber se se o taxi está chegando ou não, e essa incerteza pode gerar ansiedade, especialmente quando você está com pressa.

MINIMIZE OS CUSTOS DE INCERTEZA E ANSIEDADE COM OS SEGUINTES PASSOS

As pessoas ficam preocupadas quando estão aguardando chegar seu produto ou serviço. É a incerteza que causa essa preocupação, que pode se transformar em ansiedade. Se a preocupação for severa demais, as pessoas talvez não continuem fazendo negócios na sua plataforma. Felizmente, há várias ações que você pode empreender para minimizar a incerteza e o medo experimentado pelos membros de sua plataforma.

Quatro passos para minimizar custos de incerteza e ansiedade em sua plataforma:

1 Ofereça rastreamento em tempo real
2 Use mídias ricas em detalhes em sua comunicação
3 Comunique as ações planejadas e forneça uma linha do tempo
4 Construa uma reputação de segurança e confiabilidade

1. Ofereça rastreamento em tempo real

Quando você pede um Uber ou uma refeição do Wolt, fica sabendo na hora quanto tempo seu pedido vai demorar a chegar. Também controla o progresso de seu pedido à medida que o tempo até ele chegar vai diminuindo. Com essa informação, você confirma que o pedido está de fato a caminho e que ninguém esqueceu de você.

Para poder desenvolver um rastreamento em tempo real para seus clientes, você precisa partir do ponto de vista deles. Quais são as incertezas e ansiedades que eles e outros membros da plataforma sentem? Para responder a essa pergunta, pense no que os clientes experimentam depois que fazem seu pedido. Você pode simplesmente imaginar o processo ou simular a transação numa oficina. Pode também entrevistar alguns clientes.

Os clientes têm confirmação imediata de que você recebeu o pedido deles? A mensagem se restringe a comunicar automaticamente que o pedido deles entrou no sistema ou ela provê uma informação adicional, tranquilizadora?

Quanto tempo o cliente demora até receber seu pedido? Que tipo de atualização e informação ele recebe durante o período de espera? O que acontece quando há atrasos?

Que tipos de informação você poderia fornecer a eles para reduzir a ansiedade nos diferentes estágios do processo?

2. Use mídias ricas em detalhes em sua comunicação

A ansiedade decorrente da incerteza é uma reação emocional. Como as emoções costumam ser irracionais, informar fatos apenas não será suficiente. Em vez disso, você precisa comunicar as coisas de maneiras que tenham apelo emocional.

Pense num pedido de sanduíche feito numa loja da Subway. Você não só sabe que um funcionário está montando seu sanduíche, mas o vê sendo preparado bem diante de seus olhos. Com isso, tem certeza a respeito de cada detalhe do processo. Foi colocada a carne e os legumes que você pediu? Cuidaram de não colocar os ingredientes que lhe causam alguma reação alérgica? O fato de poder ver tudo permite que você confie. O processo da Subway ilustra com perfeição que a visibilidade do processo elimina ansiedade.

A experiência virtual pode também lhe dar essa segurança. Imagens, voz e outros métodos de comunicação ricos em detalhes conseguem contar bem a história. O Uber não só lhe diz que seu carro chegará em três minutos, como também mostra o carro num mapa. Vendo o carro se aproximando, você o sente cada vez mais perto – mesmo que não receba novas informações a respeito do tempo estimado de chegada. E o Uber mostra também a cor do carro, o que reduz a insegurança do cliente em conseguir identificar o veículo.

Quando despachar produtos, em vez de apenas mandar uma mensagem de texto ao cliente dizendo que o produto agora está a caminho, você pode mandar uma foto do produto despachado. Melhor ainda, a imagem pode "correr" sobre um mapa em direção ao local do cliente, com base em dados de localização em tempo real.

Se você fabrica um produto a partir de pedidos dos clientes, pode mandar atualizações sobre o progresso. Por exemplo, enviar ao cliente fotos do pedido sendo preparado.

Como primeiro passo, pense quais seriam as imagens, vídeos ou outras mídias ricas em detalhes que teriam maior apelo ao seu cliente.

3. Comunique as ações planejadas e forneça uma linha do tempo

A ansiedade decorre, em parte, de o cliente não saber "quanto tempo isso vai levar" ou "por que razão eles estão fazendo isso agora?". Você pode remover essa ansiedade comunicando as ações que vai fazer, por qual razão está fazendo cada coisa e quanto tempo vai demorar.

Quando um cliente, por exemplo, compra bens em seu site, você pode comunicar o que vai acontecer em seguida. Ou seja, que o pedido foi processado, embalado, liberado para entrega, e indicar a opção de despacho usada e o tempo estimado para a entrega.

4. Construa uma reputação de segurança e confiabilidade

A ansiedade se instala quando você percebe que não tem certeza se o vendedor atenderá ao seu pedido ou se o parceiro entregará o que prometeu. Sua percepção da confiabilidade e das ações deles se baseia, em parte, na reputação que criaram. Se são conhecidos por sempre atenderem corretamente, você sentirá menos ansiedade do que se eles não tiverem essa reputação.

O impacto da reputação pode ser em parte subconsciente e irracional. Pesquisas em diversos domínios mostram que certas características superficiais, como o peso corporal, o gênero e a etnia, influenciam substancialmente nas percepções das pessoas. No âmbito dos negócios, as marcas têm uma influência similar e não consciente sobre as pessoas. Confiamos em marcas familiares mais do que nas desconhecidas, mesmo que tecnicamente ambas ofereçam os mesmos resultados.

Dentro da sua plataforma, você pode criar mecanismos que aumentem as percepções dos participantes da plataforma da confiabilidade de sua empresa. Em vários ambientes, compartilhar as avaliações dos clientes é uma abordagem poderosa. Quando as pessoas veem que muitas outras acharam o serviço ou produto confiável, passam também a confiar mais. Com frequência, uma simples avaliação cinco estrelas é suficiente, como as que aparecem no Uber e no Airbnb.

Você também pode aumentar sua reputação por meio de certificações e avaliações externas. Elas fornecem uma prova de que os membros de sua plataforma estão de fato cumprindo o que prometem.

É possível também alavancar técnicas que têm um apelo mais subconsciente. Por exemplo, usar símbolos e imagens que as pessoas associem à confiabilidade e à segurança. Quando elas veem fotos desse tipo, a reação emocional delas é tranquilizadora, e promove uma percepção mais positiva do fornecedor do serviço ou produto.

Nos serviços B2B, uma empresa confiável que lança um novo serviço pode recorrer à verificação por especialistas e, com isso, oferecer uma garantia do serviço. Essa abordagem ajuda a dar o primeiro impulso à plataforma, e você poderá, então, acrescentar o feedback de terceiros conforme a plataforma for amadurecendo.

CUSTOS RELACIONADOS AO OPORTUNISMO

As pessoas nem sempre agem com honestidade. Você concorda com os termos, paga, só que não recebe o que foi combinado. Ou você entrega o que foi combinado, mas não recebe o pagamento. A contraparte nega ter concordado com você ou simplesmente desaparece.

Outras vezes, as pessoas não trapaceiam ou mentem diretamente. Mesmo assim, são oportunistas de outra maneira: tiram vantagem do relacionamento próximo que estabeleceram com você. Por exemplo, pode ser que você tenha um relacionamento próximo com o fabricante de um determinado componente e decide por mudar o desenho de seu produto para que se adapte às características peculiares desse componente, mesmo que haja outros componentes com funcionalidade similar, mas diferentes formatos ou outros parâmetros. Então, o fornecedor do componente pode cobrar de você um preço um pouco mais alto: ele sabe que você não vai trocar de fornecedor porque isso faria você arcar com um custo considerável.

Uma terceira maneira de parceiros potenciais se comportarem de maneira oportunista é quando excluem você. Digamos que sua plataforma conecta o fornecedor e o usuário de um serviço. Segundo o acordo, você ganha uma porcentagem da receita ao cobrar uma taxa pelos serviços da plataforma. No entanto, o fornecedor oferece vender o serviço diretamente ao usuário, sem pagar nada a você.

Esses três tipos de situações ilustram a geração de *custos relacionados ao oportunismo*. São custos que decorrem da necessidade de garantir que o parceiro da transação faça o que foi combinado, isto é, têm a ver com medidas para evitar a ameaça de que o parceiro se comporte de modo oportunista.

As plataformas podem reduzir os custos relacionados ao oportunismo alavancando dados. Por exemplo, a Flexport precisa lidar com milhares de transportadoras, e garante a qualidade do serviço por meio do uso de *analytics* de plataforma, rastreando as entregas para que sejam feitas com pontualidade. A Flexport garante que os itens enviados cheguem aos destinatários respeitando as leis, diretrizes, regulamentações e contratos relevantes no tempo certo, no local certo e de uma maneira eficaz em termos de custo. Ao digitalizar a cadeia de fornecimento inteira, ela coleta dados e pode detectar quaisquer irregularidades causadas quando o fornecedor passa por cima dos procedimentos corretos e faz as coisas de outro jeito.

PASSOS PARA MINIMIZAR CUSTOS RELACIONADOS AO OPORTUNISMO

As pessoas às vezes mentem, roubam ou trapaceiam. Se isso for muito frequente em sua plataforma, seus usuários perderão a confiança nela e vão abandoná-la. Para evitar que isso aconteça, use os seguintes passos.

Quatro passos para minimizar custos relacionados ao oportunismo em sua plataforma:

1. Elimine maus comportamentos por meio de rastreamento e feedback
2. Dê feedback a todas as partes
3. Crie transparência no mercado
4. Imagine contingências e crie limites, regras, punições e salvaguardas

1. Elimine maus comportamentos por meio de rastreamento e feedback

O Airbnb está reduzindo o atrito para que se disponibilize ou registre um apartamento ou uma casa. Um ponto-chave foi a criação de confiança pela redução do atrito. O sistema de classificação (e o seguro) criam confiança entre as partes e desse modo reduzem o atrito. Por exemplo, o atrito que leva as pessoas que começam a alugar um apartamento a cancelar no último minuto por não terem a intenção de pagar. Ou o que faz o proprietário deixar de listar o apartamento por receio de que estranhos destruam sua propriedade. Ao criar um sistema de classificação simples, você constrói confiança entre as partes.

O sistema de classificação da Uber classifica não só os motoristas, mas também os passageiros. Isso aumenta a confiança de que é seguro dirigir e de que a empresa não irá tolerar clientes que tratem mal os motoristas. Ambas as práticas aumentam a confiança no sistema e, portanto, levam mais gente a adotar a Uber. Além disso, o sistema registra a corrida, e você pode verificar se o motorista escolheu o trajeto mais curto. Isso reduz a oportunidade de trapacear num bairro que o passageiro não conhece bem.

A Upwork tem um sistema de monitoramento do trabalho que registra o que o trabalhador está fazendo. Isso aumenta a confiança de que o trabalhador utiliza o tempo que você paga para trabalhar e não em outras atividades.

2. Dê feedback a todas as partes

Muitas vezes, quando pensamos em oportunismo, consideramos apenas o vendedor ou o provedor do serviço. No entanto, é igualmente possível que o cliente se comporte de modo oportunista. O oportunismo do cliente é crucial para plataformas porque nasce do pareamento e dos efeitos de rede. Se a plataforma gerar pareamentos ruins, começará a perder fornecedores, o que levará a perder clientes e a escalar um ciclo vicioso.

Portanto, o feedback que você fornecer deverá ser enviado a todas as partes, como faz a Uber ao enviar resenhas de seus clientes. Se um cliente fuma no carro ou grita com o motorista, este dará ao cliente uma nota baixa. Uma nota baixa diminui a probabilidade de o mesmo cliente conseguir outra corrida. Portanto, é um incentivo para que o cliente se comporte bem.

Na sua plataforma, pense de que modo os clientes poderiam se aproveitar dos vendedores. A abordagem genérica de usar uma classificação por estrelas já é suficiente para compartilhar a reputação do cliente. Se houver comportamentos específicos de clientes que prejudiquem os vendedores, você também pode dar feedback sobre esses comportamentos.

3. Crie transparência no mercado

Você pode compartilhar abertamente informações sobre preços em sua plataforma, como a Amazon faz, por exemplo, com seus vendedores terceiros. A informação transparente reduz a probabilidade de o cliente achar que está sendo enganado pelo vendedor.

A Maersk e a IBM usaram *blockchain* em sua Joint Venture Tradelens, uma solução de logística de contêineres. Essa solução digitaliza o setor global de despachos, que ainda costuma ser registrado manualmente, a lápis e papel. A plataforma Tradelens permite que os usuários se conectem e compartilhem dados. Todas as partes são igualmente visíveis no negócio, criando transparência.

4. Imagine contingências e crie limites, regras, punições e salvaguardas

É bom ser otimista e confiar nas pessoas – na maioria das vezes, pelo menos. Porém, para evitar oportunismos, você precisa pensar em como as pessoas podem enganá-lo ou enganar outros usuários de sua plataforma. Evite manter sempre essa postura mental, mas é bom reservar algum tempo para exercitar um pensamento paranoide.

Você pode implantar um jogo no qual um grupo selecionado de membros da sua equipe procurem aproveitar a plataforma desempenhando diferentes papéis. Conforme eles contribuam com ideias, você deve registrá-las sem emitir julgamentos a respeito.

Depois que tiver uma lista de maneiras potenciais de se aproveitar de sua plataforma, comece a inventar modos de impedir esses comportamentos oportunistas. Em certas situações, você pode definir uma regra; em outras, terá elementos para introduzir verificações adicionais.

No entanto, evite verificações e contrapesos em excesso, pois criam uma camada adicional de atrito. Esse atrito impede sua plataforma de chegar a ser bem-sucedida.

Um exemplo de uma regra suficientemente livre de atrito é proibir que as partes da plataforma transacionem diretamente entre si. A plataforma pode proibir explicitamente o fornecedor de vender diretamente ao consumidor. A plataforma tem a alternativa, quando possível, de impedir a interação direta entre eles exigindo que se comuniquem sempre por meio da plataforma.

O Airbnb usa outra maneira de prever contingências. A Garantia de Anfitrião (*Host Guarantee*) do Airbnb chega a 1 milhão de dólares. Se o cliente promover estragos na sua casa, o proprietário é plenamente ressarcido em até 1 milhão de dólares. Com isso, os proprietários sentem-se seguros em ceder sua casa a estranhos via Airbnb.

Você precisa achar um ponto de equilíbrio entre evitar que aconteçam coisas ruins e manter a experiência fluente para os usuários e as partes interessadas da plataforma que tenham uma atitude honesta. Para conseguir isso, leve em conta os seguintes tipos de ameaças: 1) pequenos comportamentos oportunistas frequentes, como seu parceiro de plataforma realizar uma parte do trabalho fora da plataforma, e 2) comportamentos raros, mas desastrosos, como atos violentos de parceiros da plataforma em relação aos clientes. Então, você precisará avaliar que riscos têm grau suficiente que justifique você tomar medidas para atenuá-los.

Ao definir as ações voltadas a atenuar riscos, é fundamental que você leve em conta o atrito adicional criado por essa atenuação. Tente encontrar um modo de alcançar a mesma eficácia de atenuação do risco com menos atrito. Por exemplo, pense se é possível reduzir a viabilidade de seu primeiro fornecedor vender parte dos serviços por fora da plataforma lançando mão de algoritmos de IA que detectem anomalias. Isso cria bem menos atrito do que uma rotina de interrogar os clientes. De modo similar, uma supervisão não invasiva poderia, em algumas situações, reduzir o risco de comportamentos mais prejudiciais ou graves e com a mesma eficácia das verificações de segurança formais.

CRIE MAGIA

As melhores plataformas dedicam atenção a todas essas três categorias de custos transacionais. Elas também utilizam dados para aprender e para reduzir ainda mais o atrito. Fazem tudo funcionar de modo fluente ao mesmo tempo, sem esforço. E isso transmite uma sensação de magia.

Portanto, evite ficar focado em apenas um tipo de custo transacional. Em vez disso, considere a cadeia de valor inteira. A Figura 2.1 abaixo descreve como.

Figura 2.1 Como criar experiência livre de atritos

Por exemplo, reduza os custos de busca e esforço juntando demanda e oferta por meio de pareamento inteligente. Ofereça rastreamento em tempo real para atenuar custos de incerteza e ansiedade e corrija o oportunismo fazendo avaliações do cliente.

Note também que um mecanismo apenas pode levar à redução de todos esses custos. Um exemplo é o sistema de classificação por cinco estrelas, que é muito eficaz. O feedback assegura melhor atendimento das necessidades do cliente e gera menos custos de busca e esforço. Ele também aumenta a confiança e, desse modo, reduz a incerteza e a ansiedade. Finalmente, o mero fato de clientes e usuários saberem que está sendo oferecido feedback reduz o oportunismo.

O importante é implantar o feedback. É crucial mostrar que as avaliações têm impacto direto na qualidade do serviço. Um passageiro que tenha, por exemplo, um mau comportamento pode efetivamente parar de conseguir corridas. Ou resenhas ruins do Airbnb acarretam menos aluguéis. E isso vale também na direção oposta. Resenhas ruins para um viajante que alugou uma propriedade no aplicativo impactam suas chances de conseguir alugar de novo uma propriedade por meio dele.

LIÇÕES-CHAVE PARA SUA ORGANIZAÇÃO

Ao reduzir o atrito relacionado a uma transação, você consegue mudar o jogo e criar novas plataformas. Quando há muito atrito para acessar e usar determinados serviços, isso abre uma oportunidade para você criar uma plataforma.

Mas esses atritos podem também impedir que sua plataforma atraia usuários. O esforço que é exigido de potenciais membros da plataforma para que possam encontrá-la ou se envolver com ela às vezes é alto demais. A incerteza e a ansiedade relacionadas ao seu uso às vezes fazem com que as pessoas prefiram uma solução alternativa. O risco de que outro membro da plataforma possa trapacear, roubar ou mentir leva potenciais usuários a procurarem outra opção. Ao desenvolver sua plataforma, identifique os atritos relevantes que existem nela e empreenda ações decisivas para minimizá-los.

■ **Custos de busca e esforço**

- De que modo seus clientes e outros membros da plataforma conseguem localizá-la e acessar seus serviços? Que ações eles precisam realizar para localizá-la e se envolver com ela?

- Você poderia juntar oferta e demanda e criar um site tipo *marketplace* ou gerar pareamentos inteligentes que identifiquem parâmetros subjacentes às necessidades e ao fornecimento?

- Como poderia minimizar o número de decisões que os membros da plataforma precisam tomar para começar a usar sua plataforma?

- Que ativos ociosos sua plataforma poderia orquestrar para aumentar valor para os seus membros?

- Que tecnologias você poderia usar para minimizar o atrito na sua plataforma?

■ Custos de incerteza e ansiedade

- Que informações os diferentes membros de sua plataforma costumam esperar receber para ter certeza de que as coisas estão correndo bem?

- Você tem alguma maneira de prover rastreamento em tempo real ou atualizações de outro tipo para que os membros da plataforma se sintam seguros?

- Que formas de mídia ricas em detalhes, contendo imagens, animações ou sons, você poderia compartilhar com os membros da sua plataforma para fazê-los sentir que as coisas estão andando conforme eles esperam?

- As pessoas acham sua plataforma confiável e segura? Existem caminhos alternativos para você melhorar (ainda mais) sua reputação?

■ Custos relacionados ao oportunismo

- Nas raras ocasiões em que os membros de sua plataforma se comportam de modo inadequado, de que maneira eles costumam trapacear, roubar, mentir ou recorrer a outras formas de tirar proveito da plataforma ou de seus outros membros?

- Que comportamentos você poderia rastrear e compartilhar com outros membros da plataforma? É possível fazer isso em todos os lados dela?

- De que modo sua plataforma promove transparência no mercado? Você poderia fazer mais nesse sentido?

- Que regras, punições e salvaguardas sua plataforma aplica para evitar comportamentos oportunistas? Os benefícios que essas medidas trazem compensam o atrito adicional criado por elas?

CAPÍTULO TRÊS
Foque suas ações para criar fãs

Todas as plataformas bem-sucedidas começaram com um foco estreito. E isso as ajudou a construir um público fiel de fãs.

No capítulo anterior, mostramos como eliminar atritos. As plataformas emergem identificando setores e processos com alto nível de atrito e conseguindo eliminá-los. Foi o caso da Peloton, que causou disrupção no setor de fitness ao tornar as aulas em grupo divertidas e acessíveis. Depois que se seleciona um processo ou serviço no qual quer simplificar as coisas, é preciso escolher por onde começar e como expandir.

Quando a Apple entrou no mercado de celulares em 2007, lançou apenas um dispositivo *touchscreen*, o iPhone. Muitos consideraram isso um erro, pois outros vendedores ofereciam vários dispositivos com formatos e usos variados. Porém, conforme o mercado de smartphones foi se desenvolvendo, as preferências do consumidor mudaram. Consequentemente, a Apple aproveitou o momento e se opôs à sabedoria convencional. Sua abordagem focada em apenas um smartphone venceu o jogo. O foco é essencial quando um novo negócio está emergindo.

O foco é essencial também para criar valor. Suponha que os benefícios do serviço oferecido por uma plataforma não são claros. Nesse caso, é improvável que os usuários convidem amigos ou colegas a usá-la. Por outro lado, uma proposição de valor simples e direta irá estimulá-los a compartilhá-la e a convidar outros a fortalecer os efeitos de rede. Uma proposta de valor clara reduz o risco emocional de compartilhar. Os clientes podem comunicar seu entusiasmo sem receio de ficarem embaraçados por terem compartilhado uma oferta pouco clara.

Então, como fazer para selecionar um foco? Como escolher os próximos passos depois de definir o foco inicial? E o que uma comunidade pode criar? Este capítulo irá guiá-lo por três passos simples para começar a criar uma plataforma bem-sucedida:

1. Lançamento focado – defina uma oferta focada e crie engajamento a partir de um pequeno conjunto inicial de clientes.

2. Refinar e expandir – expanda a base de clientes e o âmbito da plataforma de maneira gradual.

3. Construir uma comunidade engajada – crie uma experiência que recompense os participantes e produza defensores de seu serviço.

PLATAFORMAS BEM-SUCEDIDAS COMEÇAM COM UMA OFERTA FOCADA

O caminho para uma plataforma bem-sucedida não começa com uma oferta ampla. Ao contrário, construir uma plataforma dinâmica requer, quase paradoxalmente, um foco paciente e persistente num único produto ou serviço essencial. Essa atenção é necessária porque só se tornará estimulante e relevante para parceiros aquele que tiver alguma coisa única e com alto grau de agregação de valor para oferecer. E a melhor maneira de construir algo único e com alta capacidade de agregar valor é focar todos os seus esforços em criar essa coisa única.

O primeiro Tesla, o Model S, não parecia uma plataforma. Era uma oferta muito focada, um carro apenas, voltado para o segmento de luxo de pessoas conscientes das questões ambientais e que desejavam possuir um veículo elétrico de alto nível. Com sua longa autonomia, ele conseguia remover o atrito e a ansiedade a respeito da recarga da bateria do carro.

A Peloton é uma plataforma de fitness interativa. Ela provê bicicletas de alto nível que custam mais de 2 mil dólares, usadas em casa para participar de aulas de fitness com outras pessoas. Quando lançada em 2013, tinha uma oferta muito clara. A Peloton vendia bicicletas ergométricas de excelente design e conectadas à internet, para as pessoas fazerem exercícios em casa. Além disso, oferecia aulas ao vivo e pré-gravadas que as pessoas assistiam em seus lares. Com isso, todos podiam participar de exercícios de treinamento em bicicleta – e nada além disso.

O foco estimula o uso e junta fãs dedicados. Há a tentação de expandir a oferta da empresa, especialmente se você conta com uma tecnologia e uma plataforma poderosas. Mas a única coisa que importa é que seus usuários enxerguem valor suficiente. Um produto minimamente viável (*minimum viable product*, MVP) não é aquele que se pode lançar em escala. É o que satisfaz os clientes, oferecendo-lhes valor suficiente. Tenha clareza a respeito de quem são seus clientes e do que eles precisam, e ponha foco num segmento de clientes bem específico, com uma oferta restrita. Assim você terá maior probabilidade de ser bem-sucedido no lançamento e de construir uma plataforma num estágio posterior.

As empresas em plataforma mais bem-sucedidas, como Amazon, Facebook e Uber, criaram uma sequência para o desenvolvimento de suas plataformas. De início, focaram em obter o engajamento de um conjunto de clientes claramente definido. Tais clientes muitas vezes eram fisicamente próximos uns dos outros. Após esse foco inicial, passaram a gerar outros elementos que expandiram o modelo de negócio ao longo do tempo.

As empresas que começam com uma abordagem focada dedicam a maior parte de seus recursos de desenvolvimento a fazer seu único produto ou serviço funcionar de maneira eficaz e direcionada a um grupo de clientes restrito e claramente definido. O benefício imediato dessa abordagem é possibilitar um progresso rápido a partir desse único produto ou serviço. Em contraste, empresas que dedicam o mesmo volume de recursos a desenvolver vários produtos ou serviços difundem-se menos e, portanto, fazem um progresso mais lento por produto ou serviço.

Facebook, Uber e outras empresas não se tornaram plataformas por acidente. É possível ver nelas um padrão claro de como construíram sua plataforma. A seguir, vamos explicar como criar uma plataforma focando em suas ações. Qualquer empresa, grande ou pequena, é capaz de executar isso.

Se você já está estabelecido, sua vantagem são os ativos de que dispõe, os clientes que conquistou, mas esses são ao mesmo tempo seu maior obstáculo. Você precisa repensar sua maneira de operar para conseguir vencer a nova concorrência.

QUATRO PASSOS PARA CRIAR E LANÇAR UMA OFERTA FOCADA

É fácil falar que você deve pôr foco e esquecer o resto. Mas escolher o foco pode ser desafiador. Os passos a seguir irão ajudá-lo a encontrar o foco inicial e expandi-lo ao longo do tempo.

Quatro passos para criar e lançar uma oferta focada:

1 Retroceda a partir da sua visão
2 Experimente e explore para achar o primeiro passo mais eficaz
3 Comece em uma região geográfica ou nicho de mercado amigáveis
4 Projete seu núcleo para que se apoie nas melhores soluções e tecnologias existentes

1. Retroceda a partir da sua visão

Você precisa começar de maneira focada, mas sem excluir uma grande visão. O problema é que muitas aspirantes a plataforma ficam empolgadas demais com a própria visão. Sonham grande – naturalmente –, e querem que o futuro se torne realidade o mais cedo possível. Portanto, implementam coisas demais ao mesmo tempo, esticando-se demais, ficando finas, e confundindo clientes potenciais e parceiros.

Em vez disso, o que você precisa fazer é retroceder a partir da sua visão: imaginar o futuro e, então, criar um caminho prático do seu estado atual até sua visão. Desse modo, poderá alavancar o poder inspirador da visão sem perder o foco nas ações, ou seja, você passará a construir algo mais significativo, mas dando um passo por vez.

Para criar um caminho eficaz partindo da realidade de hoje até chegar à sua visão, você precisa primeiro criar rotas alternativas. Como ilustrado na Figura 3.1 abaixo, cada rota deve identificar vários passos que você pode dar a partir da sua situação presente até a visão.

Os passos, além disso, devem ser cumulativos, isto é, o primeiro passo deve fornecer a base para o segundo. Para a Amazon, o primeiro passo foi vender livros, e o segundo foi vender outros itens. Conforme o primeiro passo ajudava a construir sua capacitação para o comércio digital e tornava a Amazon famosa, ele contribuía para o sucesso do segundo passo.

Como ilustrado na figura abaixo, as rotas alternativas podem diferir de modo substancial umas das outras. Você deve ter como objetivo criar caminhos bem diferentes que levem do presente até sua visão. Dessas rotas alternativas, você seleciona uma que crie imediatamente o maior valor para o cliente ou que consiga remover o ponto mais frágil do processo atual.

O primeiro passo não deve ser complicado demais. Um conjunto de elementos muito rico pode confundir os clientes, já que você está tentando mudar a maneira atual de operar.

Porém não confunda "complicação" com "agregação de valor". Você precisa desse último aspecto e deve evitar o primeiro. Nem sempre é fácil. Às vezes, você precisará acrescentar elementos para ultrapassar o limiar a partir do qual é possível agregar valor.

Por exemplo, um serviço de diagnóstico para cães oferecido a veterinários colocou foco de início em oferecer apenas diagnósticos e recomendações para as medicações mais adequadas. Só que os veterinários mais experientes não se interessaram em utilizá-lo. Achavam que eles é que sabiam como diagnosticar animais (independentemente de estarem certos ou errados quanto a isso). Embora os veterinários mais jovens tivessem interesse em utilizar o serviço, também acabavam reduzindo seu uso ou interrompendo-o de vez, à medida que desenvolviam suas aptidões.

Figura 3.1 Como definir rotas alternativas até a sua visão

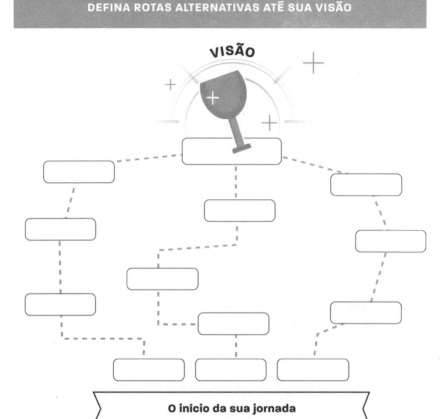

A equipe fundadora analisou a situação e discutiu-a com seus conselheiros. Os veterinários gostam de discutir a respeito de sintomas e muitas vezes pedem ajuda para diagnósticos em fóruns fechados das mídias sociais. Portanto, a equipe decidiu acrescentar esse tipo de aspecto ao serviço. Agora os veterinários têm uma razão para usar o serviço, pois podem ajudar outros veterinários ou podem simplesmente observar o que os colegas veterinários andam discutindo.

2. Experimente e explore para achar o primeiro passo mais eficaz

É excelente conseguir começar com uma visão e então retroceder a partir dela. Às vezes é difícil visualizar o estado final, mesmo que você tenha várias ideias muito boas. Nesse caso, você pode avançar experimentando e explorando vários caminhos até ver o que funciona melhor.

Experimentar: Se você já tem clientes, pode começar testando um conjunto de aspectos com eles. Primeiro, ofereça um conjunto de aspectos mais extenso e, em seguida, remova alguns deles para testar seu real valor dentro de uma amostra limitada. Esse processo permite a você avaliar a importância dos diferentes elementos em sua oferta e ajuda a decidir a oferta de lançamento.

Você pode também testar os vários caminhos que criou no exercício de retroceder a partir da visão, ver o que funciona melhor e, então, selecionar o caminho mais promissor.

A experimentação pode exigir a aplicação de bastantes recursos. Portanto, você precisa trabalhar de maneira ágil para garantir um progresso suficientemente rápido – tomar decisões com rapidez e realocar recursos de maneira flexível.

Descobrir uma necessidade latente localizada logo após o seu atual limite é outra técnica que empresas estabelecidas utilizam para definir um foco inicial para uma oferta de plataforma. Muitos de nós já tivemos a experiência de ter dificuldade com a montagem de móveis da IKEA, uma invenção sueca. Um bom exemplo de detecção de uma necessidade latente foi a descoberta pela IKEA de que os clientes dela precisavam de ajuda para montar seus produtos.

Primeiro, a IKEA decidiu oferecer esses serviços ela mesma. No entanto viu uma oportunidade mais atraente. Em 2017, a IKEA fez a primeira aquisição em seus 76 anos de história. Comprou a TaskRabbit, um site *marketplace* de trabalho temporário. A IKEA decidiu gerir a TaskRabbit como uma empresa independente.

Após descobrir a necessidade latente, você define a visão e então retrocede para determinar o primeiro passo do seu lançamento. Por meio da TaskRabbit, a IKEA começou a montar móveis, mas com foco geográfico limitado às cidades de Nova York e San Francisco (Angulo, 2018).

Outro exemplo sueco de descoberta de uma necessidade latente é o Spotify. Em vez de lutar contra as estabelecidas, como a Apple iTunes, por meio de downloads digitais, colocou foco num nicho emergente, o streaming. Seu fundador, Daniel Ek, percebeu que as pessoas se dispunham a pagar uma pequena taxa ou a ouvir publicidade em troca de acesso ilimitado a músicas. Serviços ilegais como o Napster já haviam apontado essa necessidade latente. O Spotify ofereceu a mesma experiência legalmente.

Entrevistar clientes, fornecedores e outras partes interessadas é uma técnica útil para definir o que pode agregar mais valor aos seus clientes e outras partes interessadas, tanto a curto como a longo prazo. Antes de fazer as entrevistas, você precisa ter em mente um esboço do seu alvo. Pergunte-se o que seus clientes valorizam no presente momento e como você poderia fortalecer isso.

1 Entreviste um conjunto selecionado de clientes de confiança

- Peça que eles descrevam seus processos cruciais de maneira aberta
- Procure compreender quais são os elementos do processo que agregam mais valor e quais são os mais difíceis.

2 Elabore modelos dos processos dos clientes em diagramas simples

- Comece elaborando partes individuais do processo em slides separados
- Depois que tiver criado alguns slides, de três a oito, passe a elaborar uma síntese.

3 Reflita sobre como sua empresa está atualmente ajudando os clientes em processos cruciais. Tente também identificar em que você atualmente não está ajudando, mas potencialmente poderia ajudar.

4 Avalie qual é o passo que está fornecendo mais valor para o cliente, do ponto de vista dele (muitas de suas ações ajudam, mas uma delas deve ser a que presta maior ajuda).

5 Imagine um caminho no qual você primeiro começa com o elemento que agrega mais valor, e, então, se desenvolva a partir dele.

Considere também a possibilidade de realizar de três a cinco entrevistas com fornecedores selecionados, para compreender o valor da plataforma do ponto de vista deles. É crucial identificar as partes interessadas relevantes e sua provável reação à plataforma, por meio de trabalho conceitual e discussões. Por trabalho conceitual entendemos que você deve de antemão tentar prever como alguém reagirá à proposta da plataforma. A meta é guiá-los a fim de que percebam a plataforma como algo que pode trazer-lhes benefícios.

Documente tudo com precisão. Quem são os participantes da plataforma, quais são seus papéis e que valor eles extraem da plataforma? Defina a arquitetura e o modelo de negócio da plataforma. Descreva também seu atual estágio, os clientes, fornecedores, processos e ativos de que você dispõe.

Combine esse passo com sua visão e retroceda a partir dela até definir a primeira oferta focada.

3. Comece em uma região geográfica ou nicho de mercado amigáveis

Quando decodificamos a receita das plataformas mais bem-sucedidas vemos que elas não tentam servir e agradar a todos as pessoas e a todos os mercados. Elas começam numa geografia limitada ou num nicho de mercado e se expandem a partir daí. A experimentação também é mais gerenciável num mercado menor. As empresas costumam falhar porque escalam cedo demais, antes de encontrar o produto certo. Mas não encare o foco estreito inicial como sinal de que você se contenta com um mercado pequeno. Ao contrário, o foco no início permite que você encontre o conjunto certo de elementos para escalar.

O Facebook no começo focou em construir uma rede social estática dentro de um local físico concentrado num campus universitário. Desse modo, a empresa podia direcionar todos os seus esforços em tornar o serviço o melhor possível para aquele restrito grupo de clientes. Zuckerberg povoou a plataforma com dados que adquiriu dos serviços de alojamento da universidade. Com isso, a plataforma se tornou agregadora de valor para todos os estudantes de Harvard. Em suma, eles conseguiam ver os perfis de todos os seus amigos na plataforma e compor um perfil para eles mesmos. Portanto, sentiam-se motivados a melhorar seu perfil pessoal, o que tornava a plataforma mais agregadora de valor para seus amigos.

A Uber no início operava apenas um serviço de luxo de limusines, numa única cidade. Essa abordagem ajudou a empresa a aprimorar sua plataforma de software, suas políticas de preços e outras práticas, e a se tornar um serviço ainda mais confiável e amigável ao usuário. A empresa concentrou-se numa única área geográfica. Assim, seus gestores foram capazes de reunir *insights* dessa área e dedicar seu esforço mental a compreender a dinâmica. Esse esforço mental ajudou a tornar o serviço ainda melhor. Aumentou o compromisso dos clientes e transformou-o em empolgação pelo serviço.

A Amazon, de maneira similar, começou com uma livraria on-line relativamente simples, e focou esforços em fazer a livraria funcionar excepcionalmente bem. Tinha um estoque abrangente de livros, e era possível obter qualquer livro que se quisesse na Amazon. Nenhuma outra livraria conseguia manter um estoque tão extenso. O algoritmo de recomendações ("pessoas que compraram este livro também gostaram desses outros") e aspectos adicionais tornavam o serviço fluente, agregador de valor e criaram efeito de rede. A Amazon, então, virou a escolha para aquisição de livros.

Em resumo, a primeira fase no desenvolvimento dessas empresas em plataforma, hoje complexas e globais, foi um serviço muito focado e local, que funcionava excepcionalmente bem. A qualidade superior do serviço restrito gerava grande empolgação entre os usuários. Essa empolgação ajudou a construir uma reputação mais ampla para a plataforma. Por exemplo, depois que os alunos de Harvard ficaram entusiasmados com o Facebook, passaram a utilizá-lo ainda mais e comentaram o serviço com seus amigos de outras universidades. Do mesmo modo, pessoas que tinham uma experiência positiva com a Uber ou a Amazon tornavam-se mais propensas a usar o serviço de novo e a comentá-lo com seus amigos.

ESTUDO DE CASO

Peloton: Eliminar o atrito de realizar exercícios em casa

O ano de 2020 foi muito bom para a Peloton. Enquanto a pandemia da covid-19 corria solta, as pessoas queriam se exercitar em casa. A Peloton tem mais de um milhão de clientes mensais, e expandiu seu negócio com esteiras, ioga e outras aulas de exercícios. Isso não ocorreu por acaso, mas seguindo os passos descritos neste capítulo e nos anteriores, isto é, eliminando atrito e mantendo foco.

Os criadores da Peloton constataram que havia muito atrito quando alguém tentava participar de uma aula de bicicleta ergométrica. Primeiro, era difícil encontrar tempo para as aulas de ergométrica dentro de uma agenda lotada. E mesmo que a pessoa tivesse tempo, era um desafio encontrar um bom instrutor que desse uma boa aula. E a taxa por aula também era proibitiva (HUDDLESTON, 2019).

Ao se expandirem em plataforma, as empresas seguem sua visão. Muitos veem a Peloton como uma empresa de fitness. Mas, segundo seus criadores, ela se define como uma empresa de mídia-tecnologia-varejo-logística (HUDDLESTON, 2019).

A Peloton tinha uma oferta focada, com bicicletas de design atraente e aulas de ergométrica sob demanda (*on-demand*). Só depois que essa oferta foi bem-sucedida é que ela se expandiu para outros tipos de exercício, que hoje se popularizaram.

Às vezes você precisa realizar mudanças para garantir que sua oferta focada seja percebida corretamente Primeiro, a Peloton cobrava 1.200 dólares pela bicicleta ergométrica. Entretanto, com esse preço relativamente barato, os clientes tinham a percepção de que o equipamento devia ser de qualidade inferior. Então, a empresa elevou o preço para mais de 2 mil dólares, e as vendas aumentaram. A percepção da qualidade da bicicleta mudou de inferior para excelente apenas em função da mudança de preço (MANGALINDAN, 2019). ∎

Agora você poderia alegar que até aqui focalizamos apenas plataformas B2C. Permanece a questão: isso tem impacto em qualquer outro tipo de negócio tradicional? De que modo? É fácil falar em Facebook,

Uber e outros exemplos bem conhecidos e depois descartá-los, como algo que acontece em algum outro lugar, fora dos demais setores.

Há alguns aspectos específicos que aqueles que aspiram ser fornecedores de plataformas B2B devem considerar. Os serviços ou produtos de uma plataforma B2B podem ser cruciais para a continuidade do negócio e implicar risco substancial para o cliente. Portanto, a qualidade e o nível do serviço devem estar corretos desde a primeira transação, pois os clientes têm altas expectativas (Anding, 2019).

As plataformas já estão fazendo diferença em setores tradicionais de manufatura. Um exemplo excelente é o da Tetra Pak, que fornece peças de reposição e consumíveis por meio de seu *marketplace* B2B.

ESTUDO DE CASO

Lançamento da plataforma focada da Tetra Pak

A Tetra Pak vende instalações de fabricação e embalagem para o setor de alimentos e bebidas. A matéria-prima é processada em instalações fabris operadas pelos clientes da Tetra Pak e, então, embalada usando instalações e materiais de embalagem da empresa. Ela trabalha com 5 mil plantas de manufatura, que produzem um total de 190 bilhões de pacotes de consumíveis ao redor do mundo (Tetra Pak, 2020).

A companhia fundou sua própria plataforma em 2019 como um movimento proativo. Assim como a Amazon, a Tetra Pak provê não só suas próprias peças de reposição e consumíveis por meio do seu *marketplace*, mas oferece também produtos de terceiros. São 300 mil peças de reposição e consumíveis da Tetra Pak e 200 mil produtos de vendedores terceirizados verificados.

Segundo a vice-presidente do setor da Tetra Pak responsável pelas peças de reposição e consumíveis, Klara Svedberg, os clientes esperam maior praticidade, eficiência e transparência (Tetra Pak, 2020). O *marketplace* da Tetra Pak cria uma solução de compra de ponto único, que oferece exatamente isso. Assim, neste caso, a companhia usa o poder das plataformas e ecossistemas em benefício próprio.

A Tetra Pak poderia ter oferecido uma seleção de serviços muito mais extensa desde o lançamento. Mas decidiu focar. Para clientes B2B, a oferta focada era compreensível e, portanto, incentivou as empresas a começarem a utilizá-la.

Como o *marketplace* precisa da participação de fornecedores, a pergunta óbvia é "o que os motivaria?". A resposta: um *marketplace* provê um novo canal de vendas. No caso da Tetra Pak, ele é global. Os fornecedores conseguem novas oportunidades de vendas.

A empresa opera globalmente, mas os fornecedores precisam oferecer soluções locais. Com muita frequência, um fornecedor específico da Tetra Pak é local. Como ela está criando uma loja de ponto único, é tentador juntar tudo desde o início. Eles poderiam estar vendendo peças de reposição, consumíveis, adesivos, lubrificantes, produtos químicos e serviços (como os de instalação ou consultoria). Portanto, imaginaram uma solução completa, ideal e, então, retrocederam disso até a atual oferta lançada em 2019, oferecendo peças de reposição e consumíveis, e mais nada.

O *marketplace* da Tetra Pak é desenvolvido pela Mirakl. A Mirakl é uma espécie de SAP dos dias atuais, voltada ao desenvolvimento de *marketplace*s. A SAP tem sido extremamente bem-sucedida criando software para gerir processos de negócios empresariais. O tempo dirá se a Mirakl será tão dominante quanto ela. No entanto, isso demonstra que as empresas não precisam construir seu próprio software para criar um *marketplace*. A Mirakl fornece funcionalidades para *marketplace* como um serviço. Obviamente, você precisa ainda definir seu modelo de negócio e talvez desenvolver aplicativos e uma interface de usuário para desfrutar plenamente dos benefícios do modelo *marketplace*. ■

FOQUE SUAS AÇÕES PARA CRIAR FÃS **117**

Para identificar uma região ou nicho amigável para a sua plataforma, você deve considerar onde há maior probabilidade de ser bem-sucedido. Vários fatores podem influenciar suas chances de sucesso. Você pode começar considerando o seguinte:

- Limites do mercado: será que o mercado é suficientemente homogêneo para ser definido como um mercado específico? Por exemplo, os EUA não são um mercado específico, mas abrigam vários, como Nova York, Houston e San Francisco.

- Sua familiaridade com o mercado: o quanto você conhece bem seus potenciais clientes e suas necessidades, hábitos e preferências? Que grau de conhecimento você tem das regulamentações e de outras restrições contextuais?

- A concorrência dentro do mercado: já há outras empresas de olho na mesma região ou nicho?

- Disponibilidade de recursos: você contratará os necessários talentos da região para atender o nicho?

- Ponto de apoio: se for bem-sucedido, para onde você pode se expandir a partir da primeira região ou nicho?

- Sinergia com uma oferta presente: você tem como alavancar suas capacitações atuais, seus canais e esforços de marketing, ou precisará criar tudo a partir do zero para a região ou nicho?

4. Projete seu núcleo para que se apoie nas melhores soluções e tecnologias existentes

Criar uma oferta com foco requer que você identifique a "alma" de seu serviço, aquela oferta com foco que faça seu produto ou serviço se destacar do resto. Com frequência, criar o melhor núcleo possível requer alavancar várias tecnologias e soluções complementares. Portanto, você deve projetar seu núcleo de modo que ele alavanque, o máximo possível, as soluções e tecnologias existentes. Com frequência, isso significa fazer concessões quanto ao escopo do produto para você ser capaz de conectar o núcleo a um conjunto de tecnologias mais robusto, que coloque restrições (temporárias) a casos de uso.

ESTUDO DE CASO

Sistema VR (*Virtual Reality* ou Realidade Virtual) da Varjo, com resolução do olho humano

Connie estava a ponto de acoplar a nave a uma estação espacial. Ela deu uma olhada nos medidores e viu com satisfação que conseguia enxergar os mínimos detalhes no console da tripulação. Havia feito esse acoplamento muitas vezes, mas agora era diferente. Agora tudo acontecia na realidade virtual propiciada pelo novo sistema de VR da Varjo, com resolução do olho humano. A Varjo colabora com o programa Boeing Starliner, que oferece oportunidades de treinamento inéditas em realidade virtual para uma missão espacial tripulada. Para que o treinamento em VR seja eficaz, os astronautas precisam ser capazes de ler todos os mostradores ao mesmo tempo enquanto operam a nave simulada manualmente. Nos capacetes anteriores de VR, ler os terminais no ambiente imersivo de treinamento só era possível quando eles se inclinavam para se aproximar dos mostradores – porém, com isso, os astronautas não conseguiam ver as próprias mãos, o que tornava o sistema inadequado para treinamento (Varjo, 2020).

A Varjo é uma startup finlandesa originada de remanescentes da Nokia. Seus fundadores, Niko, Klaus, Roope e Urho, compartilham uma paixão por sistemas multimídia e já haviam trabalhado juntos na Nokia. Seu atual CEO, Timo Toikkanen, fez parte da diretoria executiva da Nokia e foi responsável pelo incrivelmente bem-sucedido negócio básico de telefones da empresa.

A Varjo revoluciona a realidade virtual profissional ao conseguir foco em cada detalhe, textura, contorno e cor – mesmo para usuários que usem óculos ou lentes de contato. Além disso, o sistema é capaz de combinar realidade virtual e realidade exterior, criando um ambiente de realidade mista.

Mike Leach, líder do portfólio de soluções da Lenovo, declarou que "muitas das ofertas de VR no mercado atual são versões empresariais de um produto concebido para o consumidor" (2020). Mas, em vez de procurar alcançar o mercado de massa em cada segmento potencial de VR/AR, a Varjo pôs foco em engenheiros trabalhando em desktops para projetar motores e outros sistemas. Concentrar-se no nicho de mercado ajudou a Varjo a fazer progressos mais rápidos no desenvolvimento do produto. Ela ganhou tração com clientes, como a Boeing e a Volvo, e também com parceiros, como a Lenovo. Os usuários podem comprar estações de trabalho Lenovo "Certificadas pela Varjo" junto com qualquer dispositivo disponível no catálogo da Varjo pelos canais de distribuição da Lenovo.

As prioridades ficam mais evidentes quando se trata de aspectos do produto. A Varjo não está fabricando seus processadores gráficos para VR, ela usa os melhores processadores existentes no mercado. Como a tecnologia gráfica vem se desenvolvendo por meio de saltos gigantes, os mais recentes processadores comercializados permitem a melhor experiência ao usuário.

Essa abordagem foi possível graças ao foco da Varjo nos engenheiros-designers e em outros casos de uso com mobilidade limitada. Como os óculos da Varjo não precisam ter essa alta mobilidade, conectou-se um cordão óptico a um computador. Assim, o processador gráfico não precisa ficar dentro do capacete, mas num computador convencional. São utilizados os melhores componentes para processar as imagens visuais e apenas a tecnologia de tela precisa ficar no capacete. Essa arquitetura também facilita as atualizações do software.

Colocar o processamento gráfico no capacete teria retardado o ciclo de desenvolvimento de maneira significativa. Diante disso, a Varjo tomou uma ousada decisão para prover a melhor experiência em VR, software fácil e atualizações de hardware com mobilidade limitada. No entanto optou por um cordão óptico, que era também a melhor solução entre os produtos prontamente disponíveis, em vez do tradicional fio de cobre. Os cabos ópticos propiciam uma conexão mais ampliada, mais leve e com menos perturbações entre a central e os óculos de VR.

No futuro, a tecnologia sem fio de baixa latência do 5G pode substituir o cordão óptico e propiciar mobilidade. De repente, uma arquitetura com algumas concessões transformou-se numa solução excelente e ampliou a liderança da Varjo. ■

As startups bem-sucedidas no nascente mercado de tecnologia aplicada às finanças estão colocando foco no desenvolvimento de alguns de seus elementos essenciais. Elas tomam emprestado outros elementos de seus pares. Por exemplo, num recente estudo de dois professores de Harvard e Stanford (McDonald; Eisenhardt, 2019), uma das startups mais bem-sucedidas, a Zeus (que se mantém anônima), copiou a interface de usuário de uma rival e usou a mesma provedora de análise de dados de outra. Os líderes da empresa fizeram essa escolha porque queriam dedicar todos os seus esforços a desenvolver os elementos mais inéditos e agregadores de valor de seu serviço em vez de reinventar elementos que outras empresas haviam inventado. Focar num único produto ou serviço e, com frequência, também num subconjunto único de aspectos desse produto ou serviço permite usar os melhores componentes disponíveis no mercado. As empresas que optam pelo foco não buscam elas mesmas criarem tudo. Vasculham o mercado e usam os produtos e serviços disponíveis como componentes de seu próprio produto ou serviço. Com isso, asseguram que sua oferta incorpore o que há de mais avançado em desenvolvimento.

No caso da sua plataforma, quais seriam as melhores tecnologias e soluções disponíveis que poderiam apoiar o núcleo de seu serviço ou produto? O que impede você de utilizá-los? Você teria como reduzir essas limitações deixando de fora um subconjunto de usuários ou de casos de uso? Em outras palavras, você teria como melhorar seu produto ou serviço focando mais num caminho que lhe permitisse alavancar melhor soluções e tecnologias externas?

APRIMORAMENTO CONTÍNUO E EXPANSÃO GRADUAL

Depois de iniciar uma oferta focada, as empresas de plataforma bem-sucedidas aprimoram continuamente sua oferta e se expandem por meio de passos graduais. Elas se apoiam no impulso criado por sua oferta inicial focada e, ao mesmo tempo, acrescentam novos aspectos e elementos que atraem mais clientes ou fãs.

ESTUDO DE CASO
Melhorando a cada quilômetro – Tesla

Em dezembro de 2019, foi oferecida a alguns proprietários do Modelo 3 da Tesla a opção de fazer um upgrade no software: "Melhore sua aceleração de 0 a 100 km por hora de 4,4 segundos para 3,9 segundos com uma atualização *over-the-air*". O preço para uma aceleração de 0,5 segundo mais rápida era de 2 mil dólares.

Esse é apenas um exemplo de como a Tesla atualiza software *over the air*, melhorando continuamente os aspectos e a funcionalidade do carro. Cada atualização de software da Tesla faz seu carro parecer novo. A maior parte dos upgrades são gratuitos; eles simplesmente aparecem e de, repente, você consegue, por exemplo, uma melhora de 5% na autonomia do carro.

Há outros upgrades, como na visualização ao dirigir, que pode mostrar semáforos, placas de "pare" e sinalização de estrada. No futuro, é provável que o Tesla seja também capaz de reagir automaticamente a esses sinais. No próximo capítulo examinaremos o ciclo de aprendizagem do Tesla e como esse carro autônomo aprende.

Como a Tesla é dona da plataforma de software, ela controla a experiência. Por isso, pode expandir o âmbito da plataforma gradualmente, ao contrário de outras marcas de carros que operam como empresas de produto.

A Tesla segue o exemplo das empresas de plataforma bem-sucedidas. Depois de criarem uma reputação pondo foco numa oferta específica, essas empresas começaram gradualmente a expandir-se a outras áreas para ampliar seu escopo.

Há até a opção de atualizar o software imediatamente, assim que fica disponível, ou um pouco mais tarde, quando os primeiros a adotá-lo já o tiverem usado por um tempo. Portanto, pode-se decidir ser o primeiro a tentar as novidades ou esperar até que outros tenham testado o novo software e detectado eventuais problemas que estejam aparecendo.

A Tesla também aplicou uma estratégia incremental de expansão para a sua frota. Após sua bem-sucedida e focada entrada no mercado, ela introduziu o veículo utilitário esportivo Tesla X, expandindo sua base de clientes. Em seguida, lançou o Model 3 da Tesla, para o mercado de massa, com preço mais baixo. Ele logo se tornou um dos modelos mais vendidos entre todas as marcas em vários mercados. O Tesla Y, um *crossover*, foi introduzido no mercado em 2020, e em 2021 aguardava-se o muito comentado Cybertruck. Assim, o que começou como uma empresa de um modelo de luxo agora oferece toda uma linha de carros. E podemos esperar que vai se expandir para novos modelos. Cada um desses passos incrementais aumenta o impulso da empresa. ■

PASSOS PARA APRIMORAR E EXPANDIR SUA PLATAFORMA

Você deve aprimorar e expandir gradualmente sua oferta. O aprimoramento contínuo e a expansão requerem esforços pacientes e sistemáticos ao longo do tempo. Não tenha pressa, reflita com calma e observe antes de empreender ações práticas. Desse modo, poderá agir com rapidez, mas sem precipitação. Os passos a seguir irão ajudá-lo.

Quatro passos para aprimorar e expandir sua plataforma:

1. Observe e experimente para aprimorar cada elemento
2. Crie novos atributos e serviços
3. Entre em novas áreas
4. Retroceda de novo a partir da visão

1. Observe e experimente para aprimorar cada elemento de sua plataforma

Para aprimorar sua oferta focada, você precisa ser incansável e movido por dados. Veja o que funciona e o que não funciona. Mude o que não funciona e mantenha o que vai bem. Desse modo, você constrói um compromisso cada vez mais forte e um alicerce mais robusto, sobre o qual pode acrescentar novos recursos e serviços. Dois métodos cruciais para aprimorar sua plataforma são as observações e a testagem A/B (comparar duas versões para ver qual delas tem melhor desempenho).

Observe comportamentos. Em cada etapa, as empresas em plataforma usam ativamente a análise de dados para continuamente melhorar a qualidade do serviço. Por exemplo, quando você entra no Facebook, ele registra cada movimento seu. Quanto tempo você gasta lendo cada postagem, onde coloca o mouse, o que você clica, com que rapidez volta ao Facebook e assim por diante. A partir desses dados, a empresa analisa que conteúdos e que modo de apresentá-los você aprecia mais. Assim, da próxima vez, é provável que veja mais conteúdos do tipo que aprecia e menos dos que você não gosta. Com base em *analytics*, o Facebook pode também definir a segmentação dos clientes e selecionar os melhores segmentos para se expandir.

A Amazon otimiza regularmente seu site e a experiência do usuário associada, a fim de melhorar o engajamento do cliente. O motor de recomendações consegue manter um cliente navegando pelo seu site por mais tempo. Além disso, vários detalhes relacionados à aparência e à navegação influenciam no tempo que os clientes permanecem no site, e a Amazon está continuamente melhorando esses aspectos.

Outra parte muito importante da abordagem da Amazon para manter os clientes envolvidos é o contato direto por e-mail. Em vez de esperar que os clientes voltem ao site, ela envia e-mails com recomendações que às vezes trazem o cliente de volta.

A Uber contratou uma equipe de cientistas comportamentais para maximizar a compreensão que a empresa tem dos comportamentos de seus clientes. O Uber Labs é formado por psicólogos, profissionais de marketing e cientistas cognitivos. Eles analisam de que modo os clientes reagem aos serviços e recursos atuais e potenciais da Uber. Seus *insights* fornecem informações essenciais para as decisões de aprimorar e expandir (KAMAT; HOGAN, 2019).

Faça testes A/B para experimentar. Além de observar seu comportamento, o Facebook realiza continuamente testagens A/B, igual à Amazon. Uma parte dos usuários é colocada para ver uma versão de um particular aspecto do serviço, enquanto outra parte examina a outra versão. As empresas então examinam o comportamento dos usuários e selecionam a versão que produz melhores resultados para uso continuado.

A Uber tem uma plataforma particular de experimentação, a XP, para testes A/B e outros. Ela permite à Uber lançar, corrigir, medir e monitorar os efeitos de novas ideias, de aspectos do produto, de campanhas de marketing, promoções e até de modelos de aprendizagem de máquina (ANIRBAN *et al*, 2020).

A Peloton também faz continuamente testes A/B a respeito de aspectos novos ou melhorados. Por exemplo, durante o exercício, usuários que pedalam podem animar uns aos outros com *high fives* (cumprimentos do tipo "bate aqui" com a mão espalmada). Se você pedala num grupo grande, é difícil identificar a pessoa que mandou o *high five* no placar dos líderes. Então, você não consegue retribuir o cumprimento.

A Peloton realizou um teste A/B sobre um recurso que permitia clicar nos membros que lhe davam *high fives*. Agora você também pode mandar a eles um *high five*, ver qual é a posição atual deles no placar de líderes ou abrir o perfil deles e mandar uma solicitação de "seguidor" (L, 2020). Com base nesses testes A/B, a Peloton pode tanto acrescentar recursos a todos os usuários, como modificá-los ou removê-los.

Como você faria isso na sua plataforma? Você deve começar assumindo um compromisso de melhoria contínua. Em seguida, defina que aspectos do comportamento do cliente são os mais importantes de observar e que novos aspectos poderiam ser testados.

2. Crie novos atributos e serviços

Após o lançamento, quando você já tiver conseguido uma tração significativa, é hora de começar a expandir a oferta. Novos atributos e serviços irão ampliar o apelo da sua plataforma. Aos poucos, você começa a acessar novos segmentos de usuários e a escalar sua plataforma. Além disso, novos atributos também criam maior engajamento. Mas lembre-se de fazer a ligação desse passo com o anterior. Observe e meça o sucesso do novo aspecto e dos novos serviços.

Há várias dimensões a considerar. Que segmentos de cliente? Que geografias? Que aspectos acrescentar? Como se desenvolver para se tornar uma loja de destino final (*onestop shop*)?

As expansões podem ser uma extensão natural da oferta inicial. A Peloton começou com uma bicicleta ergométrica e com aulas de pedalar em grupo. Para a empresa, era natural expandir para esteiras, pois, com isso, oferecia variedade de treinos e também atraía corredores, além de ciclistas. O próximo passo foi aumentar os tipos de exercícios: treino intervalado de alta intensidade, barra, ioga, *bootcamp* e meditação (HUDDLESTON, 2019). A Peloton também expandiu seus canais de distribuição digital. Seu aplicativo agora está disponível pela Roku TV, Amazon Fire TV, Apple TV e Android TV. Complementarmente, a Peloton está se expandindo para outros tipos de conteúdo original, ampliando sua biblioteca de música e colaborando com artistas famosos (THOMAS, 2020).

O Facebook costumava ser uma plataforma relativamente estática – os usuários simplesmente criavam seus perfis e preenchiam com algumas informações, como suas citações e livros favoritos e algumas fotos. Entretanto muitos usuários não voltavam com frequência ao Facebook para olhar os perfis estáticos de seus amigos, ou seja, não havia muito engajamento com o serviço.

Para tornar o Facebook mais envolvente, a empresa introduziu as notificações (*newsfeeds*). Os usuários agora poderiam ver numa única notificação o que estava acontecendo em sua rede. O feed mostrava se alguém havia subido fotos novas ou atualizado o status. Desse modo, toda vez que o usuário abria o Facebook, podia imediatamente ver as atividades mais recentes. As atualizações tornaram o serviço mais gratificante e também geraram certo FOMO (*fear of missing out*, isto é, medo de ficar por fora). Portanto, os usuários voltavam ao site com maior frequência. Isso é o que chamamos de expansão por meio de uma razão para voltar (*reason-to-go-back*).

A Uber alavancou seu impulso inicial e expandiu-se para carros convencionais em algumas cidades escolhidas. De início, o serviço era restrito a limusines, mas os fundadores perceberam que havia um grupo de pessoas proprietárias de vários tipos de veículos capazes de transportar passageiros. Introduziram, então, o Uber X, que se beneficiou da marca Uber, mas era dirigido a um grupo mais amplo de clientes. Como o serviço de limusine já havia construído legitimidade e empolgação, o novo serviço não foi visto como algo surgido do nada por aqueles que buscavam uma corrida. Além disso, talvez já tivessem uma compreensão genérica do serviço e também disposição para experimentar. Essa estratégia é chamada de camadas de preço (*price tiers*).

Os passos mais significativos da expansão da Amazon foram as categorias de produtos. Conforme o negócio de livros se tornava cada vez mais fluente, a empresa percebeu que poderia vender outros produtos pela plataforma. Então, acrescentou brinquedos, produtos eletrônicos e outros itens relativamente fáceis de vender pelos canais on-line, como aqueles que pudessem ser despachados em pacotes padrão de correio (em vez de alimentos frescos ou congelados, por exemplo) ou que não exigissem adequação de tamanho (como peças de vestuário). Desse modo, a Amazon expandiu seu escopo de produto, mas sem complicar demais seus processos ou assumir riscos relacionados à qualidade do serviço que fossem muito difíceis de encarar.

A IKEA alavancou sua plataforma TaskRabbit para englobar entrega e montagem de produtos IKEA, ambos oferecidos no mesmo dia. A TaskRabbit também está se expandindo para a área de design de interiores e abrangendo serviços como reparo de móveis, para dar à IKEA uma vantagem.

Novas fontes de dados podem ser um motor essencial para novos produtos e serviços. Segundo a gestão da IKEA, dados do cliente da TaskRabbit poderiam ajudar a empresa a desenvolver novas ideias para móveis (Rinstrom; Fares, 2019).

De que maneira você inventa e acrescenta novos recursos e serviços à sua plataforma? Você pode começar levando em conta os mesmos critérios que usou para selecionar seu foco inicial, como descrevemos anteriormente. Além disso, pode também alavancar as várias técnicas de incremento da criatividade que descrevemos no Capítulo 6, "Crie o inesperado".

3. Entre em novas áreas

Quando começar a ir bem numa única localidade, você deve aproveitar o impulso e entrar em novos lugares. Para o Facebook, o passo natural depois de conquistar Harvard foi expandir-se para outras universidades da Ivy League americana. Os alunos dessas instituições compartilhavam uma identidade similar como membros da elite, e muitos deles também se conheciam. Assim, um serviço que permitia a alunos de Stanford conectarem-se com seus colegas da universidade e com seus amigos de Harvard gerou valor imediatamente para eles. De novo, o ciclo positivo de entusiasmo foi reforçado. Isso é o que chamamos de *foco em expansão geográfica*.

Em seguida, o Facebook se beneficiou dessa empolgação e continuou expandindo seu escopo: primeiro abriu acesso a todas as universidades americanas e, por fim, após várias etapas, a todas as pessoas do mundo. Não se começou com todas as pessoas do mundo pois tal abordagem não teria gerado a empolgação inicial criada pelo foco inicial geograficamente restrito.

A Peloton tem acompanhado as pesquisas sobre bicicletas como um indicador da demanda por seu serviço (Peloton, 2019). Depois de ser lançada em grandes cidades dos EUA, a Peloton colocou foco em sua expansão internacional, que começou pelo Canadá e Reino Unido. Ambos são mercados anglófonos de academias de grande porte. Além de suas vendas on-line direto ao consumidor, a Peloton abriu vários pontos de varejo, assim como fez a Tesla. Esses pontos dão aos novos clientes a oportunidade de experimentar a Peloton fisicamente.

No Reino Unido, a Peloton abriu um estúdio em Londres e acrescentou instrutores britânicos. Em seguida, foi lançada na Alemanha, onde mais de 10 milhões de pessoas frequentam uma academia (PELOTON, 2019). Mas não foi necessário construir outro estúdio, pois instrutores alemães podem ensinar do estúdio de Londres, e a Peloton, então, faz o streaming das aulas para a Alemanha. Além disso, para expandir o acesso ao seu atual conteúdo, a Peloton providenciou legendas em alemão para centenas de aulas em língua inglesa.

Embora sua parceira TaskRabbit tenha uma abrangência maior, a IKEA promoveu uma expansão geográfica muito bem planejada de seu serviço de montagem de móveis. Ela faz questão de garantir pessoal de serviço bem treinado e preço específico bem definido. Também precisa garantir que haja suficientes montadores qualificados a postos.

Desde que foi adquirida pela IKEA em 2017, a TaskRabbit expandiu-se para todas as 48 cidades americanas que têm lojas IKEA e foi lançada no Canadá (RINSTROM; FARES, 2019). No Reino Unido, expandiu-se de Londres a várias outras cidades.

Quando for avaliar em que região sua plataforma deve entrar em seguida, aplique os critérios já descritos utilizados para selecionar o foco inicial. Lembre-se também que a próxima região não precisa ser um país. Pode ser, por exemplo, uma cidade ou uma comunidade específica.

4. Retroceda de novo a partir da visão

Depois de executar cada passo em seu caminho rumo à sua visão, você vai precisar pensar no próximo. Para isso, aplique de novo a técnica de retroceder a partir da visão final, avaliando caminhos alternativos. Cheque também se isso altera a visão e se os caminhos ainda são os mesmos ou se é o caso de modificá-los. Então, mais uma vez, selecione o caminho que acrescenta maior valor ao cliente ou que remova o ponto mais frágil do processo.

COMUNIDADES ENGAJADAS
MULTIPLICAM O VALOR DA PLATAFORMA

Além de cuidarem de desenvolver e expandir suas ofertas, as plataformas bem-sucedidas envolvem ativamente as partes interessadas da plataforma numa comunidade. Comunidades engajadas são mais do que um grupo de usuários e fornecedores – são indivíduos empolgados com o produto ou serviço da plataforma e que querem compartilhar essa empolgação com outras pessoas: são fãs. Oferecem sugestões para melhorar, ajudam-se mutuamente na resolução de problemas e até fazem lobby para conseguir uma legislação e infraestrutura mais benéficas.

Em resumo, os membros de uma comunidade engajada amam o produto ou serviço e querem que ele se torne ainda mais bem-sucedido. Sua energia ajuda a plataforma a melhorar e crescer. Ao se conectarem em múltiplos níveis, criam uma comunidade engajada. Desse modo, a comunidade fortalece a rede e cria valor para os participantes e para a plataforma.

Para criar uma comunidade engajada, você deve produzir uma experiência que seja gratificante para os participantes e forme apoiadores para o seu serviço. Criar uma experiência não é algo técnico, pois a coisa mais crucial é criar empatia com o cliente. Você precisa compreender seus clientes de maneira empática e conhecer o ponto de vista deles. Só então será capaz de criar uma oferta significativa que eles possam acolher com empolgação. Criar fãs e engajamento não é um truque, e sim um processo de pensamento bem mais profundo.

As vendas e o marketing tradicionais partem da ideia de que você tem que criar um funil e fazer as pessoas passarem por ele. Ou seja, você primeiro desenvolve perspectivas, e então as converte em vendas.

Ao criar uma plataforma, você precisa pensar diferente. Tem que colocar foco em indivíduos que estão prontos para a mudança e para se tornarem fãs e embaixadores desde o início – como fizeram a Tesla e a Peloton.

Chamamos isso de "círculo de engajamento" [*engagement circle*] – é como atirar uma pedra na água de um lago. As primeiras ondas são as maiores e então perdem o ímpeto, mas quanto maior for o borrifo no início, maior o impacto. Com o círculo de engajamento, você põe foco no centro, nos clientes mais empolgados, para transformá-los em apoiadores.

O engajamento do cliente cria interação com a sua plataforma, isto é, com o serviço e a experiência que você está oferecendo. Um novo cliente pode chegar e entrar, mas talvez pare de interagir. Esse é o baixo engajamento. Outros clientes utilizam o serviço diversas vezes e recomendam-no a vários amigos ou colegas, que também fazem seu log-in.

Isso significa alto engajamento e alto valor. A Amazon tem uma equipe especial de clientes engajados. É um grupo de pesquisadores, designers e profissionais de tecnologia que trabalham em vários setores da Amazon. Eles inventam, constroem e gerenciam os aspectos que dão aos clientes da Amazon a sensação de que a Amazon já os conhece. E os dados, é claro, são o pilar do processo todo, como veremos no próximo capítulo.

Porém você não deve limitar o engajamento do cliente apenas ao uso de seu serviço. É igualmente importante compreender as interações de seus clientes nas mídias sociais. Isso envolve *likes*, compartilhamentos e comentários em conteúdos, participação em eventos da comunidade e em reuniões e escrita de resenhas. Por exemplo, a equipe de engajamento de clientes da Amazon também tem sistemas sociais de compartilhamento, que incluem gamificação ou ludificação (*gamification*), e moderação.

Formalmente, uma definição mais ampla de engajamento do cliente é a disposição de gastar tempo na empresa para benefício mútuo, com frequência por meio de defesa da marca ou outro tipo de engajamento (Astute Solutions, 2019).

PASSOS PARA CRIAR UMA COMUNIDADE ENGAJADA

Para construir uma comunidade engajada, você deve primeiro compreender o que motiva os clientes e outras partes interessadas de sua plataforma a se envolverem. Depois, precisará empreender ações para aumentar esse engajamento, expandir a comunidade e intensificar a interação dentro dela. Leve em conta os quatro passos a seguir:

Quatro passos para construir uma comunidade engajada para sua plataforma:

1 Meça o engajamento continuamente
2 Priorize emoções ao projetar a experiência
3 Estimule e crie condições para recomendações livres de atrito
4 Propicie comunicação na comunidade e identificação compartilhada

1. Meça o engajamento continuamente

Para entender o engajamento de seu cliente, você precisa definir metas e medir seus resultados. As métricas para o engajamento do cliente são o valor ao longo do ciclo de vida" (*lifetime value*, LTV, isto é, o volume total de dinheiro que um cliente pode gastar com o seu negócio durante seu tempo como cliente), a frequência de uso, a taxa de evasão de clientes (*churn*) e muitas outras métricas tradicionais de marketing. Você deve medir também as recomendações de clientes, a defesa nas mídias sociais, as resenhas e a participação em eventos da comunidade.

Segundo estudo da Gallup (2014) sobre clientes B2B, clientes plenamente engajados entregam 23% mais em relação à média dos clientes no que se refere a aspectos como a fatia do gasto total (*share of wallet*), lucratividade, receita e crescimento do relacionamento. Em razão dos efeitos de rede, as plataformas amplificam o engajamento do cliente. Um alto engajamento vai se multiplicar pelo ecossistema.

Lembre-se de que manter clientes antigos tem custo menor do que conquistar novos. E se você consegue que seus velhos clientes tragam novos clientes para você, estará em posição ainda melhor a longo prazo.

Com frequência, os líderes põem foco apenas no crescimento e na métrica. No entanto, especialmente no início, é essencial focar na retenção de clientes. Você quer que as pessoas voltem a utilizar o serviço. Sai caro demais ter que sair constantemente atrás de novos clientes.

Por exemplo, a Wolt, startup finlandesa criada em 2014, entrega comida e outros itens a clientes em vários países da Europa. Ela quase faliu em 2015. Durante essa crise, Ilkka Paananen, fundador da Supercell e investidor na Wolt, revisou os números e as métricas. Ele havia aprendido no negócio de *games* que a retenção é a métrica mais importante para um jogo. Será que as pessoas vão querer voltar? O *game* é importante ou não? (Raeste, 2020).

A partir das métricas que o CEO da Wolt, Miki Kuusi, enviou a Paananen, este viu que cerca de metade das pessoas que experimentaram a Wolt continuaram clientes, e isso se confirmava mês após mês. Havia uma base sobre a qual era possível construir algo – como nos melhores *games*. A partir disso, a Wolt fechou rapidamente sua rodada seguinte de investimentos. Em 2020, ela operava em 23 países, oferecia comida de 22.450 restaurantes e tinha 44 mil entregadores (RAESTE, 2020).

Para sua plataforma, quais são as ações cruciais do cliente que você gostaria de acompanhar? Como poderia medi-las?

2. Priorize as emoções ao projetar a experiência

As emoções são mais fortes que a lógica. Não é apenas a funcionalidade que você precisa levar em conta. Se os seus clientes têm um investimento emocional no seu serviço, eles provavelmente ficarão muito envolvidos e se tornarão seus apoiadores.

Ter clareza sobre seu propósito também ajuda as empresas a conquistarem embaixadores. Marcas que têm um propósito claro criam engajamento.

Você precisa desenhar a experiência toda para torná-la única para seus clientes. O que diferencia uma plataforma entre os concorrentes não é um aspecto isolado, mas a experiência toda. E se seus clientes formam comunidades e conectam outros clientes, isso cria um engajamento genuíno e forma verdadeiros fãs e embaixadores.

A Tesla não é uma empresa de automóveis apenas, ela tem um propósito mais elevado de fabricar carros elétricos acessíveis e de proteger o meio ambiente. Mas sua oferta vai além do veículo. Por exemplo, os *showrooms* da Tesla são parte da experiência (DAVIS, 2014). A Tesla decidiu vender direto aos clientes e criou a própria experiência de *showroom*. Eles ficam em grandes shoppings e divulgam conhecimentos sobre a empresa. Na era das mídias sociais, todo mundo que passa por uma sala de exposições é um potencial defensor, pois pode postar fotos e comentários sobre a fabricante de carros nas mídias sociais. Parte do apelo da Tesla deve-se à sua expansão para sistemas de energia domésticos. Ela cumpre seu propósito expandindo seu negócio a outras áreas. Vamos aprofundar mais esse tópico no Capítulo 6.

Para a Peloton, não são apenas as bicicletas e o serviço que criam a experiência toda, mas também seus instrutores, que são parte do "segredo da receita" (HUDDLESTON, 2019). O status *cult* dos instrutores da Peloton é uma das vantagens mais significativas da empresa em relação a seus concorrentes. A tarefa dos instrutores é inspirar e liderar a comunidade Peloton. Robin Arzón é um dos instrutores mais populares, e no final de 2020 contava com 655 mil seguidores no Instagram.

3. Estimule e crie condições para recomendações livres de atrito

As recomendações são uma maneira tradicional de atrair clientes e gerar novos negócios. São também uma das ferramentas mais comuns para expandir e fazer crescer seu serviço na era digital. Portanto, elimine o atrito e torne-as mais diretas.

Lembre-se de pedir para ser recomendado. Um simples estímulo depois de uma resenha ou de outra ação positiva contribui muito para levar os usuários de sua plataforma a fazerem uma recomendação. Como as recomendações costumam ser feitas por impulso, no calor do momento, é essencial criar estímulos para desencadear esse comportamento.

Forneça ferramentas que possam promover o engajamento na sua base de clientes. Uma maneira de fazer isso é criar um recurso simples de convidar amigos para o serviço. Quando um usuário manda um convite, você oferece uma recompensa, como uma corrida grátis no Uber. Desse modo, faz com que os fãs anunciem seu serviço. E os fãs gostam quando você oferece uma recompensa pela lealdade. Mas lembre-se também de que, para que funcione, o mecanismo de recomendação por meio de e-mail ou rede social precisa ser direto e parecer natural.

Para criar alto engajamento, identifique o que seus clientes valorizam. Algumas pessoas gostam de recompensas em dinheiro, outras preferem créditos grátis para usar o produto, outras um upgrade em seu plano de assinatura atual, recursos exclusivos ou experiência VIP. É difícil saber de antemão antes de realizar pesquisa e experimentação intensivas.

As recomendações também são úteis no contexto B2B. O Yammer tornou-se um dos mais bem-sucedidos serviços de rede para empresários. Os membros dessa organização podem usá-lo para comunicação informal e privada no trabalho. A estratégia de expansão explica em parte o sucesso do Yammer: em vez de se apoiar apenas em contratos formais com empresas, o serviço permite que indivíduos com um endereço de e-mail comercial criem uma conta. Depois que um único membro de uma empresa abre uma conta no Yammer, ele pode convidar seus amigos da mesma empresa, que por sua vez convidam outros. Assim, ele se espalha dentro da empresa por meio de recomendações entre pares. Além disso, o Yammer permite a comunicação entre parceiros, clientes, vendedores e fornecedores, e essas comunicações também podem ser iniciadas por recomendações que expandem o alcance do serviço (PIETRUSZYNSKI, s.d.).

O Dropbox é uma plataforma de armazenagem na nuvem para compartilhamento de arquivos e colaborações. Ele tem um programa de recomendações que recompensa os usuários com armazenamento gratuito quando convidam amigos. Se você tem uma conta do Dropbox Basic, ganha 500 MB de espaço para cada amigo a quem recomenda o serviço. E se tem um Dropbox Plus ou a versão Professional, ganha 1 GB de espaço para cada amigo a quem recomenda a plataforma; isto é, você faz um upgrade do seu plano para um serviço de nível superior e recebe uma recompensa maior por sua recomendação.

Quais seriam as recompensas naturais para os clientes de sua plataforma e outras partes interessadas por fazerem recomendações? De que modo você poderia facilitar ao máximo as recomendações? Como poderia recompensar as pessoas por terem feito recomendações? Como poderia incentivá-las a agir?

4. Propicie comunicação na comunidade e identificação compartilhada

Sem interação não há comunidade. Quando as pessoas interagem, emerge disso uma comunidade. Você deve, portanto, garantir não só que os membros de sua plataforma estejam empolgados, mas também que interajam.

A interação ativa entre pessoas cria uma empolgação adicional, pois elas podem compartilhar histórias e se ajudar. Ao verem os outros empolgados, a energia emocional se amplifica. Além disso, quanto mais interagem, mais passam a se identificar entre si e com a comunidade – as pessoas começam a pensar e a sentir que estão participando da mesma coisa. O produto ou serviço torna-se parte daquilo que elas são. O resultado é mais lealdade, mais ações em prol da comunidade e até mais empolgação e engajamento.

Uma comunidade pode ser um aspecto inerente de uma plataforma ou pode existir nas mídias sociais. As comunidades on-line podem também levar a comunidades off-line, como os grupos de afinidade que se encontram presencialmente (*meetups*).

As comunidades podem se formar mesmo sem a participação de uma empresa, mas a marca costuma ser um facilitador. Muitas empresas contratam gestores de comunidade, que têm a tarefa de aumentar a interação dela ao fornecer conteúdo e atuar como aquele que abre as discussões.

As comunidades on-line da Peloton são cheias de vida e energia. As pessoas motivam umas às outras para alcançarem um desempenho cada vez melhor. Fazem comentários sobre os instrutores e compartilham dicas de fitness (GRIFFITH, 2019). Os clientes também fazem novos amigos por meio da Peloton e viajam para participar de encontros.

Deixe que a comunidade fale por você. Isso não é fácil, já que estamos muitos habituados a comandar o marketing. Construímos audiências, não comunidades. As comunidades são mais fortes e criam uma devoção sincera. Ao desenvolver uma comunidade, você precisa criar condições para que seus clientes se conectem, mas não pode controlar isso. Tentar dirigir demais a conversa acaba sendo contraproducente.

Os clientes da Tesla têm formado comunidades muito fortes e engajadas. Cada país tem sua comunidade local no Facebook, e o Model 3 tem sua própria comunidade. Como a Tesla segue um propósito de ordem mais elevada que apenas fabricar veículos, ela cria engajamento. Os fãs e embaixadores querem participar. E é isso que amplifica o efeito de rede. Cada quilômetro que dirigido deixa o carro melhor, pois ele aprende (como veremos no capítulo sobre ciclos de aprendizagem), e cada novo fã torna a experiência melhor para os demais, pois contribui para a comunidade.

As marcas podem impulsionar e propiciar discussões por meio de "ganchos". Entre os ganchos de discussão da Tesla estão seu carro autônomo, se você deve manter as mãos na direção ou se deve pagar 2 mil dólares para obter meio segundo de incremento na aceleração. As pessoas promovem infindáveis discussões a respeito desses pontos nos grupos Tesla do Facebook e em outras redes de mídias sociais.

Se você posta na sua comunidade do Facebook uma pergunta a respeito de problemas que enfrenta com o Tesla, obterá uma resposta imediatamente – não apenas uma, mas muitas. E os comentários vão se avolumando conforme se sucedem. Os fãs, com isso, dão conta do serviço ao cliente. Também é interessante que, mesmo que o fabricante tenha defeitos e cometa erros, os fãs perdoam isso. Eles discutem os erros e problemas, mas o que é estranho é que os erros da marca acabam criando um engajamento ainda mais profundo.

■ CONSTRUÇÃO DE COMUNIDADES B2B

Agora talvez você esteja imaginando que comunidades, fãs e embaixadores são privilégio apenas de empresas famosas como a Tesla ou a Peloton. No entanto, qualquer marca, incluindo marcas B2B, podem se beneficiar das lições de líderes de plataformas quando se trata de criar fãs. Você só precisa criar a oportunidade para que seus clientes se engajem. Quando começar a construir uma comunidade B2B, tenha como meta compreender sua audiência e suas necessidades entrevistando seus clientes.

A maioria dos profissionais gosta de conversar com outros profissionais. Comunidades fechadas bem construídas podem prover apoio entre seus pares. As comunidades oferecem um lugar para discussão e engajamento. Uma comunidade bem arquitetada impulsiona uma plataforma. Por exemplo, para um *marketplace* B2B focado em transações entre compradores e vendedores, uma comunidade B2B pode oferecer um fórum aberto para discutir ou partilhar ideias e interesses, resolver problemas, encontrar parceiros de negócios e pedir algum conselho. Ela cria engajamento e um relacionamento mais profundo com sua plataforma.

A comunidade pode ser fechada ou aberta. O que funciona melhor vai depender dos objetivos de seu negócio. Uma empresa de saúde montou um serviço de chat onde médicos respondiam perguntas e diagnosticavam pacientes. Os médicos participavam remotamente, e muitos deles gostavam disso, pois era uma oportunidade de trabalhar em casa. A empresa constatou, então, que os médicos on-line precisavam de suporte quando faziam diagnóstico de pacientes. Portanto, abriu um serviço de chat entre os médicos que estavam no serviço. Com isso, os médicos obtinham o apoio de colegas para os problemas com os quais deparavam, melhorando a qualidade da intervenção e seu engajamento, e trazendo satisfação.

Ao começar, você deve considerar de que modo pode propiciar e facilitar a comunicação entre os membros de sua plataforma. Que tipos de interações seriam ao mesmo tempo emocionalmente estimulantes e teriam valor prático para os participantes de sua comunidade? Seria natural integrar uma ferramenta de comunicação em sua plataforma, ou seria melhor criar uma comunidade nas redes sociais? Que tipo de eventos de comunidade você poderia organizar, tanto on-line quanto off-line?

LIÇÕES-CHAVE PARA SUA ORGANIZAÇÃO

Ao planejar o lançamento de sua plataforma, lembre-se do foco. Ser tudo para todos não funciona. Você precisa fazer escolhas e definir um foco. Ele estimula o uso do produto ou serviço e cria fãs que vão querer voltar sempre. E se você conseguir construir uma comunidade engajada a partir desses fãs, isso vai multiplicar o valor de sua plataforma.

■ Crie uma oferta focada

- Qual é o serviço ou produto essencial que a sua plataforma oferece atualmente? Ele é claro e focado o suficiente?

- Qual é a visão final da sua plataforma? Quais são os caminhos alternativos que você dispõe rumo a essa visão?

- De que modo poderia experimentar e ver que caminhos geram alto valor com maior rapidez e com um esforço razoável? Que região ou nicho você deveria escolher primeiro?

- Que tecnologias e soluções preexistentes você poderia usar para apoiar o essencial da sua plataforma a fim de maximizar a criação de valor para o seu segmento-alvo principal?

■ Aprimore e expanda sua plataforma

- Que dados você poderia usar para melhorar sua plataforma continuamente?

- Como poderia criar novos aspectos e serviços?

- De que maneira você tem escolhido as novas localidades de atuação? O que mais deveria considerar?

- Depois que tiver dado seus próximos passos, que novos caminhos em direção à sua visão final você poderia inaugurar?

■ Construa uma comunidade engajada

- De que modo você mede o engajamento do cliente e das partes interessadas em sua plataforma? O que mais poderia medir?

- Como poderia melhorar a experiência emocional dos usuários da sua plataforma?

- Como poderia incentivar e possibilitar que membros da sua plataforma convidassem novos participantes?

- Como poderia possibilitar a comunicação entre as partes interessadas da sua plataforma?

CAPÍTULO QUATRO

Crie um ciclo de aprendizagem

Plataformas inteligentes têm um ciclo de aprendizagem alimentado por IA. Por meio dele, podem melhorar rapidamente a criação de valor e a eficiência em novos domínios. Depois que entram no setor, elas "correm" mais rápido que as estabelecidas ou que outros estreantes e em pouco tempo fornecem mais valor que os outros.

Por exemplo, a frota da Tesla, com mais de 500 mil veículos, coleta dados através de câmeras, radares e outros sensores, enquanto as pessoas dirigem seus carros. A Tesla usa esses dados para treinar e melhorar seus algoritmos de IA. Gradualmente, constrói uma capacidade plena de direção autônoma. E como ninguém ou muito poucos têm acesso a um volume equivalente de dados, a Tesla tem maior probabilidade de aprender mais rápido que os outros. Com isso, atrai mais clientes e torna ainda mais difícil para seus concorrentes fazer o mesmo.

As plataformas vencedoras coletam dados sobre seus usuários e extraem aprendizagens o tempo todo. Cada melhoria atrai mais usuários, dos quais elas podem aprender mais, acelerando o valor resultante dos efeitos de rede.

Para você vencer essa corrida cada vez mais acelerada, precisa explorar o poder da IA e criar um ciclo de aprendizagem. Ele permite que você melhore seu serviço em áreas essenciais o tempo todo.

O uso de seus produtos e serviços gera dados com os quais você pode alimentar a IA. Isso ajuda você a fazer melhores previsões, ter melhores *insights*, e, com isso, desenvolver produtos e serviços melhores. À medida que você se torna mais competitivo e atrai mais clientes, obtém mais dados e melhora seu serviço. Ciclos de aprendizagem são a chave desse círculo virtuoso.

Neste capítulo, você aprenderá a construir uma vantagem competitiva com um ciclo de aprendizagem e a usar dados para treinar a IA. Além disso, vamos explicar por que seus funcionários são um ativo valioso para desenvolver IA por meio da aprendizagem que considera "o humano no ciclo" (*human-in-the-loop*). Vamos descrever os três elementos essenciais para construir um ciclo de aprendizagem:

- Começar a partir das metas do negócio.
- Produzir dados relevantes.
- Maximizar a aprendizagem contínua.

Vamos usar os exemplos da Tesla, Uber e Orica (fornecedor de explosivos) para ilustrar passo a passo o processo de construção de um ciclo de aprendizagem.

CICLOS DE APRENDIZAGEM FORTALECEM SUA VANTAGEM COMPETITIVA

Quando usamos o Google, ele aprende a partir de cada busca e ajusta seus algoritmos de IA e modelos. Assim, a próxima busca será um pouco melhor para todos. Como cada usuário contribui para o ciclo de aprendizagem, a liderança do Google em buscas se amplia cada vez mais. Ficou quase impossível para os outros alcançarem o Google, por melhores que sejam seus algoritmos. Quem começou antes terá a vantagem para sempre, a não ser que o paradigma de buscas mude.

Um ciclo de aprendizagem é um círculo virtuoso no qual o uso da plataforma cria novos dados, que melhoram a plataforma e seus serviços. E isso fortalece sua vantagem competitiva.

ESTUDO DE CASO

O ciclo de aprendizagem da Tesla

Tero estava entrando na estrada com seu Tesla 3 numa manhã agitada. O modo FSD (*Full Self Drive* ou Autodireção plena) estava ligado, mas de algum modo a fusão com o trânsito não estava fluindo e ele precisou assumir o controle. Duas semanas mais tarde, porém, a situação era a mesma, mas tudo correu bem. O que havia mudado?

A Tesla é uma plataforma de aprendizagem. Coleta dados por meio de câmeras, radares e outros sensores. Ela utiliza esses dados para treinar e melhorar seus algoritmos de IA.

A versão seguinte do recurso "assistência para mudança de faixa" é um pouco melhor que as versões anteriores. Entrar no fluxo de trânsito da rodovia vindo de um acesso torna-se ainda mais fluente também para Tero. Gradualmente, a Tesla vai construindo a capacidade de autodireção plena.

A arquitetura da Tesla permite que ela atualize seus carros *over the air*, isto é, o novo software é entregue por Wi-Fi, sem fio. As capacidades de autodireção de todos os carros são melhoradas por meio do uso de dados coletados por outros veículos. Esse processo contrasta com o de muitos outros fabricantes de veículos, que não coletam dados para atualizar seus carros *over the air*. A arquitetura da Tesla é uma plataforma que permite uma evolução constante a partir do uso de dados.

A capacidade da Tesla de coletar dados, treinar a IA continuamente com novos dados e atualizar seu software com uma versão melhor constitui seu ciclo de aprendizagem. Com isso, o ciclo de aprendizagem melhora sua própria vantagem competitiva a cada dia. ∎

Em empresas digitais, é fácil construir um ciclo de aprendizagem. Por exemplo, ciclos de aprendizagem podem visar anúncios e predizer o que gostaríamos de comprar. Com a Internet das Coisas (*Internet of Things*, IoT) e sensores coletando dados do mundo físico, construir um ciclo de aprendizagem tornou-se algo possível para empresas com ativos físicos. Por exemplo, a IA pode determinar parâmetros para certos processos numa unidade de produção. Depois que a unidade executa o processo, o ciclo compara o resultado com o estado ideal visado. Consequentemente, o sistema ajusta algoritmos com base em desvios.

Especialistas humanos podem ser o ativo mais importante da empresa quando ela decide criar um ciclo de aprendizagem. Por exemplo, os algoritmos tradicionais de controle visual da qualidade inspecionam falhas de produto numa fábrica, mas não aprendem a partir de novos dados. São programados uma vez com regras predeterminadas para detectar defeitos. Mas quando um especialista verifica uma falha detectada por IA, pode determinar se a falha é importante ou não. O operador humano realimenta essa informação no sistema, melhorando-o. O processo em que um humano dá feedback ao sistema é o que constitui o modelo "humano no ciclo".

Você deve começar o desenvolvimento de um ciclo de aprendizagem definindo o objetivo do negócio. Depois, precisa entender quais dados estão disponíveis para treinar a IA em relação ao objetivo do negócio. Em seguida, foque em como preparar os dados para que sejam úteis ao modelo de treinamento de IA. E, após a aplicação da IA, ela tomará decisões, fará previsão de resultados e criará *insights* a partir dos novos dados. Com base nisso, vai melhorar o modelo de IA, completando o ciclo de aprendizagem. Cada ciclo fortalece ainda mais a própria vantagem competitiva.

O USO EFICAZ DA IA COMEÇA PELAS METAS DO NEGÓCIO

As pessoas têm valorizado muito a IA. Mas muitas das soluções de IA em uso hoje em dia pelas empresas não acrescentam muito valor. Isso porque elas correram para implantar pilotos e vitrines de IA sem uma conexão adequada com as metas do negócio. Para algumas empresas, porém, a IA fez toda a diferença. Elas a usam de maneira perspicaz, o que contribui diretamente para o desenvolvimento e desempenho do negócio.

O desafio para conseguir um uso perspicaz da IA é que você tem à disposição diversas ferramentas para múltiplos propósitos. Entretanto apenas um subconjunto das combinações de ferramentas e propósitos é capaz de acrescentar valor. Mesmo assim, é comum que o líder, movido pelo entusiasmo em IA, comece a agir antes de pensar.

Em plataformas inteligentes, a IA percorre todas as operações. Um centro de saúde particular, por exemplo, pode começar a usar IA por várias razões: para melhorar a eficiência de seus procedimentos administrativos, a qualidade dos cuidados aos pacientes, a precisão dos diagnósticos médicos ou uma elasticidade dos preços que permita maximizar o lucro. Cada um desses objetivos de negócios requer dados diferentes e, portanto, tem implicações diversas na construção do ciclo de aprendizagem.

Suponha que o objetivo é melhorar a precisão do diagnóstico médico. Nesse caso, a empresa deve construir uma solução de IA que apoie os médicos no diagnóstico. Essa solução precisa usar vários dados relacionados aos pacientes, como demografia, testes específicos e conhecimento científico sobre as correlações entre os atributos do paciente e as diversas condições médicas. Contudo, se a meta é maximizar o lucro, o sistema de IA precisa de mais dados a respeito dos fatores que permitem prever a disposição do paciente em pagar. Tais dados poderiam incluir características demográficas, mas ponderadas de forma diferente, com ênfase em vários fatores, como o endereço residencial, que pode ser usado como indicação de saúde.

Em última instância, a meta deve ser maximizar múltiplos aspectos do negócio. Além do mais, costuma ser mais viável começar com um objetivo claro, porque ajuda a definir os dados que você precisará coletar. Ter múltiplas metas pode dispersar demais os recursos da empresa e comprometer a qualidade. Lembre-se de que o foco cria fãs, como vimos no capítulo anterior.

Duas empresas podem ter o mesmo objetivo de negócios no nível superficial, e ter uma estratégia muito diferente para o desenvolvimento de IA e do ciclo de aprendizagem dela. Como exemplo há as diferentes perspectivas de treinamento de veículos autônomos por parte da Waymo e da Tesla. Esse treinamento requer dados de vídeo obtidos a partir de milhões de quilômetros rodados em diferentes situações de trânsito. Os modelos de IA usam os dados para aprender vários tipos de ações. Entre elas, acelerar e desacelerar, mudar de faixa, fundir-se ao trânsito de uma estrada vindo de uma rampa de acesso ou frear quando um obstáculo aparece diante do carro.

A Waymo e a Tesla abordam esse objetivo de negócio de maneiras muito diferentes. A Tesla, em vez de criar um sistema perfeito desde o início, decidiu aplicar o ciclo de aprendizagem. Para começar, treinou um sistema de autopilotagem simples. Por meio da coleta de dados da frota de veículos, a empresa vem melhorando esse sistema continuamente. Seu objetivo final é chegar a um veículo plenamente autônomo que dispense o motorista. A Waymo, por outro lado, decidiu começar tendo como meta um carro autoguiado mais autônomo (Hawkins, 2020). O objetivo dela é lançar um veículo que possa operar sem condutor em condições e trajetos limitados.

Portanto, a IA dela precisa de um treinamento muito mais abrangente do que aquele exigido pelo sistema simples inicial da Tesla. A Waymo apoia-se em simulações de computador e em parceiros para ensinar sua IA (O'Kane, 2018). Como se vê, a estratégia da empresa influencia a maneira de definir as metas de negócio e quais serão seus dados e sua abordagem de IA.

Não dispor de uma meta de negócios clara destrói valor e desperdiça recursos. Algumas empresas ficaram empolgadas com a ideia de que "os dados são o novo petróleo". Assim, coletam todos os dados aos quais conseguem acesso. No entanto, sem uma visão clara de como vão usá-los, o mais provável é que acabem acumulando dados desnecessários a um alto custo. Consequentemente, não realizarão uma coleta de dados focada que seja capaz de resolver as questões que de fato fazem diferença para seus negócios.

PASSOS PARA DEFINIR SUAS METAS DE NEGÓCIOS PARA A IA

Siga os passos esboçados a seguir para definir suas metas de negócios para uso em IA.

Quatro passos para definir metas de negócios para uso em IA:

1. Crie uma visão de como a aprendizagem vai transformar sua empresa
2. Compreenda o que a IA pode e não pode fazer
3. Identifique processos-chave como ponto de partida
4. Crie um ciclo de aprendizagem para as metas do seu negócio

1. Crie uma visão de como a aprendizagem vai transformar sua empresa

Evite precipitar-se e acabar implementando IA para o primeiro processo que vem à sua mente. Para começar, formule uma visão de como a IA vai transformar sua empresa. Pense em como criar mais valor para seus clientes. Você conta com uma expertise valiosa que poderia ser escalada ao alimentá-la à IA?

A Orica é uma empresa australiana com mais de cem anos de existência e a maior fornecedora mundial de explosivos comerciais e sistemas de detonação para mineradoras, pedreiras, setores de óleo e gás e mercados de construção. No que se refere à IA, o objetivo de negócios da Orica foi melhorar os resultados das detonações para seus clientes. Ela percebeu que seus engenheiros vinham aconselhando clientes na implementação de detonadores e que esses engenheiros tinham conhecimentos valiosos com o qual podiam alimentar a IA (SHERER; CLEGHORN, 2018).

A empresa começou com um foco rigoroso em providenciar *insights* e conselhos para melhorar o desempenho das detonações por meio de seu sistema de IA, o BlastIQ. No entanto, a visão da Orica parece ser mais ampla. Quanto mais seus clientes utilizam seu serviço, mais dados ela coleta, o que aprimora seu sistema de IA (SHERER; CLEGHORN, 2018). Esse ciclo de aprendizagem faz a empresa passar de manufatura para plataforma inteligente.

2. Compreenda o que a IA pode e não pode fazer

São inúmeros os casos de uso de IA. Ela pode prever consumo de energia, traduzir línguas, corrigir erros de ortografia, apontar falhas numa linha de produção, analisar relatórios de investimentos, prever congestionamentos de trânsito, recomendar os melhores vídeos para você e mais uma longa lista.

A IA parece ser solução para tudo. Obviamente não é assim. Ademais, ela tem severas limitações. A IA atual também é chamada de "IA estreita". Ela é capaz de executar tarefas que sejam bem definidas.

As limitações decorrem da maneira pela qual a IA é treinada. Ela é excelente para desempenhar a tarefa que você lhe ensinou, pois e aprende a partir de dados históricos. Desse modo, sua capacidade de aprendizagem é limitada pela disponibilidade de dados. Além disso, a IA não tem facilidade para ir além do caso de uso original.

A Finnair e a Silo AI, por exemplo, construíram um sistema de IA para prever atrasos de voos. O objetivo do projeto era melhorar a percepção situacional do tráfego aéreo no centro de controle de operações (Silo AI, 2019a). Primeiro, a equipe achou que a IA poderia gerir por si mesma o congestionamento no aeroporto. Embora a IA faça muito bem essa previsão de atrasos, ela tem dificuldade de decidir o que fazer quando eles ocorrem. É nisso que os humanos superam a IA, e o melhor resultado final é aquele que resulta da colaboração homem–máquina.

Uma severa limitação da IA é que ela não entende a causalidade (relações de causa e efeito), a não ser em casos rudimentares (Bergstein, 2020). Além disso, a IA pode ser difícil de explicar e, se ela é vista como uma caixa preta, os usuários podem não usá-la pelo fato de não confiarem nela.

A IA será tão boa quanto os dados usados para ensiná-la. Se os dados forem tendenciosos, isso resultará em desvios no sistema de IA treinado com eles. Assim, você deve sempre compreender de que modo a IA foi desenvolvida. Existem também técnicas específicas para detectar e remover tendenciosidades dos dados.

Lembre-se de que as capacidades da IA têm um desenvolvimento rápido. O que não era possível ontem pode ser possível hoje. Portanto, você pode precisar rever suas decisões de tempos em tempos.

3. Identifique processos-chave como ponto de partida

Você desenvolveu sua visão e compreensão a respeito do que a IA é capaz de fazer. Agora é hora de definir uma meta de negócios mais explícita e identificar os processos-chave que você começará a implantar para alcançar essa meta.

Por exemplo, o objetivo de negócios principal da Uber é conseguir que os motoristas atendam à demanda, garantindo que os clientes obtenham as corridas sempre que precisarem. Portanto, a Uber prevê demanda e oferta para que a demanda de corridas seja atendida com um suprimento adequado de carros. Prever a demanda com base nas diversas variáveis e nos padrões anteriores é um problema para o qual a IA pode oferecer ajuda.

A Uber também implantou outro processo em tempo real, o Preço Dinâmico, para otimizar o desempenho geral do sistema. Às vezes, a demanda é mais alta que o previsto, e a Uber não consegue enviar suficientes motoristas a uma determinada área. A Uber aumenta, então, os preços, e isso atrai mais motoristas a atenderem àquela alta demanda imprevista. Esse também é um problema que a IA pode claramente ajudar a resolver.

Tenha em mente sua vantagem competitiva – será que tornar o processo mais inteligente irá ajudá-lo a competir melhor? Essa melhora é suficiente para justificar o investimento e as mudanças nos processos?

4. Crie um ciclo de aprendizagem para as metas do seu negócio

Como agora você já identificou o objetivo de seu negócio, está em condições de treinar a IA e desenvolver o ciclo de aprendizagem. Mas não deve ficar só nisso. Volte à sua visão e pense em como definir novas metas de negócios com base em sua aprendizagem. Examine quais poderiam ser as novas áreas para se expandir com base num ciclo de aprendizagem. Que novas opções você tem à disposição que poderiam acrescentar um valor único aos seus clientes?

E você deve pensar também em como passar a setores totalmente novos e criar novos serviços, como veremos com mais detalhes no Capítulo 6, "Crie o inesperado".

APRENDIZAGEM SEM DADOS É FANTASIA

Os dados são a matéria-prima da IA. Portanto, as empresas precisam definir quais são os dados que elas precisam obter para treinar um sistema de IA, de que dados já dispõem e quais precisam ser adquiridos.

Como explicamos previamente, a Uber prevê a demanda de corridas por meio de IA. Ela treina sua IA com dados de padrões históricos de demanda, clima, eventos e muitos outros fatores. A IA da Uber usa dados a respeito de eventos que são notícia no mundo, sobre tempo meteorológico, histórico de preços, férias, condições de trânsito e previsão de demanda para seu sistema de Preço Dinâmico. Usa até dados do status da bateria de seu celular para determinar sua maior ou menor probabilidade de pagar. Por exemplo, se sua bateria está quase descarregada significa que você terá maior urgência em conseguir uma corrida (Martin, 2019).

A meta de Orica de transformar a expertise humana numa plataforma escalável não seria possível sem dados. De maneira similar a muitas outras empresas, a Orica começou aprimorando suas capacitações digitais. Ela coleta dados de seus clientes, como os objetivos das detonações, condições do equipamento no local, técnicas e produtos específicos usados na explosão e os resultados obtidos (Sherer; Cleghorn, 2018).

Você também precisa definir, coletar e refinar os dados que te ajudem a alcançar suas metas de negócio. Você produz dados compreendendo que dados você já possui, automatizando coletas de dados e alavancando dados de parceiros.

PRODUZA DADOS RELEVANTES UTILIZANDO OS PASSOS A SEGUIR

Esses passos vão ajudá-lo a produzir os dados de que precisa.

Quatro passos para produzir dados relevantes:

1 Esclareça que dados estão sendo usados hoje implicitamente
2 Adote tecnologia para automatizar a coleta de dados
3 Alavanque dados de parceiros
4 Crie regras para compartilhamento de dados

1. Esclareça que dados estão sendo usados hoje implicitamente

Coletar dados que ajudem a alcançar o objetivo de seu negócio é algo que precisa ser feito sistematicamente, para garantir que você capte todos os aspectos relevantes da situação. Suponha que você esteja usando IA para melhorar um processo ou serviço que já oferece. Nesse caso, um primeiro passo crucial é identificar que dados estão sendo usados atualmente. Alguns dos dados usados podem ser explícitos. Por exemplo, as decisões de negócios se baseiam em parte no porte e crescimento do mercado, e também em outras variáveis mensuráveis. É mais ou menos como fazem os médicos, avaliando os resultados de exames a fim de elaborar seus diagnósticos.

Porém, além dos dados explícitos, a maior parte dos sistemas humanos utiliza vastas quantidades de dados implícitos. Os humanos observam seu ambiente e usam seu conhecimento anterior para entender a situação em que se encontram. Um líder de negócios, por exemplo, não decide entrar num novo mercado com base apenas no porte e no seu crescimento desse mercado, mas também leva em conta intuitivamente outras variáveis, como a estabilidade política do país, a distância entre o país e a sede, as possíveis diferenças culturais e o possível impacto no ânimo da empresa. De modo similar, um médico forma uma impressão do paciente com base em sua idade, gênero, aptidão geral, grau de cansaço e outros aspectos que um médico é capaz de observar prontamente ou de modo eventual.

Um sistema de IA deve também mensurar o tipo de dados implícitos que as pessoas usam em suas diversas situações. Portanto, você precisa primeiro rever as operações atuais e definir quais são os dados que estão de fato sendo usados. Isso requer entrevistar e observar as pessoas quando estão realizando o trabalho.

Depois de catalogar os dados atuais, você os complementa com novas fontes capazes de aumentar a precisão das decisões e ações – por exemplo, extraindo informações de vários eventos do noticiário e das mídias sociais, usando processamento de linguagem natural.

Depois de obter acesso a dados, certifique-se de que sejam de alta qualidade. É comum deparar com dados incompletos, corrompidos ou que contenham erros. A preparação dos dados é um processo essencial para tornar os dados úteis para o treino de IA. Isso envolve detectar, corrigir e remover dados corrompidos, imprecisos e incompletos.

Para aprendizagem supervisionada (detalharemos isso melhor mais adiante neste capítulo), você precisa de dados rotulados. Portanto, tem que marcar os dados com um rótulo para dar-lhes sentido, como

CRIE UM CICLO DE APRENDIZAGEM **151**

a atribuição de um diagnóstico a um conjunto de sintomas. Às vezes, você pode ter dados, mas se eles não tiverem rótulos não conseguirá treinar a IA. Você mesmo pode definir os rótulos, mas algumas empresas, como o Google (GREEN, 2020), oferecem rótulos como um serviço.

Finalmente, para tornar a IA realmente capaz de aprender, é preciso certificar-se de que ela obterá acesso a dados de desempenho. Se a IA de um negócio toma decisões, mas não tem acesso aos resultados, não conseguirá melhorar a si ao longo do tempo. De modo similar, uma IA do setor médico que faça diagnósticos, mas que não descubra se o diagnóstico é correto ou não, não conseguirá ganhar maior precisão ao longo do tempo.

2. Adote tecnologia para automatizar a coleta de dados

As capacitações digitais são um pré-requisito para a coleta de dados. Os smartphones alimentaram a primeira onda de plataformas não só como dispositivos de consumo, mas também como dispositivos para captura de dados. Sem eles, Uber, Delivery Here e muitas outras grandes plataformas não existiriam. A próxima onda de plataformas, especialmente B2B, está sendo movida por sensores de todo tipo, que propiciam a automação da coleta de dados a partir de aplicações inovadoras.

Por exemplo, as oito câmeras do Tesla capturam dados de vídeo com 360 graus de visibilidade e a até 250 metros de distância (TESLA, 2020). Além disso, 12 sensores ultrassônicos detectam objetos sólidos e fluidos. Sensores ultrassônicos enviam e recebem pulsos ultrassônicos para medir a proximidade de um objeto. O Tesla tem ainda um radar voltado para a frente, que provê dados adicionais e pode enxergar através de chuva densa, neblina, poeira e até mesmo através do carro que estiver à sua frente (TESLA, 2020). Você pode não encará-los como dispositivos de captura de dados, mas as ações dos pedais e da direção também produzem dados.

Todos os dados desses sensores alimentam o sistema de IA do Tesla. E, lembre-se, centenas de milhares de veículos coletam novos dados automaticamente, sempre que estão em movimento.

A Orica também ilustra bem essa tendência. Quem, há alguns anos, teria pensado em conectar detonações, dados e IA? A Orica evolui por meio de tecnologia para automatizar coleta de dados. Sensores IoT capturam vibrações, ruídos, deslocamentos de ar, temperatura, umidade, ventos, poeira e outros parâmetros associados à própria operação de detonação. Além disso, nem mesmo a explosão é capaz de interromper a coleta de dados. Etiquetas RFID resistentes rastreiam os movimentos das rochas durante a explosão. Após a detonação, uma autoanálise da imagem fornece dados sobre a fragmentação da explosão (GILL, 2018).

De que maneira você poderia automatizar a coleta de dados? Existem novos sensores que ofereçam novas possibilidades para coleta de dados?

3. Alavanque dados de parceiros

A Ramboll é uma empresa dinamarquesa de engenharia. Uma de suas divisões oferece soluções para tratamento de água e de água poluída. Seus clientes são, então, as estações de tratamento. A Ramboll quis usar IA para prever os resultados obtidos por uma estação e, para isso, precisava de permissão de seus clientes para usar os dados e treinar a IA. Após um longo processo, a empresa conseguiu resolver o assunto, e a permissão foi concedida. Junto com a Silo AI, um laboratório finlandês de IA, a empresa elaborou uma solução de IA para prever a qualidade da água que saía das estações de tratamento. Entre outras coisas, a solução analisa de que modo uma estação de tratamento de água pode alcançar seus requisitos de permissão ambiental.

Antes da IA, as empresas de gestão da água focavam na detecção de problemas. Agora a atenção delas concentra-se na avaliação de riscos previsíveis e na otimização dinâmica das estações. Um resultado importante do projeto foi destacar a necessidade de definir quais são os dados que precisam ser coletados e em que nível (SILO AI, 2019b).

Esse exemplo ilustra a importância de trabalhar com parceiros – clientes, fornecedores ou outros tipos de parceiros. Somente coletando dados suficientes você conseguirá desenvolver uma IA que funcione. Além disso, muitas vezes os dados não são de propriedade ou não são coletados por uma empresa, mas por parceiros dela. Portanto, são de importância crucial as regras a respeito de como compartilhar dados e os direitos de cada parceiro. O ideal é você avaliar isso o mais cedo possível.

4. Crie regras para o compartilhamento de dados

Como discutido previamente, é comum que os dados precisem ser compartilhados entre parceiros ou entre clientes e fornecedores. No entanto, as empresas relutam em compartilhar dados, pois têm receio de estar cedendo algo de valor. Afinal, os dados são o novo petróleo, como se costuma dizer, e muitos gestores acabam achando melhor estocar dados em vez de cedê-los de graça.

Para desenvolver seus próprios produtos e serviços, você pode querer compartilhar dados de operações da sua área com fornecedores de componentes, de modo que possam atendê-lo melhor. Para isso, precisa de permissões e contratos de seus clientes. Portanto, os termos e condições relacionados a dados precisam ser parte do acordo de vendas. E quando se trata de dados, é preciso considerar a cadeia de valor inteira.

Um exemplo concreto de incentivo ao compartilhamento de dados são os termos-modelo da Technology Industries of Finland para partilha de dados. O propósito básico desses termos é serem usados nas relações existentes de fornecimento e terceirização das empresas (Technology Industries of Finland, 2019). O contrato-modelo inclui uma definição de dados, termos para o uso deles, abrangendo o uso por terceiros, e a forma como lidar com informações pessoais e responsabilidades.

Tradicionalmente, as empresas protegem os dados por meio de acordos de não divulgação (*non-disclosure agreements*, NDA) ou por cláusulas de direitos de propriedade intelectual (*intellectual property rights*, IPR). Esses instrumentos podem ser muito limitantes, já que você só pode utilizar dados para aquele caso de uso específico e para mais nada. Portanto, é necessária uma abordagem mais genérica. Os termos-modelo permitem um uso mais extensivo dos dados, por meio do qual você corta o cordão entre o originador e o usuário final deles. Isso oferece segurança legal em relação a eventuais queixas apresentadas posteriormente referentes a dados.

Termos claros de compartilhamento de dados também encurtam o tempo de negociação e ajudam a desenvolver parcerias que promovem o uso de dados no desenvolvimento dos negócios. A combinação, filtragem e cultivo de múltiplos conjuntos de dados entre diferentes membros do ecossistema cria oportunidades para inovação (KARJALUOTO; MURANEN, 2020).

Ao compartilhar dados com terceiros, as empresas devem considerar e especificar que tipo de direitos estão garantidos no uso de dados. Os direitos garantidos também têm a ver com a lei da concorrência. Suponha que os direitos sejam mínimos, ou que os dados são compartilhados apenas entre algumas partes. Nesse caso, os tribunais podem interpretar isso como uma restrição à concorrência. Suponha que dados sobre preços e outras informações sensíveis sejam compartilhados ou possam ser depreendidos de outros dados. Isso poderia levar, na prática, à formação de um cartel (SCHUBERT; DAYAN, 2020). Num cartel, os participantes do mercado se unem para ganhar uma vantagem competitiva. Assim, ao criar regras para compartilhar dados, leve em conta também esses aspectos legais.

APRENDIZAGEM CONTÍNUA SIGNIFICA MELHOR ATUAÇÃO A CADA DIA

Você criou sua visão, identificou por onde começar e definiu as metas do seu negócio. Depois treinou sua IA, posicionou-a e foi atualizando-a com base em novos dados e *insights*. Em outras palavras, você criou um ciclo de aprendizagem alimentado por IA. Por meio dele, você aprende mais a respeito de seu negócio, desenvolve novas capacidades e, com isso, percebe que pode expandir o uso de IA a novas áreas. Portanto, precisa atualizar suas metas de negócio.

O ciclo de aprendizagem é infindável. Quando se trata de um único processo técnico, sua aprendizagem pode nivelar-se. Mesmo assim, você tem, então, condições de passar para o próximo processo e atualizar suas metas de negócio. Pode expandir-se para novos setores e alavancar suas capacidades de IA.

Isso é o que as plataformas inteligentes fazem. Elas aprendem mais rápido que as estabelecidas. Para elas, construir inteligência é um "jogo infinito", como destaca Simon Sinek em seu livro (2020). Para continuar vencendo, basta desempenhar um pouco melhor a cada dia.

Para ilustrar a aprendizagem contínua, vamos tomar o caso da Repsol, uma empresa global de energia e serviços de utilidade pública com sede na Espanha (RANSBOTHAM *et al*, 2020). A empresa identificou e começou a implementar mais de 190 projetos de transformação digital ao longo de sua cadeia de valor. Mais de dois terços deles alavancam a IA de uma maneira ou outra. Os projetos beneficiam substancialmente a Repsol e são essenciais para o seu modelo de negócio. O âmbito dos projetos varia de operações upstream de perfuração a atividades *downstream* em postos de abastecimento, como ofertas personalizadas a clientes.

Em cada área, a IA e os ciclos de aprendizagem associados a ela ajudam a Repsol a desempenhar melhor sua atividade focal a cada dia. No setor *upstream*, a IA ajuda a Repsol a melhorar continuamente a produtividade ou as operações de perfuração. Eles analisam mais de 100 milhões de pontos de dados por dia. Como resultado, a empresa reduziu quase pela metade o tempo não produtivo em 30 dos seus locais de perfuração. Graças à contínua aprendizagem com IA, o sistema de IA reconhece ineficiências e suas possíveis causas. Especialistas de cada área, por fim, revisam os resultados e buscam como corrigir a situação da melhor maneira. O resultado é uma contínua melhora das operações.

Mais perto dos clientes finais, a IA e o ciclo de aprendizagem ajudam a Repsol a fazer ofertas personalizadas aos clientes, cada vez mais eficazes. O impacto dessas ofertas tem sido notável: as vendas aumentaram no mesmo valor se comparado com o possível acréscimo de 3% a 4,5% mais postos de abastecimento. É um feito significativo, pois cada um desses postos implicaria altos custos. Além disso, a legislação e outros fatores impõem restrições ao número de novos postos que ela poderia abrir. O ciclo de aprendizagem fornece até 400 mil ofertas personalizadas geradas pelo sistema a cada dia, bem como uma análise por IA de seu impacto. Desse modo, a Repsol consegue a cada dia fazer mais ofertas efetivas.

PASSOS PARA MAXIMIZAR A APRENDIZAGEM CONTÍNUA

Você pode iniciar a aprendizagem contínua em sua organização adotando os seguintes passos.

Quatro passos para maximizar a aprendizagem contínua:

1. Treine a IA off-line
2. Integre a solução de IA às suas operações atuais
3. Acrescente o humano ao ciclo
4. Atualize o modelo de IA com base em novos dados e insights

1. Treine a IA off-line

Antes de ir para a guerra, os recrutas passam por treinamento intensivo. São colocados em situações que simulam os eventos reais que encontrarão no campo de batalha. Aprendem o significado de vários comandos e ações do inimigo. Aprendem a tomar decisões com base no feedback que obtêm durante o treinamento.

De modo similar, você precisa treinar sua solução de IA antes de enviá-la a campo. Treinar a solução de IA significa que você primeiro faz uma utilização da solução off-line, de modo que não afete suas decisões de negócios ou as ações de seus funcionários. Você insere os dados no sistema, ele toma a decisão com base nos dados e, então, você avalia o quanto a decisão foi boa a partir de critérios previamente definidos. Com base nisso, os parâmetros do algoritmo são ajustados. Esse ciclo é repetido até que se alcance um desempenho satisfatório na decisão.

Terminologia-chave para compreender a IA

As soluções de IA reúnem todos os elementos necessários para construir um aplicativo que funcione integrado aos sistemas existentes. Um modelo de IA é o cérebro de uma solução de IA. Cérebro é uma boa analogia para o modelo de IA, pois a maioria da IA atual consiste em aprendizagem de máquina implementada por meio de redes neurais.

As redes neurais emulam o funcionamento do cérebro. Seu cérebro funciona com base nos neurônios, células que se conectam por meio de sinapses, ponto de encontro entre os neurônios que transmite sinas entre eles. Uma rede neural consiste de nós e suas conexões. Os pesos dessas conexões determinam de que modo os diferentes sinais influenciam no resultado da rede. Os dados determinam esses pesos. Por exemplo, ao peneirar milhares de casos conhecidos de fraudes financeiras, os pesos são ajustados para que a rede aprenda a classificar esses casos.

Há várias formas de aprendizagem. As mais comuns são a aprendizagem supervisionada, a não supervisionada e o reforço de aprendizagem.

A **aprendizagem supervisionada** é a base da maioria dos modelos de IA atuais, na qual o modelo aprende a partir de exemplos. Suponha que você está treinando a IA para prever casos de fraude financeira em dados de pagamentos. Os dados usados para treiná-la precisam, então, conter exemplos de casos de fraude. Esses exemplos são chamados de dados rotulados.

Outro exemplo é o conjunto de dados formado por solicitações de emprego recebidas e seus correspondentes CVs, com informações sobre as aptidões dos candidatos. Ao dar a cada solicitação e CV um rótulo que mostra se o candidato foi selecionado para entrevista ou não, você tem um conjunto de dados rotulados. Alimentando esses dados num modelo de aprendizagem de máquina, a IA aprende a escolher as pessoas a entrevistar dentre as novas solicitações.

A **aprendizagem não supervisionada** aprende diretamente dos dados sem ter conhecimento prévio sobre eles. É útil para lidar com eventos desconhecidos. Por exemplo, no caso da detecção de fraudes financeiras, a detecção não supervisionada de anomalias descobre automaticamente pontos de dados não usuais no conjunto deles. Além de detectar anomalias, outra aplicação comum dela são os *clusters*. Suponha que você não conhece seus clientes. Nesse caso, pode agrupá-los por meio de aprendizagem não supervisionada com base em características comuns que a IA é capaz de detectar.

O **reforço de aprendizagem** aprende por tentativa e erro. Ele observa o impacto da ação de uma recompensa oferecida. Por exemplo, no clássico videogame Pong, um algoritmo de reforço tem apenas duas ações. Pode mover a raquete para a esquerda ou para a direita. O alvo do algoritmo é maximizar o placar, isto é, a recompensa. Um movimento correto aumenta a pontuação, um movimento errado, não. Começando com movimentos aleatórios, ele aprende o que funciona, ou seja, aprende a jogar.

A aprendizagem de reforço oferece grandes oportunidades para problemas complexos da vida real. Você pode, por exemplo, ensinar a IA a controlar processos industriais complexos por meio de tentativa e erro num ambiente digital gêmeo simulado. Um gêmeo digital é uma réplica dinâmica de um equipamento real, como uma fábrica ou uma máquina florestal. O Capítulo 7 explica isso com mais detalhes.

Depois de treinar o modelo de IA, você avaliará seu desempenho. Para isso, precisará de um novo conjunto de dados, um conjunto de teste. O processo de avaliação é tipicamente iterativo e testa vários modelos diferentes para selecionar o de melhor desempenho. Você nem sempre escolhe o mais preciso, já que o modelo de IA precisa ter desempenho em relação a outros conjuntos de dados. Às vezes, um modelo vai excepcionalmente bem com o conjunto de dados de teste, mas falha em condições reais. É o que se chama "superadequação" (*overfitting*). ∎

A Tesla tem várias maneiras de treinar seus modelos de IA. Primeiro, ela pode usar os dados dos carros que trafegam sem o piloto automático, ou seja, ela pode aprender a partir do que um humano faz nas diversas situações, e alimenta esses dados na rede neural. Segundo, pode comparar os resultados da autopilotagem com a condução humana. E, terceiro, roda novas versões do software de autopilotagem em "modo sombra" (*"shadow mode"*, em segundo plano), para ver no que difere da versão atual e para aprendizado.

No Tesla Autonomy Day (2019), o diretor de IA da Tesla, Andrej Karpathy, explicou como a empresa usa a frota para treinar novas situações, como quando se é fechado ao dirigir na estrada. No caso de fechadas, o objetivo é prever se um carro próximo fechará o usuário e, então, decidir a melhor ação. Por exemplo, se a fechada for muito imprevista, talvez seja preciso desacelerar ou frear bruscamente.

A Tesla pede que a frota olhe para as ocorrências de fechadas por meio do comando central. Quando isso é observado, os dados são enviados, nesse caso, por um clipe de vídeo da situação. Humanos então rotulam esses dados, isto é, marcam que essas situações se referem a fechadas. Finalmente, o sistema treina a rede neural com esse conjunto de dados rotulados.

À medida que a IA se torna central para suas operações, você pode também precisar de novos sistemas. A maioria das empresas é capaz de dar conta disso com ferramentas comerciais, mas algumas criam ambientes proprietários de desenvolvimento de IA. A Uber não conseguia treinar modelos maiores que aqueles que cabiam nos computadores de mesa dos cientistas de dados. Além disso, não havia uma maneira padrão de armazenar os resultados de experimentos de treinamento, e era difícil comparar um experimento com outro. Portanto, a Uber desenvolveu sua própria plataforma de IA para lidar com dados, treinar, avaliar e implantar modelos de IA (HERMANN; DEL BALSO, 2017). A Uber já treinou mais de 10 mil modelos de IA para produção com esse sistema (UBER, 2019).

A Orica treina seus modelos de IA com resultados históricos de detonações. Ela construiu um conjunto de dados rotulados referentes a objetivos, técnicas e produtos usados, e ao resultado da detonação. A empresa treina modelos de IA com dados de perfuração para determinar a dureza do solo (GLEESON, 2020). Essa informação é valiosa para projetar a carga ótima para a detonação.

Quando você integra IA às suas operações existentes, deve comunicar isso às pessoas. Leve em conta o que dissemos no Capítulo 1 sobre transformar medo em energia. Em particular, lembre-se que os tomadores de decisões podem se sentir ameaçados se a IA substituir suas avaliações, e que os medos dos membros da organização podem causar rigidez e resistência.

2. Integre a solução de IA às suas operações atuais

Após as fases de treinamento e teste, você implanta um modelo de IA num ambiente de produção. O ideal é você contar com uma arquitetura que permita atualizações frequentes, como a Tesla, que tem uma arquitetura modular capaz de fazer atualizações *over the air*. Portanto, ela pode implantar de maneira automática e fluente um modelo de IA treinado para uma melhor mudança de faixa em sua grande frota de veículos.

Muitas empresas enfrentam problemas com isso por terem sistemas de TI complexos e monolíticos. Nesses sistemas legados, ou seja, obsoletos, os dados ficam enterrados, e é difícil acessá-los para treinar e operar sua solução de IA. A automação de processos robóticos (*robotic process automation*, RPA) pode ajudar nisso. Ela emula a interação humana por meio de sistemas digitais. Assim, em vez de haver humanos acessando dados, é a RPA que automatiza a tarefa. Com isso, a integração com sistemas legados se torna mais manejável e mais barata.

Um desafio ainda mais complexo é conseguir acesso em tempo real. Com frequência, isso exige fazer um upgrade e modernizar seus sistemas de TI. O melhor dos casos é quando seu sistema também dá suporte a upgrades de software, como o da Tesla.

As capacidades de autopilotagem requerem tempo real, baixa latência e sistemas robustos para trabalhar de maneira correta e confiável em todas as situações. À medida que os modelos de IA da Tesla para autopilotagem plena vão se aprimorando e ficam mais potentes, passam também a exigir maior poder de processamento. A Tesla desenvolveu seu próprio processador de IA, um "acelerador de rede neural", que, em relação ao hardware anterior da Tesla, oferece capacidade de processar imagens 21 vezes maior (TESLA, 2019). Graças à sua arquitetura modular, a Tesla pode readequar veículos em pleno uso ao novo hardware.

3. Acrescente o humano ao ciclo

Os humanos permanecerão no centro dos negócios, mesmo na era da IA e da economia de plataforma. Quase todas as plataformas têm humanos como usuários. Como vimos, as plataformas utilizam a IA para propor o melhor curso de ação para os usuários finais. No entanto, os usuários não estão simplesmente seguindo as ações propostas pela IA de maneira irracional. Eles podem ativamente assumir uma posição em relação à qualidade das propostas da IA, especialmente em plataformas B2B.

Por exemplo, quando uma plataforma de assistência médica propõe um diagnóstico de paciente, é necessário que um médico venha checar e aprovar esse diagnóstico, ou rejeitá-lo ou modificá-lo. E ao capturar esse feedback, a IA pode aprender e melhorar. Em termos de IA, os dados estão sendo rotulados. Assim, devemos pensar nos humanos como nossos melhores parceiros para desenvolver a IA. São eles que rotulam dados como parte de seu trabalho cotidiano. A colaboração entre pessoas e máquinas é mais poderosa que a automação sozinha.

O valor final do sistema de aprendizagem da IA depende do feedback de profissionais, que validam ou rejeitam as propostas dos modelos de IA. Logo, é possível captar o conhecimento de vários profissionais e construir um ciclo de aprendizagem contínuo que beneficie a cadeia de valor inteira e que melhore a satisfação do cliente (NYKÄNEN, 2019).

Mas não basta simplesmente examinar a sugestão final da IA. Os profissionais de saúde, por exemplo, precisam saber quais foram os pontos de dados que levaram ao diagnóstico sugerido. A IA Explicável pode visualizar os fatores por trás da proposta da IA. Isso ajuda a compreender a lógica das redes neurais do modelo de IA. E essa é uma informação adicional para um médico poder decidir se a sugestão da IA deve ser aceita ou rejeitada. Não há mais caixas pretas.

A Uber está experimentando também sistemas com humanos no ciclo. O Uber Eats é um popular serviço de entrega de alimentos. Seus usuários pedem comida pelo aplicativo e este passa o pedido a um restaurante para que seja preparado. Um motorista de Uber ou outro parceiro de entregas (de bicicleta ou a pé) pega a refeição e a entrega.

Um fator crítico no Uber Eats é conseguir prever o tempo certo para a retirada do pedido. O parceiro de entrega deverá chegar ao restaurante quando a comida já estiver pronta para ser retirada. Isso depende de dois fatores: o tempo que a comida leva para ser preparada e o tempo de viagem do parceiro de entrega. A aprendizagem de máquina prevê os dois com base em vários sinais.

Como não há nenhum incentivo para que o restaurante forneça o tempo real que levará para preparar um pedido, o sistema precisa prever isso. A previsão se baseia em informações, como o tempo médio de preparo da comida da semana anterior e nos últimos 10 minutos, a hora do dia, o dia da semana e o tamanho do pedido. O tipo de comida também tem impacto significativo no tempo de preparo. Pode-se preparar uma salada mais rápido do que itens cozidos. Portanto, o processamento de linguagem natural extrai a informação do menu. Esse dado é um fator para o modelo de IA prever o tempo de preparo da comida (WANG, 2019).

Deixar isso apenas a cargo de máquinas não era suficiente. Os pesquisadores começaram a explorar o que fazia as entregas do Uber Eats não serem concluídas. A partir do estudo, foi acrescentada uma abordagem humano-no-ciclo no aplicativo do entregador. Por meio de um questionário, os entregadores compartilham *insights* valiosos, como o grau de lotação do restaurante e onde fica localizada sua entrada. Essa informação preenche as lacunas nos dados de sensores da Uber e melhora a previsão do tempo de entrega feita pelos modelos de IA (BAKER, 2018).

Em resumo, considere os seguintes aspectos ao aplicar modelos de IA:

1 De que modo você implanta modelos de IA no sistema? Você consegue automatizar o processo, como faz a Tesla?

2 A sua infraestrutura está atualizada – em capacidade de processamento, gestão de dados, latência e outros requisitos?

3 Você tem necessidade de acrescentar possíveis atualizações por meio de hardware modular?

4 De que maneira seus processos de negócios estão mudando? Como você pode assegurar que usuários, como funcionários, clientes ou fornecedores, adotem novas maneiras de trabalhar?

5 Você tem necessidade de acrescentar humanos ao ciclo?

4. Atualize o modelo de IA com base em novos dados e insights

Depois que o modelo de IA foi treinado e implantado, são introduzidos novos dados no sistema, produzindo resultados. Ainda no nosso exemplo da Uber, vamos supor que tenhamos o tempo de chegada estimado (*estimated time of arrival*, ETA) para determinado trajeto. Quando a corrida termina, sabemos o tempo real. Podemos compará-lo com o tempo estimado e introduzir isso de volta no sistema para melhorar a previsão seguinte. Claro que esse exemplo é uma simplificação, pois há vários outros fatores que afetam o tempo de chegada. Mas como o número de corridas é grande, isso se torna estatisticamente significativo. O sistema pode também determinar quais são os fatores que têm maior influência no resultado.

Ao analisar e aprender a partir dos eventos reais comparados com suas previsões, a Uber aprende a ajustar seus sistemas de IA. O ciclo de aprendizagem torna o desempenho do sistema mais robusto, confiável e preciso em combinar demanda e oferta.

O ciclo de aprendizagem é um círculo virtuoso que, com o uso do sistema, produz novos dados, usados para melhorá-lo. Vamos examinar mais detalhadamente como a Tesla usa o ciclo de aprendizagem. Após o treinamento, a empresa roda o sistema no modo sombra. O novo software roda no veículo, mas sem acionar a direção. As ações do novo software de IA são comparadas com o que carro está fazendo. Com base nessas diferenças, a AI é treinada adicionalmente.

A Tesla coleta novos dados processados na nuvem para treinar novas versões do software de autopilotagem, que é baseado em redes neurais. Isso melhora-o pouco a pouco. Desse modo, o software aprende a escrever código para automatizar a condução (EFRATI, 2018). De novo, temos um ciclo de aprendizagem em ação.

Em 2019, a Tesla adquiriu uma startup, a DeepScale. Sua tecnologia melhora a velocidade e eficiência de redes neurais convolucionais. Essas redes reconhecem carros, pedestres, bicicletas e outros objetos. Carros autônomos precisam de informações sobre as coisas ao redor deles para determinar para onde vão se mover em seguida (LEE, 2019).

À medida que mais e mais clientes usam o BlastIQ da Orica e introduzem seus dados, a empresa consegue construir um conjunto de dados suficientemente grande para desenvolver modelos de aprendizagem de máquina mais poderosos e prover serviços ainda melhores. Na prática, isso vem transformando o modelo de negócio da empresa e criando uma vantagem competitiva.

Assim como a Orica, muitas empresas de manufatura têm tido sucesso na construção de serviços especializados. Esse tipo de empresa precisa pensar em como ensinar sua expertise de alto nível a uma máquina e aumentar as vendas globalmente, criando um novo mercado para elas. A inteligência artificial possibilita duplicar conhecimento e remover as restrições criadas por um lugar.

LIÇÕES-CHAVE PARA SUA ORGANIZAÇÃO

Para vencer nos negócios e enfrentar os estreantes, você precisa melhorar um pouco a cada dia. Ciclos de aprendizagem dão à sua organização o poder de fazer isso. Se você tem uma empresa estabelecida, seus novos concorrentes estão andando mais rápido com um ciclo de aprendizagem alimentado por IA, com o qual podem melhorar rapidamente o valor e a eficiência da criação deles. Para continuar no jogo, portanto, você precisa fazer o mesmo. Comece a aprender a partir de hoje, definindo suas metas, avaliando seus dados e construindo o primeiro ciclo de aprendizagem.

■ Comece pelas metas do negócio

- De que maneira a aprendizagem propiciada por IA pode transformar sua empresa? Que novos negócios você pode criar?

- Você já checou o que é viável para a IA em relação à sua visão de negócios?

- Que processos e atividades você poderia começar a melhorar com um ciclo de aprendizagem de IA?

- De que maneira você vai atualizar as metas de seu negócio com base na aprendizagem por meio de IA?

■ Produza dados relevantes

- Que fatores os seus gestores e funcionários estão implicitamente considerando quando fazem suas escolhas?

- Como você poderia usar tecnologia para medir atividades e resultados relevantes em suas atuais operações?

- Que outras empresas possuem dados que poderiam beneficiar suas atividades? Teria como você colaborar com elas?

- Que regras você pretende adotar para compartilhar dados com outras empresas?

■ Maximize a aprendizagem contínua

- Que dados você usará para treinar seu sistema de IA off-line?

- Como implementará IA nas suas atuais operações?

- Em que partes do processo você precisa de contribuição ou julgamento humano?

- Que práticas você pretende usar para atualizar seus modelos de IA?

CAPÍTULO CINCO

Comece com um cumprimento de mão algorítmico

Você quer expandir seu ecossistema e seu negócio com novos serviços? Inovar internamente não será suficiente. Você precisa de parceiros externos para criar serviços atraentes para seus clientes. Isso é especialmente verdade no caso das plataformas.

Abrir sua plataforma exige reconhecer que você não é capaz de fazer tudo sozinho. Isso costuma ser um desafio para os líderes de organizações de sucesso, que se habituaram a ter poder e controle.

Uma maneira efetiva de abrir sua plataforma é por meio de uma Interface de Programação de Aplicativos (*application programming interface,* API). Podemos afirmar que sem APIs você não será capaz de se engajar com parceiros. As APIs oferecem um mecanismo para compartilhar dados e funcionalidades ao permitirem que programas de computador interajam. Elas definem de que modo os programas de software se comunicam, por exemplo, determinando o que um software pode requisitar de outro, de que maneira deve fazer solicitações, que formatos de dados precisa empregar e outros fatores técnicos.

Com as APIs, você amplia o alcance e a capacidade de inovação sem interação humana. Em vez de confiar num cumprimento de mão humano e em negociações, você confia em computadores, que farão esse cumprimento de mão, automatizando o trabalho. Com ajuda de APIs, o software de seus parceiros de plataforma comunica-se diretamente com a sua plataforma e/ou com outros membros da plataforma. Nessa configuração, algoritmos checam se a colaboração é adequada e benéfica, e coordenam as ações necessárias.

Iniciar com um *cumprimento de mão algorítmico* é mais eficiente e escala melhor do que usar abordagens que dependam de contato humano. Com as APIs, os computadores, e não as pessoas, é que lidam com o trabalho. Pelo fato de você conseguir colocar parceiros a bordo da sua plataforma mais rapidamente, seu efeito de rede fica mais forte.

Neste capítulo vamos explicar de que modo você pode:

- Definir a metas de seu negócio para as APIs.

- Desenvolver APIs como produtos e defini-las a partir de um modelo de negócio.

- Adotar uma visão de ciclo de vida para as APIs.

INTERFACES DE PROGRAMAÇÃO DE APLICATIVOS (APIs)

As APIs equivalem hoje a contratos uma vez que permitem cumprimentos de mão algorítmicos. Os parceiros precisam apenas preencher certas condições e usar as instruções que forem definidas. Depois disso, podem se conectar e usar sua plataforma, sem necessidade de interações face a face, negociações e cumprimentos de mão. Tudo é feito de maneira automática e virtual.

As APIs definem as rotinas e as estruturas de dados para essa interação. Por meio dessas interfaces, os aplicativos de terceiros podem se comunicar com sua plataforma. Elas tornam os detalhes da implementação da plataforma abstratos. Portanto, os parceiros não precisam saber de que modo sua plataforma trabalha internamente e você pode fazer mudanças internas sem impactá-los. É claro que, se você alterar a própria API, isso pode ter forte impacto em seus parceiros. Assim, você tem que lidar com as APIs como produtos.

A KONE é uma líder global na produção de elevadores, escadas rolantes e portas automáticas, e também cuida da manutenção de mais de 1,4 milhão de elevadores e de outros produtos ao redor do mundo. Ela compreendeu há vários anos a importância de contar com parceiros. A missão dela é melhorar o fluxo da vida urbana. Para isso, não pode depender apenas de elevadores e manutenção regular.

Os clientes da KONE buscam novas soluções e serviços, como robôs para logísticas internas ou capazes de atuar como recepcionistas, e aplicativos de celular que guiam nosso caminho no interior de edifícios muito complexos. Há um aplicativo da empresa que sabe qual o destino do usuário no edifício, mostra o caminho e já chama os elevadores que ele precisará. Basta entrar e o elevador automaticamente leva-o até o andar de destino. As APIs da KONE tornam essas experiências possíveis. Com APIs, ela pode multiplicar sua capacidade de inovação, já que essas interfaces criam um ecossistema de parceiros.

Por meio das APIs, os parceiros conseguem acesso às funcionalidades e dados da sua plataforma e você logo percebe os benefícios das APIs. Por exemplo, as APIs do Google Maps permitem que desenvolvedores acrescentem o Google Maps a seus aplicativos. Em vez de o Google construir todo tipo de aplicativo, são os parceiros dele, como a Yelp, que usam a API do mapa para incrementar aplicativos desenvolvidos por eles. Com as APIs, as empresas podem se concentrar na parte de agregação de valor.

Mas será que é confiável que os outros estejam à altura da tarefa de conduzir inovação por meio do uso de sua plataforma e suas APIs? O medo de perder o controle atrapalha o progresso na construção e na adoção de APIs. O desafio para a liderança é transformar medo em energia, como vimos no Capítulo 1.

Para muitos de nós, a John Deere traz à mente a imagem de um trator verde e nossas memórias de infância na zona rural. A John Deere foi fundada há mais de 180 anos. No entanto, nos últimos 10 anos, vem se transformando, e passou de empresa de maquinário a plataforma inteligente.

Você pode cuidar da agricultura enquanto descansa num banco da varanda de sua casa? Graças às APIs, isso não é pura fantasia. Há 10 anos a John Deere começou a construí-las para permitir que suas máquinas se conectassem a vários aplicativos. A primeira plataforma de API começou com apenas um par de desenvolvedores. A equipe e a gestão da plataforma se concentraram em fazê-las funcionarem. Precisaram definir os dados a serem compartilhados, e uma maneira de conseguir um mapa de produtividade e compartilhá-lo com várias empresas de software, a fim de aprimorar essa vantagem exclusiva da John Deere (SuccessfulFarming, 2020). Em outras palavras, a equipe tentou definir o valor que os dados e as funcionalidades expostos por meio das APIs trariam aos clientes.

Mas alcançar sucesso com APIs e desenvolvedores não é algo que se pode dar como certo. Nos primeiros dias, as APIs do Twitter eram gratuitas, pois ele precisava atrair tráfego para seu serviço. Em seguida, o Twitter restringiu o uso gratuito e cobrou pela API. Começou também a controlar mais o que os aplicativos dos desenvolvedores podiam criar com base em sua API. O Twitter não foi claro em sua comunicação com os desenvolvedores, e isso provocou uma reação deles, azedando o relacionamento (DELLINGER, 2013). Em 2015, o CEO Jack Dorsey chegou a pedir desculpas pelos erros no seu programa de API e prometeu dar atenção renovada a seus desenvolvedores (MERSCH, 2016). Esse exemplo ilustra que você precisa refletir a respeito de como implementar e gerir suas APIs.

COMECE A DESENVOLVER A API TENDO EM MENTE O PÚBLICO E O VALOR

As APIs podem promover a inovação e a expansão do alcance e do uso de sua plataforma. Mas você não deve lançá-las de maneira negligente.

É comum as empresas colocarem foco nas capacidades técnicas de uma plataforma. O resultado é que elas acabam simplesmente oferecendo essas capacidades por meio de APIs sem refletir sobre as razões pelas quais fazem isso. Portanto, comece sempre a partir do público e do modelo de negócio. Qual é seu público, e o que ele quer? Que valor sua API gera para o público? Sob quais termos de negócio você quer disponibilizar sua plataforma?

Ter clareza sobre sua meta ajuda a definir seu programa para os desenvolvedores. Otimizar eficiência é diferente de favorecer inovação. Sua meta define requisitos para a atuação do desenvolvedor, para o marketing e para outras atividades.

Quanto aos usuários, tenha em mente que há dois tipos de usuários de APIs: os desenvolvedores e os usuários finais. Os desenvolvedores codificam aplicativos usando sua API. Eles estão interessados em detalhes técnicos e operacionais. Os usuários finais utilizam aplicativos alimentados pela API. Eles definem os requisitos de seu negócio. Portanto, você deve ouvi-los ao decidir que tipos de APIs desenvolverá.

POR QUE E COMO AS APIs GERAM VALOR?

Nesta seção, vamos explicar por que você deve criar APIs para agilizar o desenvolvimento de sua plataforma.

Razões pelas quais você deve desenvolver APIs:

1. Desbloquear a inovação
2. Expandir o alcance
3. Otimizar processos
4. Monetizar dados

1. Desbloquear a inovação

As APIs empoderam seus clientes para que eles moldem as próprias experiências. Em vez de forçá-los a usarem sua plataforma por meio dos aplicativos que você coloca nela, você permite que os clientes desenvolvam aplicativos e criem a própria experiência de usuário. Com isso, você acelera a adoção de sua plataforma e desbloqueia a inovação.

A KONE começou desenvolvendo soluções inteligentes para edifícios há cerca de sete anos. Uma das primeiras inovações foi um aplicativo simples para chamar o elevador. A empresa viu que havia uma demanda de mercado para novas soluções, mas as dificuldades do processo de integração emperravam o avanço. Naquela época, a digitalização não era o negócio principal da KONE.

Jukka Salmikuukka é diretor de parcerias estratégicas da KONE. Ele explica como foi que a situação mudou. Naquele momento, uma startup perguntou se a KONE tinha APIs, pois queria criar um sistema de gestão de visitantes e esse sistema teria que ser capaz de chamar um elevador.

> Eu pensava que deveria haver uma maneira mais inteligente de chegar a soluções. Portanto, a ideia de um ecossistema se insinuou na minha mente. Afinal, por que não construir um ecossistema com vários provedores de soluções? Eles iriam preencher as lacunas que nós não conseguíamos preencher. (SALMIKUUKKA, 2020)

A partir daí, ele compreendeu que uma API aberta era o elo perdido. Com uma API, a KONE poderia conectar terceiros ao seu sistema de negócios. Atualmente, ela tem duas APIs para criar novas experiências para os clientes.

A primeira é relacionada a robôs de serviços em hotéis. A Robotise é uma empresa com sede na Alemanha que produz robôs de entregas e fornece a hotéis um robô chamado Jeeves. O Jeeves faz entregas de serviço de quarto 24 horas por dia. Ele permite que as operadoras de hotéis ofereçam um vasto leque de produtos, já que não é mais preciso armazená-los nos quartos individuais. Além disso, dispensa a necessidade de investir pesado nos antiquados frigobares.

A API do robô de serviços da KONE permite rastrear os movimentos dos robôs e corrigir imediatamente quaisquer incidentes. Por meio da API, aplicativos podem se integrar aos elevadores. Os robôs, por exemplo, entregam a bagagem dos hóspedes nos quartos do hotel de maneira autônoma e, no caso dos de limpeza ou de segurança, são capazes de se mover sem supervisão humana.

A segunda API da KONE é a API de chamada de elevador, por meio da qual os proprietários de prédios podem criar aplicativos para edifícios inteligentes, como os de chamada remota de elevadores e os de *analytics* de tráfego. Essa API é integrada aos sistemas de gestão de acesso a edifícios. Isso permite um fluxo de pessoas contínuo, mais seguro e eficiente.

Um exemplo é o REDI, um condomínio residencial de alto nível de Helsinki, na Finlândia. Os inquilinos entram no seu edifício com uma chave que se conecta a uma solução de acesso inteligente. Ao entrarem, a solução de acesso chama um elevador, e ele já estará à disposição quando o usuário chegar ao lobby dos elevadores.

A KONE constrói APIs porque quer continuar à frente. Um pressuposto central na estratégia da empresa é que os edifícios inteligentes vieram para ficar, e que a necessidade de novas soluções continuará crescendo. Dotar a vida urbana de um fluxo desimpedido é mais importante do que nunca hoje em dia. Em algumas situações, o fluxo de pessoas é integrado aos sistemas de gestão de energia. Isso ajuda a gerenciar as sobrecargas de energia e permite, também, criar novos serviços para os usuários de edifícios.

A BlindSquare, por exemplo, é um aplicativo de navegação para pessoas cegas ou parcialmente cegas. Ele usa APIs da KONE para integrar-se aos elevadores. Por meio da API, o aplicativo chama o elevador. Este, então, passa a transmitir informações ao *app*. O alto-falante diz "porta do elevador abrindo", e as pessoas sabem que podem entrar nele.

Para encontrar a escada rolante, uma pessoa com deficiência visual precisa andar tateando o corrimão. Isso cria riscos de segurança, pois a mão dela pode, entre outras possibilidades, ficar presa entre o corrimão e a balaustrada. Portanto, a KONE planeja expandir a API para incluir as escadas rolantes. Por meio da API, elas informariam o status ao *app* BlindSquare e, assim, o *app* direcionaria os deficientes visuais a uma escada rolante que opere na direção desejada: "as duas escadas rolantes à direita sobem; a que está à esquerda desce" (KONE, 2019).

As APIs da KONE têm permitido que terceiros inovem em torno dos produtos principais da empresa. Isso pode te inspirar a pensar de que maneiras outras empresas poderiam inovar em torno do principal produto ou serviço que você oferece. Se você lhes oferecer APIs, elas poderão implementar vários elementos agregadores de valor que complementem sua oferta principal. É claramente uma estratégia do tipo ganha-ganha.

2. Expandir o alcance

Além de expandir sua oferta principal com inovações adicionais, as APIs podem tornar sua oferta mais disponível aos usuários. Quando seu produto ou serviço fica disponível também em outro produto ou serviço, você favorece uma melhor experiência de usuário e um melhor acesso.

Em 2014, a Uber lançou sua API, que permitia a outros aplicativos aproveitarem as capacidades da plataforma Uber. Por exemplo, um usuário do OpenTable que agendasse uma reserva num restaurante podia solicitar também uma corrida de Uber a partir do próprio aplicativo OpenTable.

O OpenTable usa a API da Uber para solicitar a corrida e passa o endereço do destino à plataforma da Uber. Isso aumenta o valor para o cliente dos usuários do OpenTable. Eles podem num único lugar lidar com todas as suas necessidades ao optarem por comer fora. E isso permite à Uber escalar mais rápido na disseminação de seu serviço por meio de outros *apps*.

As APIs expandem o alcance e a escala das plataformas. Em vez de você mesmo cuidar do marketing e da distribuição, seu parceiro ajuda a criar um importante multiplicador e a escalar. É o que acontece com frequência quando se empregam APIs para fazer a integração a sistemas legados.

Essa abordagem via APIs vem permitindo à Flexport uma grande expansão. Como observamos no Capítulo 3, a Flexport é uma moderna empresa de encaminhamento de fretes. Ela opera uma plataforma digital que conecta os expedidores de carga a navios e receptores, criando uma logística global mais eficiente. As APIs têm papel central nesse modelo: em vez de a Flexport tentar fazer todo mundo usar sua plataforma, ela possibilita a integração de sua plataforma a outros aplicativos, por meio de uma API. Com a API da Flexport, você interage de maneira programática com os dados de frete dela. Entre os dados que transitam pela API estão pedidos de compras, preços, quantidades e termos.

A API da Flexport permite aos clientes organizarem despachos a partir de seu software *in-house*, com o mínimo de customização. Os clientes continuam nas próprias plataformas e se comunicam com a Flexport por meio da API (WINTROB, 2017). A vantagem dessa abordagem é que os clientes podem usar os aplicativos com os quais já estão familiarizados sem necessidade de mudar sua rotina, e, além disso, podem acessar as capacidades avançadas que a Flexport vem construindo. Os clientes têm como rastrear os bens, saber quando chegam aos seus armazéns e podem avisar os varejistas sobre uma reposição de estoque, entre outras possibilidades. A API também expede alertas em tempo real a respeito de atrasos.

A John Deere se desenvolve igualmente em cima de sistemas legados. Muitos fornecedores já desenvolveram sistemas de gestão de negócios para agricultores, que não substituiriam os sistemas que já adotam por outro específico da John Deere. Portanto, faz sentido para a empresa prover uma API particular para conectar os sistemas de gestão agrícola existentes aos seus serviços.

3. Otimizar processos

As APIs também ajudam a melhorar a eficiência das operações atuais e futuras da sua empresa. Podem substituir vários processos manuais de transações tanto B2C quanto B2B. Também oferecem visibilidade em tempo real a múltiplas operações, reduzem a latência e melhoram a capacidade de resposta (Adobe, 2019). As APIs criam novo valor ao estimular a inovação e ampliar o alcance. Além disso, ajudam você a fazer o que já vem fazendo, mas com maior eficiência e confiabilidade.

ESTUDO DE CASO

A API da John Deere para a agricultura

Hoje, não se consegue mais operar uma fazenda sem dados e informação. Por exemplo, os níveis de umidade do solo são cruciais para manter as condições ideais de crescimento. Para planejar o trabalho, é preciso saber o status da colheita atual e o que está planejado em seguida. Maximizar o rendimento exige um mix e um cronograma precisos para irrigação e aplicação de fertilizantes, e uma compreensão das condições meteorológicas. Se algo der errado e a colheita for perdida, dados que fundamentem uma requisição do seguro serão necessários.

Para permitir tudo isso, as máquinas têm que estar conectadas. A abordagem da John Deere baseada em API ajuda a fazer isso e a otimizar os processos agrícolas.

Quando a John Deere analisou as necessidades e processos de seus clientes, enxergou a oportunidade de expandir a posição de sua cadeia de valor. Em vez de apenas vender tratores e outras máquinas, tinha também condições de ajudar os agricultores a melhorar o negócio deles. A gestão da empresa compreendeu que suas máquinas coletavam dados que outros podiam usar para inovar com novos aplicativos. A API constituiu o elo perdido.

A John Deere transformou seus produtos num ecossistema aberto por meio do desenvolvimento de APIs para transferência de dados e outros propósitos. Agora, atividades agrícolas como lavrar, escavar, colher com tratores, escavadeiras e carregadoras produzem dados que melhoram as operações, junto à ajuda de parceiros desenvolvedores (AKANA, 2014). As APIs também possibilitam a conexão flexível de novos dispositivos, como sistemas de irrigação, ao ecossistema.

Com isso, a John Deere otimiza processos para agricultores e cria um efeito de rede. Cada nova máquina agrícola e aplicativo conectado ao sistema produz novos dados que permitem previsões e avaliações mais precisas. ▪

Para ilustrar os benefícios das APIs em eficiência e confiabilidade, considere as APIs da KONE usadas com propósitos de gestão e serviços. Uma delas é a API do KONE Equipment Status. Essa API fornece informações sobre o status dos equipamentos. Com ela, os proprietários de edifícios podem integrar informações sobre status a seus sistemas de gestão.

Operadoras de manutenção gerenciam vários tipos de edifícios. Podem ser grandes edifícios residenciais ou de escritórios, estações ferroviárias ou aeroportos. Elas querem visibilidade para seus elevadores e escadas rolantes. A KONE as ajuda a avaliar se o edifício está funcionando bem e se as pessoas estão se comportando normalmente. Em caso de disrupções, elas podem reagir rapidamente, pois obtêm as informações em tempo real.

Proprietários de edifícios também utilizam a API de informação sobre serviços da KONE. Ela provê aos sistemas de gestão de ativos ou de edifícios acesso aos dados do elevador. Com isso, elimina a necessidade de uma integração de sistema ponto por ponto. Também reduz o trabalho manual e o erro humano. Os sistemas de gestão de edifícios coletam informações sobre ordens de serviço em aberto e concluídas, chamadas e reparos. Podem, portanto, ter pleno conhecimento da situação e programar as ações certas no tempo certo.

4. Monetizar dados

Por meio de APIs, você pode disponibilizar e monetizar dados que sejam úteis a outras empresas. Para começar, analise seus dados internos para ver de que maneira são usados ou poderiam ser usados. Avalie também os dados externos que você poderia coletar. Considere, então, como é possível combinar dados externos e internos e criar valor para seus clientes ou outros parceiros. Quando compreender desse modo o potencial de criação de valor, será a hora de definir as APIs que darão acesso a esses dados e processá-los. Uma vez conseguido isso, você pode passar a avaliar quem estaria mais interessado em pagar pelos dados e como você poderia cobrá-los.

Um excelente caso de sucesso de monetização de dados é o The Weather Channel (TWC), agora parte da IBM. Ele deixou de ser uma empresa de mídia com um negócio em declínio para se transformar numa plataforma em crescimento por meio de APIs. Hoje ela alimenta numerosos aplicativos com seus dados sobre o tempo.

DESENVOLVA APIs COMO PRODUTOS E DEFINA UM MODELO DE NEGÓCIO

APIs podem prover vários benefícios. No entanto – assim como com qualquer invenção – seu potencial não se transforma necessariamente em sucesso. Muitas tecnologias têm alto potencial, mas apenas um subconjunto delas se transforma de fato em inovações de ampla adoção que de fato geram valor. Para evitar o destino de criar uma API que seja tecnologicamente perfeita, mas que ninguém usa, você precisa lidar com as APIs como se fossem produtos.

É preciso encarar as APIs como produtos que irão empoderar desenvolvedores para que estes expandam os seus dados e serviços em novos *apps*, novas experiências e novos modelos de negócio (ENDLER, 2017). E produtos precisam sempre de gestão. As APIs não são exceção.

A gestão de produtos guia o ciclo de vida da API ao definir a estratégia, o roteiro, o posicionamento, o preço e marketing. As APIs também precisam de um modelo de negócio e de uma explanação dos termos sob os quais você pretende disponibilizar suas APIs.

Parceiros irão desenvolver produtos e serviços próprios em cima de suas APIs. Para que se comprometam a fazer isso, precisam compreender a estratégia e o posicionamento da sua API, e também seu preço. Quaisquer mudanças em APIs têm importantes implicações para seus parceiros. Podem causar rupturas na experiência deles e, no pior dos casos, levar a prejuízos significativos.

CRIE APIs BEM-SUCEDIDAS POR MEIO DESSES PASSOS

Depois que você souber por que precisa de APIs, precisará criá-las e desenvolvê-las. Para isso, siga os quatro passos descritos abaixo.

Como criar APIs bem-sucedidas:

1 Crie APIs internas
2 Avalie as necessidades do cliente
3 Defina o roteiro da API e o plano de comunicação
4 Defina o modelo de negócios da API

1. Crie APIs internas

Quando você cria novas receitas de cozinha, experimenta o prato antes de oferecê-lo aos outros. Com isso, fica sabendo o que funciona e o que não. De modo similar, ao desenvolver APIs, uma excelente maneira de começar é definir primeiro APIs internas.

A Amazon começou com APIs internas, a partir de uma ordem expressa do seu CEO. Bezos expediu o "Manifesto API". Começava com uma declaração: "Todas as equipes de agora em diante vão expor os seus dados e funcionalidades por meio de interfaces de serviço" e "as equipes devem comunicar-se entre elas por meio dessas interfaces" (Kramer, 2011).

De modo similar à Amazon, a empresa de elevadores KONE usa as mesmas APIs que os parceiros para desenvolvimento interno. O maior banco varejista da Finlândia, o Grupo Financeiro OP, também desenvolveu

APIs internas e as utiliza em todo o trabalho de desenvolvimento. Logo, há um forte interesse em fazer com que elas funcionem bem.

Começar a partir de APIs internas é algo valioso por duas razões. Primeiro, elas ajudam a criar uma arquitetura modular e desacoplam esforços de desenvolvimento diferentes umas das outras. Isso é importante porque a arquitetura modular reduz as interdependências entre elementos que poderiam criar várias complicações. Se há interdependências, ao mudar uma coisa, você precisa também mudar várias outras. Ao contrário, quando há modularidade, você pode mudar diferentes elementos sem mudar mais nada.

Ao desenvolver APIs para uso interno, você aprende a criar modularidade. É improvável que acerte na primeira tentativa. Em vez disso, você precisará compreender quais aspectos cada API precisa ter para que elas possam trabalhar bem juntas. Então, além de melhorar a eficiência interna, você aprende a fazer APIs mais bem estruturadas antes de oferecê-las externamente.

Em segundo lugar, desenvolver APIs internas ajuda você a avaliar os pontos fortes de sua empresa. Você descobre quais são os serviços agregadores de valor que pode oferecer por meio de APIs.

Para definir quais APIs poderá oferecer, comece desmontando seu negócio. Desmembre as funcionalidades e analise cada peça. Que capacidades ou dados você possui? Eles poderiam ser úteis a parceiros?

Por exemplo, as máquinas usadas na agricultura, como os tratores, geram enorme quantidade de dados. Para ser útil, você precisa extrair os dados da frota. A John Deere desenvolveu uma API de dados de máquina que coleta os dados para que outros sistemas possam usá-los.

Para começar a desenvolver APIs internas, você deve considerar:

- Que serviços internos são usados por várias unidades da sua organização?

- Quais desses serviços estão suficientemente padronizados?

- Quais desses serviços são genuinamente agregadores de valor?

A resposta a essas questões compõe uma lista de possíveis serviços internos a serem oferecidos por meio de APIs. No passo seguinte, você pode começar a definir as especificações técnicas das APIs e passar a experimentar como e se elas funcionam. A experimentação contribui para o avanço do desenvolvimento.

2. Avalie as necessidades do cliente

Compreender as necessidades de seus clientes ajuda a definir o tipo certo de APIs para eles. Quais os problemas que seus clientes estão tentando resolver? As APIs poderiam realmente ajudar? Às vezes, prover uma API a fornecedores e parceiros ajuda a atender melhor seus clientes.

Por exemplo, agricultores e seus sistemas têm necessidade de compreender as condições do campo, como níveis de umidade do solo e condições ambientais. Alguns sensores coletam esses dados, que são continuamente introduzidos, armazenados e transmitidos. Aplicativos podem acessar esses dados por meio da API da conexão de campo da John Deere e ajudar os agricultores a tomar melhores decisões.

No setor de manufatura, clientes e outros parceiros se beneficiam do acesso a listas e detalhes de produtos, instruções, informações sobre peças de reposição, sobre reparos e localizadores de lojas. As empresas podem usar APIs para tornar tudo isso disponível. APIs personalizadas podem prover informações específicas sobre os clientes, como seus históricos de compras de produtos e de manutenção (GLICKENHOUSE, 2017).

Para compreender o que seus clientes precisam, faça avaliações de seus negócios por meio de entrevistas. Entreviste de três a cinco clientes. Quais os processos deles e como os dados ou funcionalidades que tem a oferecer poderiam ajudar a melhorar esses processos? Entreviste também o cliente de seu cliente. Isso ajuda você a compreender o que impulsiona o negócio de seus clientes e como eles podem produzir valor para os clientes deles.

3. Defina o roteiro da API e o plano de comunicação

Tratar as APIs como conceitos técnicos só pode levar ao fracasso. Claro que é necessário contar com uma API tecnicamente bem projetada e robusta, mas isso não é suficiente. As APIs precisam de uma estratégia e de um roteiro, como qualquer outro produto.

A sua estratégia de API irá descrever de que modo você alcançará as metas de seu negócio relacionadas às APIs. Isso envolve definir com clareza objetivos, prioridades e recursos. A estratégia de API alinha a organização com suas metas. Também define uma estratégia para alcançar seu cliente e desenvolvedor.

Um roteiro de API contém o cronograma e os vários outros aspectos dela. Mostra que aspectos estão sendo construídos pela equipe de desenvolvimento e os recursos de cada item. Ajuda a dar prioridade a itens de desenvolvimento em relação à estratégia que você criou e às necessidades do cliente.

Muitas empresas e negócios dependem de sua API. Portanto, você não pode mudar APIs sem ter contato com as partes interessadas. Se não houver uma advertência preliminar e uma comunicação adequada, uma mudança pode resultar em danos fatais a seus parceiros e à sua reputação.

Por exemplo, as APIs da KONE têm donos de produto. Eles cuidam da gestão do ciclo de vida e dos roteiros da API. Para cada parceiro de desenvolvimento que usa APIs, a KONE tem um gestor de comunidade. Ele ou ela comunicam mudanças da API e outras informações aos parceiros. Além disso, coletam impressões dos parceiros para melhorá-las.

Para definir o roteiro e o plano de comunicação da sua API, você deve avaliar e reavaliar continuamente:

- Que APIs você quer criar?

- Quanto tempo de desenvolvimento e recursos serão necessários para cada API?

- De que maneira seus clientes irão se beneficiar das APIs? Qual é o valor geral que as suas APIs agregam à plataforma?

- Em que sequência você deve lançar as APIs?

- Como e quando você deve fazer a comunicação sobre as APIs aos seus clientes?

4. Defina o modelo de negócio

Suponha que você quer criar um aplicativo que analise os sentimentos dos tuítes em relação à sua empresa. Nesse caso, precisa de acesso aos tuítes. Uma API de busca no Twitter provê isso. Para os primeiros sete dias, é gratuita. Depois disso, você paga pelo acesso. O Twitter tem um modelo de negócio do tipo *freemium*. Você começa sem pagar, mas se quiser acesso completo a dados melhores terá que arcar com um custo. O modelo de negócio define como você ganha dinheiro com suas APIs. O modelo certo depende de suas metas para as APIs. Alguns dos mais comuns são o gratuito ou *free*, o *freemium,* o de compartilhamento de receita e os modelos pagos.

Os modelos de negócio gratuitos combinam bem com metas como acelerar a inovação e ampliar o alcance. O Facebook, por exemplo, busca tornar-se um provedor padrão de login para diferentes serviços, a fim de conectar usuários ao seu ecossistema. Portanto, a API de login do Facebook é gratuita. Para empresas de manufatura, as APIs gratuitas podem simplificar o compartilhamento de informações sobre o produto.

Modelos de compartilhamento de receita incentivam outras empresas a fazer negócios com você. Por exemplo, a Skyscanner divide parte de sua receita com *apps* ou websites que trazem receita acima de certo limite. A API de preço ao vivo (*live pricing*) da Skyscanner oferece "informação atualizada sobre preços para um trajeto de viagem específico em data específica de partida e chegada", facilitando a comparação de preços e a escolha (Skyscanner, 2021).

Com APIs pagas, os desenvolvedores pagam para usar a API. A tarifa pode basear-se no número de chamadas da API, na quantidade de dados ou numa taxa mensal fixa. Por exemplo, a API da KONE é gratuita para desenvolvedores, mas não para donos de edifícios. Donos de edifícios compram elevadores da KONE. Pelo uso da API, pagam uma taxa mensal. Para eles, o valor das APIs está em fornecer serviços avançados para inquilinos e outros usuários.

Para os parceiros da KONE, as APIs são gratuitas. Os parceiros desenvolvem soluções, como um robô de entregas. Eles vendem essas soluções diretamente aos donos de edifícios. Quando um robô de entregas precisa usar um elevador, ele chama a API. A KONE é responsável por garantir que a API funcione. Além disso, garante que o elevador reaja da maneira certa.

Assim, o cliente da KONE compra uma solução de um parceiro e o uso da API da KONE. Os parceiros desenvolvem a integração da API. Em contrapartida, a KONE promove-os por meio de marketing. Ademais, mantém um catálogo dos parceiros e de suas soluções.

No início, a KONE queria vender ela mesma as soluções dos parceiros. O modelo de negócio seria, então, de compartilhamento de receita. No entanto, as aptidões essenciais de vendas da empresa não iriam escalar, especialmente se a KONE conseguisse centenas de parceiros. Portanto, os parceiros vendem suas soluções eles mesmos aos clientes, mas a KONE faz o marketing. Às vezes, tanto o parceiro quanto a KONE abordam juntos os clientes. Ela pode também criar uma cooperação mais estreita, especialmente se as soluções vendem e se mostram muito adequadas à oferta.

O tipo de *trade-off* que a KONE precisa considerar quando avalia de que modo cobra por suas APIs é de que maneira isso influencia os efeitos de rede relacionados à criação de valor pelas APIs. Por um lado, a KONE quer obter receita de suas APIs – se elas fossem gratuitas para todas as partes interessadas da plataforma, a receita da KONE seria zero. Por outro lado, uma tarifa reduz a probabilidade de que os donos de edifícios adotem a API. Isso, por sua vez, reduzirá o número de edifícios onde parceiros e desenvolvedores poderiam se beneficiar da API, o que torna as APIs menos valiosas para eles. E se parceiros e desenvolvedores acharem as APIs da KONE pouco atraentes, eles não fornecerão serviços que agreguem valor e que poderiam ser usados por meio das APIs. Para donos de edifícios, isso significaria que adotar a API não traria nenhuma melhora ao seu edifício. Portanto, eles não teriam nenhum incentivo para adotar as APIs.

Similarmente, quando você está definindo o preço para a sua API, precisa pensar em como quer desenvolver seu ecossistema ao longo do tempo. Em particular, por quanto tempo você deverá priorizar o crescimento do ecossistema em vez da receita? Quanto mais cedo você começar a cobrar pelo uso de suas APIs, menor a probabilidade de que aumente a adoção. Como a probabilidade nunca é zero, a resposta certa não é necessariamente que você deva sempre priorizar o crescimento em lugar da receita.

ASSUMA UMA VISÃO DE CICLO DE VIDA EM RELAÇÃO ÀS APIs

Depois de desenvolver sua API e de lançá-la no mercado, os desenvolvedores virão, certo? Bem, não é tão rápido assim. Você precisa cuidar do marketing e da gestão da API. Para isso, deve ter um programa desenvolvedor abrangente e uma visão de ciclo de vida. À medida que a sua API evolui, você precisa gerir as mudanças para não afastar seus desenvolvedores com mudanças drásticas que poderiam tornar seus *apps* e serviços não utilizáveis.

Terminologia-chave para compreender as APIs

Há muitas considerações comerciais e técnicas relacionadas ao desenvolvimento de APIs. Para que suas APIs sejam bem-sucedidas, você precisa de um *programa desenvolvedor*. Ele dará apoio técnico e de marketing às suas APIs. Seus clientes são desenvolvedores e programadores que podem ser provenientes de pequenas startups ou de grandes corporações.

Programas desenvolvedores oferecem recursos como documentação de API, notas de versão (*release notes*) e *roadmaps*. O programa desenvolvedor produz conteúdo de marketing, incluindo atributos da API e divulgação de parceiros, para aumentar a conscientização e atrair um público. E um bom programa desenvolvedor educa seu público por meio de tutoriais e oficinas. Eles costumam cobrar uma taxa de filiação (WILLIAMS, 2020).

No aspecto técnico, os programas desenvolvedores oferecem kits para desenvolvimento de software (*software development kits*, SDKs). Em geral, um SDK inclui uma ou mais APIs, ferramentas de programação, bibliotecas de software e documentação (GLAS, 2020). Ao oferecer SDKs, as empresas facilitam a terceiros o desenvolvimento de aplicativos que utilizam as capacidades da sua plataforma. Em vez de deixar as escolhas de design por conta do desenvolvedor, o SDK oferece soluções prontas que resultam em aplicativos de terceiros mais consistentes.

> Os SDKs são projetados para plataformas específicas. Você vai precisar de um *toolkit* SDK Android para criar um aplicativo para Android e de um SDK iOS para criar um *app* iOS. Ou mesmo de um SDK Facebook para criar *apps* que trabalhem no Facebook. Um bom exemplo é a Stripe, uma plataforma de pagamentos que quer que seu serviço seja usado pelo maior número possível de comerciantes. Portanto, provê SDKs para diferentes linguagens de programação e plataformas de aplicativos, como iOS e Android.
>
> Do ponto de vista do negócio, os SDKs simplificam as coisas para os desenvolvedores. Você pode também prover APIs sem SDKs, deixando a implementação por conta dos desenvolvedores. Esse *trade-off* depende da sofisticação dos desenvolvedores.

Assumir uma visão de ciclo de vida em relação a APIs significa seguir os seguintes passos.

Quatro passos para a gestão do ciclo de vida da API:

1 Divulgue suas APIs
2 Meça e gerencie
3 Seja consistente e tenha paciência ao desenvolver seu ecossistema
4 Avalie as plataformas de API do setor

1. Divulgue suas APIs

Segundo o guia de API da ProgrammableWeb, existem mais de 23 mil APIs (PROGRAMMABLEWEB, 2021). Muitas APIs fracassam pela simples razão de que ninguém jamais ouviu falar delas. Para evitar esse destino, você tem que divulgar sua API.

Você precisa ter clareza a respeito de quem são seus desenvolvedores-alvo. Quem deveria usar sua API? Depois de definir isso, fica mais fácil elaborar uma programação de marketing. Atividades de marketing de desenvolvedores incluem páginas informativas do desenvolvedor, campanhas nas mídias sociais, listas de e-mail e eventos de desenvolvedor.

Para trabalhar sério com APIs e na construção de um ecossistema, você tem que se comprometer a realizar eventos de desenvolvedor e esse precisa ser um compromisso de longo prazo. Exemplos mais conhecidos desses eventos são a Conferência Mundial de Desenvolvedores da Apple, o Google I/O e a Conferência TrailheadX da Força de Vendas dos Desenvolvedores.

Mas empresas industriais também têm suas conferências e programas para desenvolvedores. Um exemplo é a Develop with Deere, da John Deere. Desde 2014, ela reúne empresas de software, revendas e provedores de serviços agrícolas. Hoje, o programa desenvolvedor da John Deere dá apoio a centenas de empresas de software diferentes de vários ramos do setor: seguros, gestão de fazendas, imagens aéreas, lucratividade financeira, amostras de solo, para citar apenas alguns (SuccessfulFarming, 2020).

Em 2020, a John Deere realizou a maior conferência de desenvolvedores Develop with Deere da sua história. Participaram mais de 700 pessoas e 120 diferentes empresas de software (John Deere, 2020).

2. Meça e gerencie

Depois de ter cuidado de desenvolvimento, lançamento e marketing, você já terá uma boa noção sobre APIs. Mas para ter sucesso com APIs, precisa adotar uma visão de longo prazo, abrangendo o ciclo de vida completo. O trabalho apenas começou.

Como saber se a sua API está tendo algum impacto? Claro, como em qualquer negócio, medindo. Conecte suas métricas às metas do seu negócio. Podemos traçar quatro alvos diferentes para a sua API: desbloquear inovação, ampliar alcance, otimizar processos e monetizar dados. Cada um deles requer métricas diferentes (Boyd, 2017).

Para inovação, meça quantos parceiros criaram novos aplicativos em cima da sua API e com que frequência eles usam a API. Se seu alvo é ampliar o alcance de sua plataforma por meio de *apps* de terceiros, meça o número de filiações de novos clientes por meio desses *apps*.

Para a otimização de processos, meça quantos parceiros têm conectado seus sistemas à sua plataforma por meio das APIs, e quanto tempo e esforço foram poupados evitando custosas integrações.

Para medir o impacto na monetização de dados e a funcionalidade de sua plataforma, use métricas como receita baseada em seu modelo de preço e taxas de crescimento.

Meça e rastreie também seu impacto de marketing. Quantos desenvolvedores visitaram seu site, agitaram, inscreveram-se no seu programa desenvolvedor, começaram e terminaram aplicativos usando sua API.

As APIs evoluem, mudam, e acabam ficando desatualizadas, então você precisa depreciá-las. Precisará gerenciar diferentes versões de APIs e manter o controle sobre a compatibilidade reversa. Para isso, plataformas de gestão de API são uma ferramenta útil.

Quanto mais amplamente sua API é usada, mais o negócio de seus clientes é afetado quando você atualiza a plataforma. Se você muda a API e, por causa disso, os aplicativos de seu parceiro deixam de funcionar, enfrentará problemas. Terá que lidar não só com usuários irritados, mas também com desenvolvedores desapontados, que vão abandonar seu programa de API.

Assim, criar e fazer mudanças de uma maneira compatível com o que já vem sendo feito é uma boa prática. Se você for introduzir uma ruptura na sua API, comunique isso com boa antecedência. Isso serve tanto para partes interessadas técnicas quanto de negócios, para que possam se preparar.

Mesmo metas e métricas bem assentadas às vezes não garantem o sucesso. Você precisa ainda de governança transparente e de modelo organizacional. Quem pode decidir o quê? Como priorizar recursos, resolver conflitos e decidir mudanças no *roadmap*? Algumas organizações têm um centro de excelência de API que se reporta ao CTO, mas você deve considerar também outros modelos (IYENGAR *et al*, 2017).

3. Seja consistente e tenha paciência ao desenvolver seu ecossistema

A API e a jornada de desenvolvedor da John Deere começaram por volta de 2010. A KONE também começou a conceber seu ecossistema de plataforma vários anos antes de lançar suas primeiras APIs em 2018. É preciso tempo e paciência para construir confiança e compromisso. É crucial ser consistente para ganhar a confiança de sua organização e de seus parceiros.

A KONE está enfrentando forte pressão para se manter consistente ao longo do tempo em razão das características do setor de elevadores. Cada edifício é único e requer investimentos significativos. Portanto, os parceiros precisam vender suas soluções aos donos de edifícios. Isso pode envolver requisitos específicos para cada edifício.

O mercado de edifícios inteligentes difere do mercado de smartphones. Não há uma *app store* e acesso a milhões de clientes, e entregar uma nova solução pode levar até três anos. Além disso, o ciclo de vida de edifícios é incomumente longo, já que 99% dos edifícios ainda existem depois de 10 anos. No entanto, o uso pode mudar rapidamente. Por essa razão, o mercado de modernização é essencial. E como o negócio de elevadores é relativamente concentrado, mesmo um só *player* provendo APIs abertos é algo benéfico, pois torna o desenvolvimento mais fácil para os parceiros.

É difícil desenvolver APIs e um ecossistema para esse tipo de mercado. Mas a KONE percebeu as necessidades do mercado e assumiu uma visão mais ampla em termos de inovação. Começaram com experiências focadas, testadas e aprendidas.

A empresa tem tentado facilitar a entrada em seu ecossistema para acelerar o desenvolvimento. À medida que o número de parceiros cresce, cria um efeito de "pote de mel" ("*honeypot*" *effect*). Com o tempo, a meta é que os clientes da KONE e outros parceiros sintam um valor crescente. O ecossistema cria um efeito positivo de dependência.

Porém criar um ecossistema não é fácil. Ele também implica mudanças no processo de vendas. A KONE, em vez de vender elevadores e seus recursos, vende uma plataforma à prova de futuro. A plataforma, junto com seus parceiros, oferece soluções para os problemas dos clientes.

Embora ela tenha uma necessidade particularmente forte de permanecer consistente ao longo do tempo, qualquer desenvolvedor de API enfrenta a mesma pressão. Ninguém quer trabalhar com um parceiro que muda as especificações e as regras com frequência. Isso levaria a desperdício de trabalho. Portanto, a consistência deve ser uma de suas prioridades principais.

Além de atuar consistentemente e de introduzir modificações em seu modelo de negócio, criar um ecossistema de API requer reimaginar o processo de vendas. Significa, ainda, treinar vendas para que fiquem à altura do desafio.

Novas abordagens de vendas podem incluir uma nova abordagem para a gestão de sua marca. Por exemplo, as soluções de parceiros da KONE não levam a marca KONE. Os parceiros apresentam soluções inovadoras aos clientes. Desse modo, eles são os responsáveis pela solução dentro de um ponto de vista de ponta a ponta. A KONE garante que as APIs funcionem.

Caso ocorram problemas, os clientes podem contatar a KONE, seja qual for a causa. Assim, a KONE e seus parceiros precisam ter processos sólidos a respeito de como trabalhar juntos. A meta é resolver os problemas sem demora.

As empresas devem gerir a marca e a experiência de serviços do ecossistema. A KONE mede regularmente a qualidade das soluções de seus parceiros. Cada candidato a parceiro deve passar por um processo prévio à adoção.

Auditorias de segurança, privacidade e qualidade são parte do processo. Isso assegura que os parceiros criem soluções de qualidade e que atendam aos níveis de qualidade estipulados. Quando em uso, a KONE monitora 24 horas a qualidade de serviço de sua API. Além disso, espera que os parceiros façam o mesmo em relação às suas soluções.

4. Avalie as plataformas de API do setor

Embora a John Deere tenha experimentado um formidável impulso com seu programa desenvolvedor, ela ainda é apenas uma das empresas da área. Nem todo agricultor compra um trator John Deere, e, portanto, seus desenvolvedores não dispõem de todos os dados.

A Leaf foi fundada em 2018 para conectar centenas de fontes de dados agrícolas de diversas empresas e corrigir esse problema. A API da Leaf integra-se a várias empresas, como John Deere, AGCO, Trimble, New Holland e a mais de 50 fontes públicas de dados (MANNING, 2020). Assim, os desenvolvedores futuramente precisarão integrar-se apenas à API da Leaf para acessar dados de todas essas marcas.

Por meio da API da Leaf, os desenvolvedores têm acesso a dados agrícolas padronizados, agregados. São dados referentes a máquinas de várias marcas, a linhas divisórias de plantações, a imagens de plantações obtidas por satélite, por drones e provedores de aeroplanos. Esses dados podem ser importados, exportados e sincronizados entre vários provedores de serviços agrícolas.

A Leaf é um exemplo de uma empresa *API-first*. Ela constitui uma camada intermediária que conecta os participantes do setor. Ser *API-first* significa que a API é o seu modelo de negócio básico e a principal maneira de acessar os serviços da empresa.

Outro exemplo do modelo *API-first* é a Stripe. A API da Stripe permite rápida oferta de funcionalidades de pagamento ao seu aplicativo e garante uma experiência de pagamento consistente. A Stripe criou uma empresa *API-first* por meio das opções de design inteligente que orientam o negócio. Tem SDK e documentação abrangentes que facilitam a vida dos desenvolvedores. Automatizou o processo de adesão para evitar demoras na adoção do uso da API Stripe. Após a adesão, o desenvolvedor pode imediatamente integrar a API ao seu aplicativo e testá-lo num ambiente *sandbox* (um ambiente seguro, isolado, para rodar códigos de software novos, não testados ainda). E, finalmente, o modelo de negócio da Stripe, que não cobra taxas de inscrição ou mensalidades, incentiva a adoção da API. O preço da API é o mesmo para todos os tipos de cartões, apesar de os custos serem variáveis. A simplicidade é linda e impulsiona a adoção (LEVINE, 2019).

O modelo *API-first* talvez seja também a direção a seguir no setor de edifícios e elevadores. A KONE trabalha igualmente com produtos de elevadores da concorrência. Portanto, teria interesse em usar as APIs deles, mas os concorrentes da KONE criaram as próprias. Assim, talvez seja necessário um terceiro elemento, como a Leaf, que integre diferentes APIs.

LIÇÕES-CHAVE PARA SUA ORGANIZAÇÃO

Um cumprimento de mão algorítmico automatiza conexões com os participantes da sua plataforma. Quanto mais fácil para os terceiros se conectarem à sua plataforma, mais valor eles criarão para você, e vice-versa. Cumprimentos de mão algorítmicos alimentados por API são eficientes e escalam rápido. O desenvolvimento de APIS, apesar de técnico, deve orientar-se pelas metas do seu negócio, isto é, você precisa ser estratégico e lidar com elas como se fossem outro produto qualquer.

- **Comece pelas metas do negócio**
  - De que maneira as APIs podem transformar sua empresa?
  - Do que seus clientes precisam?
  - Que processos poderiam ser otimizados pelas APIs?

- **Gerencie APIs como produtos, incluindo modelo de negócio**
  - Que serviços internos você poderia oferecer por meio de APIs?

- **Qual é o *roadmap* da sua API?**
  - Que métricas você deveria usar para medir o sucesso da API?
  - Qual seria a maneira ótima de monetizar suas APIs?

- **Adote uma visão de ciclo de vida para as APIs**
  - Que tipo de programa desenvolvedor você deve elaborar?
  - Como vai divulgar suas APIs?
  - De que maneira pode garantir consistência ao longo do tempo?
  - Existe necessidade de desenvolver APIs ao nível do setor?

CAPÍTULO SEIS
Crie o inesperado

O Google era uma empresa de busca e publicidade quando decidiu entrar no setor de sistemas operacionais de celulares. Poucos anos depois, dominava 80% do mercado de celulares com o Android. Quem poderia ter previsto isso na época? Só o Google compreendeu que precisava evoluir como empresa e passar para novos negócios a fim de continuar relevante.

O exemplo do Google mostra como os limites tradicionais dos setores estão desaparecendo. A impressão é que novos concorrentes surgem do nada. Na realidade, porém, eles são o resultado de Plataformas Inteligentes, que vêm se tornando a norma das empresas bem-sucedidas que promovem uma remodelação de sua arquitetura.

As Plataformas Inteligentes entram nos novos negócios redesenhando toda a cadeia de valor e com ousadia suficiente para desafiar o status quo. Portanto, criam o inesperado e rompem com as atuais definições e limites dos setores tradicionais.

Esses saltos quânticos no desempenho dos negócios dependem não apenas de uma melhora contínua, baseada em dados, mas também de *insights conceituais*. São *insights* que inventam uma nova categoria, um novo modelo de negócio ou uma nova maneira de conduzir os negócios, isto é, uma expansão deles para plataformas. Recorrer apenas à *analytics* e a avaliações racionais dentro do atual escopo de seu negócio nunca levará a *insights* conceituais; você precisa também exercitar a criatividade e pensar "fora da caixinha". Neste capítulo, vamos descrever vários métodos que você pode usar para chegar a *insights* conceituais:

- De fora para dentro: começando pelas tendências de mercado e oportunidades.

- De dentro para fora: começando por seus atuais pontos fortes e ativos.

- "E se a gente comprasse": avaliar de que modo você pode alavancar os pontos fortes de outra empresa.

No final, apresentaremos algumas técnicas psicológicas simples que podem ajudar a melhorar seu pensamento criativo, além de gerar *insights* conceituais.

INSIGHTS CONCEITUAIS PRECISAM DE PENSAMENTO CRIATIVO

O Capítulo 3 descreveu os três passos fundamentais para desenvolver uma plataforma: começar com foco, refinar e expandir a plataforma de modo incremental e criar uma comunidade engajada.

Enquanto a análise de dados possibilita que as empresas em plataforma melhorem substancialmente seu serviço atual, algumas empresas têm feito também movimentos mais radicais e iniciado novos negócios. Esses movimentos se baseiam numa compreensão cada vez maior do caráter mutável das necessidades do cliente e na identificação criativa de novas oportunidades. Eles foram, em parte, propiciados pelas novas plataformas bem-sucedidas já existentes, como a Amazon Web Services e seus recursos de IA, que se tornaram um ativo que as empresas podem alavancar de outras maneiras em novas verticais setoriais.

Essas mudanças radicais e descontínuas no escopo das plataformas são chamadas de *insights* conceituais – ideias criativas sobre como alavancar uma plataforma de uma nova maneira ou trazê-la para um novo grupo de clientes. *Insights* conceituais costumam emergir por meio de experimentações que permitam uma expansão proativa.

No caso da Uber, os *insights* consistiram em passar das limusines para os carros convencionais e em expandir-se para entregas de encomendas e refeições. Essas mudanças se qualificam como *insights* conceituais porque, independentemente do quanto a Uber tenha analisado os dados da versão anterior de seu serviço, que eram mais simples, eles nunca teriam chegado a partir deles à ideia subsequente. Mesmo que a Uber tivesse conseguido modelar e prever com 100% de precisão a demanda de transporte pessoal e a duração das viagens, a ideia de entrar na entrega de encomendas ainda não teria surgido. Em vez disso, os líderes da plataforma precisaram pensar fora do âmbito do serviço que realizavam para descobrir novas áreas para se expandirem.

No caso da Amazon, os *insights* conceituais foram as várias maneiras pelas quais a empresa expandiu suas categorias de produtos: incluir vendedores terceiros; lançar o recurso de leitura do Kindle; introduzir serviços de assinatura; e expandir para serviços de nuvem. A Alexa, por exemplo, é um assistente inteligente controlado por voz que funciona com o Amazon Echo e conecta-se a vários aplicativos de automação residencial. Esqueceu de trancar a porta da rua? Tudo bem, basta dizer: "Alexa, tranque a porta", e pronto. A Alexa foi lançada em 2014 e, no final de 2018, a Amazon e seus parceiros de hardware haviam vendido mais de 100 milhões de dispositivos alimentados pela assistente virtual (BOHN, 2019).

Mesmo antes de 2014, a Amazon já trabalhava em processamento de linguagem natural e controle por voz. Os engenheiros da empresa devem ter compreendido que as capacidades de reconhecimento de voz estavam alcançando níveis quase humanos, e que logo superariam 90% de precisão. Em 2013, os buscadores por voz do Google ganharam força, constituindo uma tendência claramente em alta (MEEKER, 2016). À medida que o reconhecimento de voz ficava mais rápido, mais confortável e mais preciso, as pessoas começaram a encará-lo como uma interface de usuário viável.

Essa combinação entre uma tendência de mercado e novos recursos técnicos permitiu o surgimento de uma oportunidade única. Se os consumidores passassem a procurar via voz, o predomínio do Google em buscas poderia enfraquecer-se. Aproveitando o momento, a Amazon expandiu-se para a nova categoria de assistentes inteligentes – uma evolução de sua plataforma Amazon Web Services.

Esses movimentos são *insights* conceituais porque, no caso da Amazon, as análises abrangentes e a otimização das vendas de livros nunca teriam levado à introdução de outras categorias de produtos ou de vendedores terceiros. De novo, os líderes da plataforma precisaram contribuir com ideias criativas para expandir o serviço.

No caso do Facebook, os *insights* conceituais foram: a introdução do feed de notícias, o botão "Like" e os grupos de eventos; a melhora nos modelos de anúncios; o Messenger do Facebook; e muitos outros aspectos e aprimoramentos. De novo, embora a análise de dados tenha sido essencial para medir a qualidade e o desempenho dos aspectos que foram introduzidos, a ideia de criá-los veio dos esforços de criatividade dos membros da empresa.

Há vários métodos que você pode usar para chegar a *insights* conceituais. O traço comum entre eles é que você primeiro desenvolve uma ampla variedade de ideias, e depois seleciona as melhores para maior aprimoramento e implantação. Você precisa contar com um grande *pool* de ideias, porque raramente saberá de antemão quais delas têm maior probabilidade de sucesso. Você precisa explorar várias avenidas até encontrar o caminho certo para avançar.

Para gerar abundância de ideias, você precisa de métodos que introduzam a criatividade no seu pensamento. Além disso, as ideias que você produz precisam ser plausíveis. Uma maneira eficaz de gerar uma miríade de ideias é começar seu processo de pensamento com uma série de pontos de partida, e então expandir cada um desses pontos para novas direções. Desde que você assente esses pontos de partida na realidade e na situação atual de sua empresa, terá uma chance suficientemente alta de chegar a *insights* plausíveis e de executá-los.

DE FORA PARA DENTRO: COMEÇAR COM TENDÊNCIAS DE MERCADO E OPORTUNIDADES

Uma maneira direta de gerar ideias para *insights* conceituais é examinar as atuais tendências de mercado e oportunidades, como a Amazon que examinou a mudança de hábitos dos clientes em relação ao uso da busca por voz. Normalmente você já consegue ver que segmentos ou categorias de mercado específicos mostram crescimento. Tendências tecnológicas específicas podem também criar novas oportunidades. Ao identificar esses desenvolvimentos externos, você passa a avaliar de que maneira sua empresa poderia aproveitar essa oportunidade emergente.

Nosso exemplo da Alexa da Amazon ilustra o potencial de conectar novas tecnologias ao seu negócio principal. O que impulsionou o crescimento e o sucesso da plataforma da Amazon não foi apenas o desenvolvimento técnico da Alexa, mas também sua capacidade de comercializar e entregar o Amazon Echo.

DESENVOLVA *INSIGHTS* CONCEITUAIS DE FORA PARA DENTRO POR MEIO DESSES TRÊS PASSOS

Para desenvolver seus próprios *insights* conceituais de fora para dentro siga os passos a seguir.

Desenvolva *insights* conceituais de fora para dentro por meio desses passos:

1. Monitore e reflita sobre tendências externas
2. Examine as analogias com outros setores
3. Explore potenciais parcerias

1. Monitore e reflita sobre tendências externas

Para identificar tendências de mercado, você precisa contar com alguma inteligência própria a respeito de consumidores e mercado. No entanto, pode também se beneficiar de resenhas gerais publicadas por jornais e sites ligados ao comércio. Nos estágios iniciais, não precisa analisar cada oportunidade até a última casa decimal.

Além disso, a IA vem facilitando o acompanhamento e a descoberta de tendências. A IA pode processar milhares de documentos em altíssima velocidade, descobrir padrões em textos, agrupá-los e detectar tendências emergentes. Por exemplo, uma equipe interna de informações de mercado de uma empresa pode colaborar com uma empresa de IA para desenvolver uma ferramenta que escaneie revistas, fóruns de discussão e outros canais on-line. A ferramenta criará um relatório sobre tendências emergentes e a equipe de informações de mercado passará, então, a preparar um relatório mensal para a alta direção.

Uma tendência que tem crescido nos últimos anos é a das compras on-line. Uma das primeiras implicações a considerar é que alguém precisa entregar ao consumidor os bens que ele adquire. Muitas empresas de entregas postais e de encomendas cresceram a partir dessa tendência e aproveitaram a demanda crescente. A Uber usou isso para chegar a um *insight* conceitual. Sua expansão para entrega de encomendas com o UberRUSH foi possível porque os líderes da Uber identificaram essa necessidade de entregas rápidas. A visão do CEO da Uber consistiu em transformar a Uber numa empresa de logística. Primeiro, o UberRUSH colocou foco nos varejistas locais, mas esse nicho não escalou com suficiente rapidez. Então, a Uber aplicou seus *insights* em outra vertical, a entrega de restaurantes, e lançou o Uber Eats.

Com a tecnologia ocorre algo similar: muitas vezes você é capaz de identificar tendências com base em resenhas gerais de tecnologia e suas oportunidades. Mesmo que os especialistas em pesquisa e desenvolvimento da sua empresa sejam excelentes em dominar os detalhes das tecnologias atuais e das próximas gerações, quando se trata de *insights* conceituais geralmente são as tecnologias que estão fora do essencial da sua empresa que oferecem uma oportunidade. Ou melhor, é a combinação daquilo que é essencial hoje na sua empresa com as atividades propiciadas pela nova tecnologia.

Para desenvolver ideias que sejam úteis para obter *insights* conceituais a partir das tendências externas que você identifica, podemos criar um projeto focado, que tenha os seguintes elementos:

1 Uma apresentação de 10–20 slides sobre seu mercado principal e as tendências tecnológicas que poderiam ter relação direta ou indireta com o negócio da sua empresa.

2 Uma oficina na qual você primeiro apresente as tendências e, em seguida, pede aos participantes para refletirem a partir delas e das implicações que possam ter para o seu negócio e setor.

3 Na segunda parte da oficina, você pode pedir para os participantes formularem ideias sobre como a empresa poderia conectar-se às tendências ou encontrar novas maneiras de aplicar as tecnologias associadas.

4 Junte todas as ideias e equipes relevantes para que aprimorem as ideias mais promissoras.

2. Examine as analogias com outros setores

Outro ponto de partida para obter *insights* conceituais de fora para dentro é aproveitar as eventuais analogias com outras empresas. Você pode aprender com uma empresa que tenha enfrentado situação similar à sua em outro setor. Examine as escolhas e ações dessa empresa e avalie a adoção de ações análogas.

Por exemplo, uma empresa de petiscos, com uma boa marca e que vende seus produtos a canais de varejo, pode considerar a Disney como uma analogia adequada. A Disney costumava produzir filmes e programas de TV e depois vendê-los a distribuidores (principalmente cinemas e redes de TV). No entanto, ao perceber a crescente importância do streaming on-line, a empresa lançou seu próprio sistema de streaming. A expectativa era alavancar por meio disso o valor de sua marca e do seu conteúdo único, e atrair muitos consumidores. Ao ser bem-sucedida, a Disney foi capaz de prescindir do canal de distribuição tradicional e abrir a plataforma a terceiros, isto é, os filmes e programas que passam nos serviço on-line da Disney não precisam ser todos produzidos pela Disney. Ela se beneficia à medida que mais consumidores assinam o serviço, atraídos pela quantidade de conteúdo disponível, pagando uma taxa mensal. Além disso, a Disney tem acesso a dados em tempo real sobre as preferências e padrões dos consumidores, segundo a segundo. Pode ver com precisão quais são as cenas ou falas que levam os espectadores a acionar o botão de pausa ou a mudar de canal, por exemplo, e tem condições de desenvolver programas de apelo cada vez maior.

Analogamente, a empresa de petiscos poderia também pensar em criar a própria plataforma. Além de vender petiscos nas lojas on-line dos varejistas, poderia lançar a própria loja na internet. Se sua marca for suficientemente forte, terá a possiblidade de oferecer produtos únicos exclusivamente pela loja on-line, e se o preço for atraente, um bom número de consumidores achará que vale a pena visita-la. O volume de tráfego pode também permitir que empresa abra sua loja on-line a outras empresas de petiscos. Ela pode, então, tornar-se um novo núcleo on-line para compra de petiscos. De novo, o benefício virá de captar uma fatia da receita de outras empresas. Adicionalmente, a empresa será capaz de melhorar continuamente seus produtos e serviços, por meio da análise do crescente volume de dados dos consumidores em tempo real.

Empresas B2B também podem expandir-se usando a analogia da Disney. Considere o caso de uma fabricante de máquinas industriais que vende peças de reposição para suas máquinas. Digamos que atualmente a empresa opera como a Disney tradicional – produz as próprias peças enquanto outra empresa lida com a distribuição. Ela pode criar uma plataforma que lhe permita vender suas máquinas e peças às indústrias diretamente. Em seguida, pode também expandir a plataforma e incluir produtos de outros fabricantes, bem como itens relacionados. Dessa maneira, criará um serviço altamente agregador de valor para as indústrias, uma "loja ponto único" para todo tipo de máquinas e peças de reposição. Essa "loja ponto único" oferecerá vendas altamente eficientes e será um canal de distribuição para outros fabricantes.

O fabricante, então, capta uma parte da receita pelas vendas realizadas via plataforma. E mais importante ainda, terá como coletar e analisar todas as transações e outros dados, e melhorar continuamente seus produtos e serviços. Esse exemplo lembra de perto o da Tetra Pak, com suas peças de reposição e mercado de serviços, como vimos no Capítulo 3, "Foque suas ações para criar fãs".

O uso de analogias para gerar novas ideias costuma ser a abordagem mais criativa, mas também a mais difícil. Analogias permitem que você chegue a mais ideias criativas do que outras técnicas. Elas estimulam a criatividade porque removem o ponto de partida usual, que leva você a pensar a partir apenas daquilo que é essencial atualmente para a sua empresa. Em vez disso, você parte de um ponto de vista diferente e, portanto, mais afastado da sua empresa. Como os nossos exemplos mostram, suas analogias podem vir do seu setor de atuação ou de setores não relacionados. Mas, onde quer que você procure analogias, preste atenção na relevância. Uma empresa pode parecer superficialmente relevante porque opera na mesma localidade geográfica ou usa a mesma tecnologia. Porém essa analogia talvez seja irrelevante num nível mais profundo, se a empresa tiver, digamos, uma estrutura de negócios fundamentalmente diferente.

Por exemplo, antes do escândalo final que a envolveu, a Enron aventurou-se no negócio de banda larga acreditando ser um uso análogo (Gavetti *et al*, 2005). Os líderes da Enron viram no setor de banda larga características similares às de outros negócios da empresa. Imaginaram que o modelo de negócio no atacado que eles utilizavam no ramo de gás e eletricidade seria altamente lucrativo também nesse setor e avaliaram com base em similaridades superficiais entre os setores. Havia em ambos uma demanda fragmentada, e também alterações na estrutura em razão de mudanças tecnológicas e legislativas, além de alta intensidade de capital. Mas os líderes da Enron não levaram em conta que, ao contrário do que ocorria com gás e eletricidade, não poderiam comercializar largura de banda larga eficientemente por meio de contratos padrões similares. Além disso, no negócio de banda larga, havia o custo adicional e substancial, gerado pela construção do último quilômetro e meio até o local dos clientes. Consequentemente, o empreendimento de banda larga da Enron trouxe prejuízos desastrosos.

Para usar analogias quando você desenvolve *insights* conceituais, siga a sequência ilustrada na Figura 6.1 a seguir:

1 Reflita sobre o que é mais relevante na sua situação atual. Por exemplo, defina o que está criando novas oportunidades para a sua empresa: é o seu canal ou a transição de tecnologia, são as mudanças na legislação ou alguma outra força?

2 Identifique as analogias relevantes para a sua empresa. Crie uma lista de dez empresas que atuem em pelo menos cinco setores diferentes que tenham enfrentado situação similar àquela que sua empresa vive agora e que tenham empreendido ações para resolver a situação. Mapeie os passos da sua analogia e veja quais seriam as ações análogas que a sua empresa poderia realizar.

3 Selecione as três melhores ideias para desenvolvê-las um pouco mais. Pense em como seria se sua empresa empreendesse ações análogas.

Figura 6.1 Use analogias para ter novas ideias para a sua atual situação

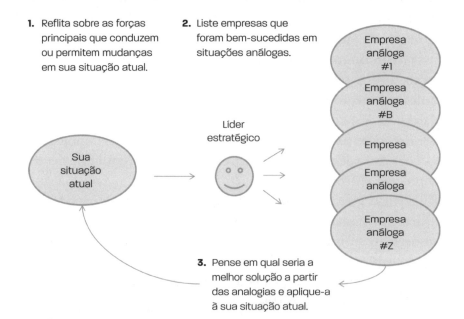

3. Explore potenciais parcerias

Outra maneira de começar a partir "de outro lugar" é examinar de que modo sua empresa poderia fazer parceria com outra. Numa configuração desse tipo, você combinaria as partes interessadas e os recursos de sua empresa parceira com os seus. Essa combinação permitiria que você imaginasse novos serviços potenciais. Poderiam surgir ideias ao imaginar de que maneira seria possível combinar dois produtos ou serviços tipicamente considerados não complementares de maneira que permitissem criar algo inesperado e agregador de valor.

A Amazon também cresceu por meio dessa abordagem. Em 2018, ela criou uma joint venture de assistência médica, a Haven, com o J. P. Morgan e a Berkshire Hathaway, pensando em melhorar os cuidados médicos para seus funcionários. A Haven é um empreendimento sem fins lucrativos. O *insight* conceitual por trás dessa abordagem é que existe uma tendência de aumento nos custos de assistência médica e em serviços desconectados, que não têm foco nos resultados do paciente.

Criar uma *joint venture* que tenha foco nos clientes – no caso, os funcionários internos – ajudou a Amazon, mais tarde, a criar uma nova oferta e aprender novas capacidades para expandir sua oferta no setor de assistência médica.

A Maerstk, uma destacada empresa de navegação, criou uma *joint venture* com a IBM, a TradeLens. O empreendimento aproveitou o conhecimento essencial da Maersk no setor de navegação para criar uma plataforma global de comércio construída sobre *blockchain*. A meta era reduzir o custo da navegação em nível mundial, melhorar a visibilidade ao longo das cadeias de suprimentos e eliminar ineficiências decorrentes de processos baseados em papel.

A plataforma TradeLens conecta expedidores, transportadoras, portos, operadoras de terminais, provedores de logística e agentes de cargas. Eles compartilham em tempo real informações acionáveis da cadeia de fornecimento, como pontos cruciais do despacho, detalhes da carga, documentos comerciais e leituras de sensores. A TradeLens também oferece APIs que permitem a parceiros externos usarem seus dados, fomentarem inovações, construírem aplicativos ou conectarem sistemas legados, como discutido no Capítulo 5, "Comece com um cumprimento de mão algorítmico".

Parcerias também podem acelerar a adoção de tecnologia e melhorar as capacidades de inovação essenciais para desenvolver sua empresa ou plataforma. Muitas empresas estão, por exemplo, reimaginando o paradigma de design por meio de realidade mista (uma combinação de mundo real e virtual com um fone de ouvido ou outra tela). A Volvo e a Boeing estão entre elas. Ambas fizeram parceria com a Varjo, uma startup da qual já falamos no Capítulo 3, "Foque suas ações para criar fãs". A Varjo permite que designers revejam objetos virtuais fotorrealistas em realidade mista, usando fontes de luz do mundo físico em tempo real. Essa tecnologia cria um novo ambiente de design imersivo, transformando a maneira pela qual os designers trabalham. É possível simular designs muito mais realistas nas fases mais iniciais do processo de criação e, também, coletar dados sobre a interação humana com o design.

Para desenvolver *insights* conceituais a partir de potenciais parcerias, você deve:

1 Listar um punhado de potenciais empresas parceiras.

2 Considerar que recursos e partes interessadas essas empresas têm.

3 Imaginar o que poderiam fazer juntos se combinassem elementos dos seus recursos e partes interessadas com os deles.

DE DENTRO PARA FORA: COMEÇAR COM SEUS ATUAIS PONTOS FORTES E ATIVOS

Uma segunda abordagem para chegar a *insights* conceituais é começar olhando para suas atuais capacitações, talentos, ativos e recursos. Pergunte-se como poderia usá-los de novas maneiras, para fazer algo radicalmente diferente.

A Apple, por exemplo, há muito tempo demonstra a capacidade de desenvolver recursos que têm cada vez mais funcionalidade e dimensões cada vez menores. Ela também tem uma marca muito atraente ao consumidor. Depois de desenvolver o reprodutor de música iPod, a Apple percebeu que poderia acrescentar-lhe a funcionalidade de telefone e transformou-o num smartphone. No entanto, antes disso, testou o terreno com uma parceria: o telefone Motorola Rokr E1 conectado ao serviço de música da Apple, o iTunes. Steve Jobs lançou-o em 2005, mas não ficou satisfeito com a qualidade e com o design, e também tinha receio de que o telefone comesse parte do lucro do iPod. Porém, com novos *insights*, começou a desenvolver o iPhone (GSM Arena, 2019).

Quando o iPhone passou a existir, uma maneira natural de alavancar ainda mais sua capacidade foi produzir dispositivos similares ao iPhone, mas menores, isto é, os smartwatches. Assim, os talentos e capacidades predominantes da Apple levaram-na a uma nova categoria de produto.

Os *insights* conceituais da Apple abriram novos horizontes para a empresa. Antes do iPhone, ela operava nas categorias de computadores e dispositivos de música portáteis, mas, em seguida, passou para outras categorias radicalmente diferentes. Com os smartwatches, a Apple entrou numa nova categoria que era dominada por especialistas como Garmin, Polar e Suunto.

Esses movimentos também permitiram à Apple expandir sua plataforma. O iPhone abriu caminho ao ecossistema App Store. O Apple Watch propiciou uma subplataforma adicional que atraiu novos tipos de atores, como os desenvolvedores de *apps* de saúde e de exercício, que se juntaram ao ecossistema.

O ponto crucial é que a Apple tinha ideias e projetos de desenvolvimento relacionados a muitas dessas áreas e acabou focando naquelas que avaliou mais promissoras. Similarmente, você deve examinar como poderia usar os atuais pontos fortes e recursos para vários propósitos e, então, selecionar as ideias mais promissoras para posterior desenvolvimento. Mudanças nos hábitos dos consumidores e o senso de oportunidade podem também ser fatores cruciais na sua tomada de decisões.

DESENVOLVA *INSIGHTS* CONCEITUAIS DE DENTRO PARA FORA POR MEIO DESSES PASSOS

Para usar a abordagem de dentro para fora, siga os passos a seguir.

Desenvolva *insights* conceituais de dentro para fora por meio desses passos:

1 Identifique seus atuais pontos fortes e como usá-los
2 Imagine usos alternativos para cada ponto forte
3 Escolha uma combinação vencedora

1. Identifique seus atuais pontos fortes e como usá-los

Muitas vezes as empresas subestimam seus pontos fortes. A razão é que se habituaram a ver a empresa praticando-os todo dia. Talvez você não esteja levando em conta que aquilo que para você é fácil pode ser difícil para os outros. Por isso, é útil refletir e relembrar quais são os pontos fortes de sua empresa.

Equipes executivas podem estimular esse processo. Por exemplo, em 2003, a equipe executiva da Amazon analisou as próprias capacidades

CRIE O INESPERADO **207**

principais durante um retiro de executivos (MILLER, 2016). De início, eles focaram nas capacidades naturais para uma empresa como ela, de comércio pela internet, como atender e despachar pedidos. Mas, ao cavar mais fundo, a equipe compreendeu que a Amazon estava também operando centros de dados confiáveis, escaláveis e rentáveis. A ideia de oferecer isso a terceiros foi a centelha original do que veio a se tornar conhecido como o Amazon Web Services, lançado em 2006. Com isso, nascia a computação na nuvem. Os concorrentes foram lentos em reagir, o que permitiu à Amazon captar uma importante fatia de mercado.

Você pode designar uma equipe de projeto em sua empresa para que ela identifique os atuais talentos, capacidades, ativos e recursos de sua empresa. A equipe deve identificar entre 10 e 20 itens mais essenciais.

Mantenha uma definição ampla do que constitui um ponto forte. Se você opera num setor especializado, suas aptidões tecnológicas avançadas podem não parecer especiais pelo fato de seus concorrentes terem talentos equivalentes. Na realidade, porém, talvez você seja uma das poucas empresas no mundo inteiro que tem essas aptidões. E você pode alavancá-las em vários produtos e serviços fora de sua atual categoria de mercado.

A clássica estrutura VRIN (BARNEY, 1991) pode ajudá-lo a ver quais são seus pontos fortes:

- Valioso (*Valuable*): tal recurso ou capacidade gera valor? Água potável é valiosa, assim como o urânio ou uma capacidade de programação de alto nível.

- Raro (*Rare*): o recurso ou capacidade é raro ou comum? Urânio e capacidade de programação de alto nível são mais raros do que água e, portanto, têm maior probabilidade de serem seus pontos fortes.

- Inimitável (*Inimitable*): o recurso ou capacidade pode ser copiado? É fácil copiar uma localização de negócio, mas é desafiador replicar uma alta capacidade de programação.

- Insubstituível (*Non-substitutable*): o recurso ou capacidade pode ser substituído por outra coisa? É possível substituir azulejos por concreto na maioria das tarefas, mas não pode trocar programadores por lenhadores.

Você deve também considerar de que modo os potenciais pontos fortes se comportam na era da plataforma: sua força fica mais potente por meio dos efeitos de rede ou não? Por exemplo, contar com grande número de usuários num serviço particular torna-o mais valioso em razão dos efeitos de rede, mas o urânio não tem uma qualidade equivalente.

2. Imagine usos alternativos para cada ponto forte

Depois de identificar seus pontos fortes, veja possíveis usos alternativos para eles. Você pode usar qualquer ponto forte de várias maneiras. Água potável pode ser usada para beber, para produzir refrigerantes, para tomar banho, pode ser direcionada sobre multidões em caso de tumultos e assim por diante. Do mesmo modo, aquilo que você possui pode ter um uso diferente daquele para o qual você o destina.

A expansão da Tesla em 2015 para o mercado de armazenamento residencial de energia ilustra como uma empresa pode encontrar novos usos para seus pontos fortes. A Tesla havia desenvolvido uma competência e capacidade importantes na produção de baterias para veículos. Ao mesmo tempo, o mercado de energia doméstica precisava de soluções para armazenar a energia obtida por meio de painéis solares, que geram eletricidade apenas durante as horas diurnas. A Tesla desenvolveu uma solução de bateria, a Powerwall, e também o "Teto Solar Tesla" (Tesla Solar Roof). Essas soluções já estavam disponíveis, mas a marca Tesla, seu design e a arquitetura da sua solução estimularam os consumidores e energizaram o mercado. Quatro anos após seu lançamento, o Powerwall cresceu significativamente, e o CEO Elon Musk chegou a prever que ele poderia acabar superando o negócio de carros elétricos da Tesla (KOROSEC, 2019). Muitas pessoas têm hoje a percepção de que o negócio da Tesla é a distribuição de energia.

A entrada da Amazon no setor de assistência médica é uma combinação das abordagens de fora para dentro e de dentro para fora. Em 2019, ela adquiriu a Pillpack, uma farmácia on-line especializada em aviar receitas para pacientes que tomam várias medicações por dia. (Essa não foi a primeira vez que a Amazon considerou entrar nesse mercado. Ela já havia investido na Drugstore.com, mas logo passou para frente seu interesse.)

A abordagem inicial da Amazon foi de fora para dentro, começando pela ampla oportunidade de mercado representada pela tendência de elevação nos custos da assistência médica. Os gastos anuais em medicamentos receitados nas farmácias dos Estados Unidos são de $397 bilhões, e quase 50% disso é captado pelas três maiores farmácias: CVS Health, Walgreens e Express Scripts (CAMPBELL, 2018).

No entanto a Amazon também pensou de dentro para fora. Ao adquirir a Pillpack, tomou posse de um sistema de software de bastidores (*back-end*) chamado PharmacyOS, que automatizava renovação de receitas, cobrança de seguro, obtenção de autorização de fornecedores e envio de notificações (FARR, 2019). Conectar isso aos pontos fortes atuais da Amazon – a expedição, o programa Prime e a possibilidade de oferecer os serviços da Pillpack a clientes da Whole Foods Market, de propriedade da Amazon – criou uma oportunidade para acelerar o crescimento da Pillpack no mercado farmacêutico.

Voltando ao aspecto prático, dê à equipe que você montou para identificar os pontos fortes a tarefa de apresentar pelo menos cinco diferentes usos para cada talento, capacidade, ativo e recurso. Assim, você obterá pelo menos 50 novas atividades que sua empresa poderia desempenhar com seus atuais pontos fortes.

Estabeleça o requisito de que pelo menos metade dessas novas atividades precisam ser parte de uma categoria de produto ou mercado diferente, para assegurar ampla variedade de ideias radicais, e não apenas refinamentos incrementais de seu atual negócio.

Agrupe as potenciais atividades em conjuntos temáticos, pois isso permite combinar ideias que se sobreponham. Selecione as ideias mais promissoras para um desenvolvimento posterior.

3. Escolha uma combinação vencedora

Um mais um pode ser igual a dois, três ou sete. Isso depende dos "uns" que você escolhe combinar e de como você os combina. Por isso, não basta identificar maneiras novas e valiosas de usar seus pontos fortes: você deve também considerar várias combinações alternativas. Que pontos fortes deveriam ser combinados? Que usos potencias de cada ponto forte poderiam criar mais valor?

Examinada em retrospecto, a progressão da Apple do iPod ao iPhone e ao Apple Watch parece natural ou inevitável. Na realidade, a empresa avaliou diferentes maneiras de usar seus pontos fortes. Ela poderia ter aproveitado suas capacidades em computação, em eletrônica de grande consumo e em branding para entrar ou criar várias categorias, como a automotiva, a realidade aumentada e a realidade virtual, ou a automação residencial.

Algumas das possibilidades que a Apple considerou afiguravam-se mais próximas e maduras que outras, e a empresa, portanto, implementou-as mais rapidamente no mercado. Mesmo assim, ela também pensou em como poderia combinar os pontos fortes de novas maneiras a longo prazo.

A Apple levou adiante, por exemplo, um projeto para entrar no mercado automotivo. Em 2014, contratou mais de mil engenheiros para um projeto chamado "Titan", voltado à construção de um carro elétrico, mas o projeto mudou o foco em 2016, passando para IA e software para condução autônoma (MacRumours, 2021). Em junho de 2019, a Apple comprou a Drive.ai, uma startup para veículos autônomos, para dar maior impulso aos seus esforços. Ainda há rumores de que lançará um carro elétrico autônomo por volta de 2026 (Gurman; Bloomberg, 2021). Embora os planos da Apple para essa categoria permaneçam obscuros, a história até aqui já destaca que importantes empresas de plataforma costumam experimentar e pilotar novas ideias antes de expandir o âmbito de sua plataforma.

Na prática, você pode examinar a lista dos potenciais usos de seus pontos fortes atuais. Depois, considere várias combinações dos usos e imagine o que poderia criar com cada combinação. Algumas das combinações podem muito bem ser inúteis ou tolas, mas uma fração delas talvez crie um valor novo, inesperado.

"E SE COMPRÁSSEMOS?"

Uma terceira maneira de criar o inesperado é pensar em adquirir potenciais alvos. Imagine de que maneira uma aquisição poderia levar a novos tipos de elementos de plataforma. Esse exercício mental oferece mais pontos de partida aleatórios para o seu pensamento à medida que você lista perspectivas atraentes de vários setores.

A KONE, por exemplo, tentou comprar uma rival, a Thyssenkrupp, para consolidar-se no setor de elevadores em 2020, mas acabou concluindo que os riscos eram altos demais. Ela poderia, entretanto, também considerar a aquisição de vários outros tipos de empresas e refletir sobre as implicações disso para o seu ecossistema de produtos e serviços.

Outra opção da KONE seria voltar-se para empresas de segurança, como a Securitas. Em sua estratégia de 2021, a empresa declara que lida com fluxo de pessoas em edifícios dotados de elevadores, escadas rolantes e portas automáticas. A aquisição de uma empresa de segurança poderia levar esse modelo de serviço a um novo patamar. Ela também monitoraria mais ativamente quem entrasse no local, impedindo acesso não autorizado e ejetando intrusos. Essa abordagem expandida permitiria à KONE gerenciar todos os fluxos de pessoas em edifícios e desenvolver interfaces de usuário para uma gestão mais inteligente e proativa.

TRÊS MANEIRAS DE USAR O MODELO "E SE COMPRÁSSEMOS"

Considere as abordagens a seguir, voltadas ao uso do modelo "E se comprássemos", para desenvolver seus *insights* conceituais.

Três maneiras de desenvolver *insights* conceituais por meio de "E se comprássemos":

1 Transformar a empresa-alvo com seus recursos
2 Usar os recursos da plataforma da empresa-alvo para transformar seu modelo de negócios
3 Comprar recursos de plataforma para transformar seu modelo de negócios

1. Transformar a empresa-alvo com seus recursos

Se você já tem recursos de plataforma, pode usá-los para transformar outras empresas e seus setores. Por definição, no que se refere à digitalização e à "plataformatização", a maioria dos setores está atrás dos setores líderes, como são os de mídia e telecomunicações. Portanto, se você é um precursor, tem várias grandes oportunidades em outros setores.

Em 2017, a Amazon fez sua maior aquisição: comprou a rede de supermercados Whole Foods Store por 13,7 bilhões de dólares. Ela já havia experimentado com pontos de venda físicos em iniciativas como a Amazon Fresh, um serviço de entrega de supermercado, e com livrarias físicas da Amazon, inauguradas em 2015. Refletindo sobre esses empreendimentos, a empresa concluiu que, embora as lojas físicas nunca venham a desaparecer, as compras no futuro serão uma mistura de experiências on-line e off-line. A Amazon já havia feito uma análise do tipo "e se comprássemos" e examinado várias alternativas, inclusive comprar a Whole Foods, mas acabou desistindo (SOPER; GIAMMONA, 2017).

No entanto, quando uma nova oportunidade surgiu e a Whole Foods entrou numa rodada de licitações com outros potenciais compradores, a Amazon se interessou e fechou negócio (BUSINESS INSIDER, 2017).

Desde que concluiu a aquisição, a Amazon tem alavancado sua essência e integrado seu programa de filiação, o Amazon Prime, às lojas da Whole Foods. Esta implantou serviços de delivery por meio da Prime, oferecendo entrega de produtos em casa no prazo de duas horas. As lojas da Whole Foods também servem como pontos de instalação de armários de coleta, os Amazon Lockers, para os clientes on-line da Amazon, o que estende a plataforma da empresa.

Com a Whole Foods a bordo, a Amazon também obtém dados de compras off-line, e cria novos insights para o desenvolvimento da plataforma. Combinar esses dados com os da própria plataforma on-line cria um conjunto de dados mais substancial para treinar algoritmos de IA e de aprendizagem de máquina. Esse melhor conhecimento permite aprimorar a segmentação de produtos, e, com isso, o ciclo de aprendizagem da Amazon fica ainda melhor.

Agora, vamos virar esse exemplo de cabeça para baixo. Se você fosse a "Whole Foods", seria capaz de encontrar uma empresa com recursos de plataforma que pudesse ajudá-lo a transformar seu modelo de negócio?

2. Comprar recursos de plataforma para transformar seu modelo de negócio

Se seus recursos de plataforma ainda não estão desenvolvidos, você pode acelerar seu processo adquirindo-os. Fazer isso com ousadia e assertividade pode ser útil para transformar seu modelo de negócio e tornar-se um verdadeiro precursor.

Em janeiro de 2020, a Visa anunciou sua intenção de adquirir a Plaid por 5,3 bilhões de dólares. A Plaid é uma empresa *API-first*. Por meio dela e suas APIs, as pessoas obtêm uma conexão segura para suas contas financeiras com os *apps* que elas usam para gerenciar sua vida financeira. Com esse movimento, a Visa, que já é uma plataforma de pareamentos, planejava posicionar-se como uma Plataforma Inteligente em evolução, com um novo alicerce para crescer e alavancar sua escala, o que faria a Plaid crescer ainda mais rápido. A abordagem continuou viável mesmo depois que as autoridades antitruste obrigaram a aquisição a se tornar uma parceria.

A Plaid começou como uma pura API de pagamento para consumidores. Ela construiu APIs que conectavam consumidores, instituições financeiras tradicionais e desenvolvedores. Seu foco em segurança conquistou a confiança de bancos, de desenvolvedores e de usuários. De início, ela dava acesso a dados de bancos aos desenvolvedores. Quando a Plaid adquiriu a Quovo em 2017, ampliou sua abrangência e entrou no espaço de investimento e empréstimos. Logo após a aquisição, lançou uma nova API, a Investments, baseada na Quovo. A nova API alimenta os *apps* de clientes ao captar seus dados de investimento (MILLER, 2019).

Como podemos ver, a Plaid seguiu os quatro passos descritos no Capítulo 3 para construir sua plataforma. Começou com um foco concentrado nos desenvolvedores e usuários, com uma API de pagamentos, e gradualmente expandiu seu âmbito de maneira orgânica e por meio de Fusões e Aquisições (*Mergers & Acquisitions*, M&A). O *insight* conceitual de compreender que seria capaz de crescer e entrar em investimentos e empréstimos levou à aquisição da Quovo. A Visa, por sua vez, expandiu os recursos de sua plataforma fazendo parceria com a Plaid.

A rede americana de varejo Target, outra empresa estabelecida num setor tradicional, vem sentindo-se ameaçada pelo crescimento das compras on-line. Embora a Target tenha pontos fortes, como seu estoque e suas operações, transformar-se em loja on-line não é algo trivial. Além da necessidade de criar um site de *e-commerce* atraente e os correspondentes processos internos, a logística do cliente tornou-se um desafio importante. Os clientes querem que seus itens sejam entregues em casa. E costumam comprar da loja que entregue mais rápido.

Para acelerar a transformação numa loja on-line, a Target adquiriu a Shipt por 550 milhões de dólares em 2017 (TARGET, 2017). A Shipt é uma empresa de plataforma que tem foco em promover entregas no mesmo dia. Ela conta com uma frota de compradores, uma das partes interessadas cruciais da plataforma. Na época da aquisição, já contava com 20 mil compradores engajados na plataforma. Eles pegam os itens dos diversos varejistas escolhidos pelos consumidores, que são outra parte interessada crucial na plataforma, e entregam ao consumidor.

Ao adquirir a Shipt, a Target fortaleceu sua posição na plataforma. Em vez de ser apenas um varejista entre muitos, passou a ser a primeira escolha. Dessa maneira, a Target está se tornando uma plataforma múltipla que conecta os produtores de vários itens aos consumidores, via seus compradores.

Ao final de 2020, a transformação da Target estava a caminho, apesar dos desafios criados pela pandemia (TARGET, 2020a). Na realidade, a pandemia tornou o canal on-line mais crucial do que nunca e impulsionou os lucros da empresa. De acordo com o presidente e CEO da empresa, Brian Cornell, eles tiveram "ganhos sem precedentes em fatia de mercado e um crescimento de vendas histórico, tanto em nossas lojas quanto em nossos canais digitais" (TARGET, 2020b). Destacando a importância da plataforma Shipt, a Target também anunciou que acrescentaria outros 100 mil compradores à Shipt antes das férias de inverno de 2020 (TARGET, 2020a).

Às vezes, você não precisa ter um objetivo de negócios claro em relação aos recursos que está adquirindo. Em vez disso, pode identificar um recurso potencialmente relevante e comprar uma empresa com esse recurso. Ao fazer isso, pressupõe-se que, depois de começar a integrar o novo recurso às suas operações em andamento, acabará tendo a ideia que criará o inesperado. Por exemplo, a aquisição que o Facebook fez em 2019 da Chainspace, uma startup britânica de *blockchain* fundada por pesquisadores da Universidade College de Londres, seguiu essa lógica (CHEDDAR, 2019). A Chainspace tem desenvolvido contratos inteligentes usando *blockchain*, isto é, contatos que são ativados sem envolvimento humano quando certas condições são atendidas. No futuro, o Facebook poderá integrar contratos inteligentes diretamente às ofertas ou usar os recursos da Chainspace de outras maneiras.

Agora reflita: que empresas poderiam prover novos recursos valiosos de plataforma para a sua?

3. Compre a concorrência para se reinventar

Às vezes, momentos do tipo "e se comprássemos" vêm quando percebemos ameaças diretas à nossa plataforma. Um bom exemplo é a aquisição do WhatsApp pelo Facebook. O Facebook já tinha seu serviço de mensagens, e poderia muito bem ter tentado competir com o WhatsApp. Mas vendo a astronômica taxa de crescimento deste último, o Facebook decidiu adquiri-lo pela mirabolante quantia de 19 bilhões de dólares. O Facebook havia concluído que as pessoas sempre irão usar uma gama de diferentes aplicativos de mensagens.

O mesmo *insight* esteve por trás da sua aquisição do Instagram, o popular serviço social de compartilhamento de fotos. Percebendo que as pessoas usam vários serviços de compartilhamento de fotos nas redes sociais, o Facebook continuou a expandir os aspectos de seu serviço ao lado dos do Instagram – e em boa medida emulou o recurso chamado "*stories*" do SnapChat. Em ambos os casos, o Facebook preservou a independência das plataformas adquiridas em vez de fundi-las ao núcleo do Facebook, e, com isso, evitou os problemas de integração (e os frequentes fracassos) que costumam acontecer quando empresas adquirem um serviço concorrente.

Por meio do WhatsApp e do Instagram, o Facebook adquiriu novas fontes de dados, que pode usar para compreender melhor o comportamento do consumidor e monetizar sua base de usuários. Essa aprendizagem baseada em dados permite acelerar o desenvolvimento de seu ciclo de aprendizagem, tema discutido no Capítulo 4, "Crie um ciclo de aprendizagem".

No entanto, o acesso aos novos dados também levantou questões de privacidade e de propriedade de dados. Será que o Facebook realmente poderia usar os dados de seus serviços recém-adquiridos em outro lugar? O Facebook havia planejado compartilhar e usar dados do WhatsApp em seu núcleo, mas isso ficou em suspenso por causa de uma investigação regulatória (Lunden, 2018). Mesmo assim, em 2020 o Facebook voltou a pensar em integrar a infraestrutura do Facebook, do WhatsApp e do Instagram, o que potencialmente abriria as portas para o compartilhamento de dados entre eles e para uma melhor monetização da base de usuários combinada (Isaac, 2019).

Pergunta: Existem concorrentes potenciais que a sua empresa poderia adquirir? Como você se beneficiaria de combinar as operações? Ou faria mais sentido manter as empresas separadas?

GERENCIE PESSOAS E EMOÇÕES
PARA ESTIMULAR A CRIATIVIDADE

Até aqui, examinamos padrões de pensamento e aspectos de informação relacionados à obtenção de *insights* conceituais. Para tornar essas quatro técnicas mais úteis, você pode também apoiá-las em práticas de cunho psicológico, para garantir que os membros da equipe captem todas as informações relevantes e construam suas ideias por meio de colaboração.

Estimule a criatividade por meio dessas quatro técnicas

1. Estimule a criatividade com práticas materiais
2. Gerencie emoções para estimular a criatividade e desenvolver insights conceituais
3. Crie equipes suficientemente diversificadas
4. Postergue a seleção de ideias – e então faça isso de modo sistemático e crítico

1. Estimule a criatividade com práticas materiais

O primeiro passo em todas as abordagens que descrevemos para chegar a *insights* conceituais é coletar algum tipo de informação: externa, interna, analogias ou alvos de aquisição. Com frequência, quando as empresas montam projetos estratégicos, elas reúnem esses tipos de ideias em apresentações de PowerPoint, que são então vistas individualmente (em dispositivos) ou coletivamente (em oficinas). O fato é que as pessoas só veem cada um desses slides por um breve momento e raramente voltam a ele outras vezes ou têm a oportunidade de vê-lo junto com outros slides. A questão é que o pensamento criativo, a elaboração de ideias e o estabelecimento de novas conexões são mais prováveis se as pessoas voltam ao mesmo estímulo várias vezes e pensam de uma maneira iterativa, não linear. Portanto, é útil criar uma *biblioteca física* para os seus *insights* – não apenas um repositório digital. Com as novas ferramentas à disposição, você pode também transformar sua biblioteca física numa biblioteca virtual, como se fosse um *showroom*.

Para criar sua biblioteca, considere os seguintes passos:

1 Reúna vários tipos de materiais iniciais sob a forma visual e espalhe-os pelas paredes da sala de reunião que você usa para o processo de *insight*. Isso assegura que todos os membros da equipe tenham suficiente exposição a todos os estímulos e identifiquem potenciais conexões entre esses estímulos, que à primeira vista pareciam desconectados.

2 Assegure que as pessoas visitem essa sala da biblioteca (ou salas) várias vezes e façam pelo menos uma parte de seu trabalho nessa(s) sala(s). Isso ajuda os membros da equipe a pensarem e a irem acumulando pensamentos. Além disso, as interações sociais na sala podem ser um estopim para a criatividade.

3 Facilite a recombinação e recategorização de ideias tornando os itens móveis (por exemplo, anotando-os em bilhetes adesivos). Providencie bastante papel em branco e *flip-charts* para que as pessoas esbocem e anotem novas ideias. À medida que todos vão vendo nas paredes como o pensamento vai progredindo, o processo coletivo da equipe torna-se mais cumulativo e tem

maior probabilidade de produzir novo valor, em vez de apenas gerar ideias fragmentárias ou que se sobrepõem.

4 Tire fotos das paredes com frequência para registrar todas as iterações.

2. Gerencie emoções para estimular a criatividade e desenvolver insights conceituais

Os processos mentais, tanto o seu quanto o dos membros de sua equipe, levam a *insights* conceituais. As emoções influenciam de modo substancial os processos mentais humanos. Portanto, você também precisa lidar com o lado emocional do processo. Há três estados emocionais fundamentais que você precisa estimular nas diferentes partes do processo.

Primeiro, para a criação de novas ideias, você precisa gerar emoções positivas. As pessoas pensam de maneira mais criativa quando estão com um humor positivo, já que as cadeias de associações no cérebro são mais longas quando as pessoas estão num estado mental/emocional positivo (por exemplo, Fredrickson, 2001). Isso significa que elas conseguem conectar pontos de dados mais distantes e ver padrões entre as atividades, o que lhes permite ir além do óbvio. Adicionalmente, uma atmosfera emocional positiva cria dinâmicas sociais em que as pessoas se sentem mais seguras para expressar ideias ainda incompletas, o que é necessário para elaborá-las coletivamente (Edmondson, 2019).

Em segundo lugar, ao avaliar ideias, você precisa passar do clima positivo para um clima mais crítico ou até mesmo negativo. No estágio de avaliação, você precisa identificar as fragilidades de suas ideias, e o fato de pensar dentro de um estado de ânimo geral negativo ajuda nesse sentido. Pesquisas sobre o cérebro têm demonstrado que as pessoas pensam de modo mais lógico e focam mais os detalhes num estado levemente negativo (por exemplo, Phelps *et al*, 2014).

Terceiro, quando for elaborar e refinar as ideias, você precisa despertar empatia, de modo que os pontos de vista de todas as partes relevantes sejam suficientemente integrados aos *insights* conceituais. Ter empatia ao interagir com as partes interessadas aumenta a probabilidade de que elas compartilhem informações de maneira honesta e relevante, e que encontrem maior apelo no conceito. A nível neurológico, a intenção de ter empatia facilita a ativação dos neurônios espelhos. Isso ajuda você e os membros de sua equipe a enxergar o conceito a partir do ponto de vista das partes interessadas (por exemplo, PRASZKIER, 2016).

Você pode gerenciar o clima emocional usando os seguintes meios:

- **O seu exemplo**. Expresse a emoção que você pretende que os membros de sua equipe experimentem. Pesquisas mostram que o contágio emocional dos líderes para os membros de equipes é poderoso, e você pode alavancar esse mecanismo em seu proveito (ver BARSADE, 2002).

- **Música**. Coloque para tocar músicas que despertem o estado emocional necessário antes das reuniões e durante os intervalos (ver HUNTER; SCHELLENBERG, 2010).

- **Comida**. Quando você precisa de emoções positivas, certifique-se de que as pessoas estão com energia suficiente e que não ficaram irritadas por sentirem fome.

- **Local**. Lugares e instalações agradáveis dão apoio a emoções positivas, enquanto pequenos desconfortos ativam estados mais negativos. Você pode fazer um *brainstorming* em almofadões, e depois sentar em bancos duros para fazer as avaliações críticas.

3. Crie equipes suficientemente diversificadas

Pessoas diferentes pensam de maneiras diferentes. A criatividade resulta de combinar várias ideias de novas maneiras. Portanto, para incrementar a criatividade, é bom ter pessoas mais diversificadas na(s) equipe(s) desenvolvendo *insights* conceituais.

Você deve encarar a diversidade a partir de múltiplos pontos de vista – não só em termos de gênero, idade e etnia. Um fator essencial, mas que costuma ser negligenciado, é a diversidade das pessoas quanto ao seu tipo de experiência (ver HEALEY; VUORI; HODGKINSON, 2015). Isso inclui escolaridade, histórico de trabalho e outras aventuras. Não arregimente pessoas com um perfil similar, por exemplo, que tenham todas se formado em universidades tradicionais e renomadas, ou mais de cinco anos de experiência em consultoria de gestão, e sim pessoas que venham de lugares bem diferentes, isto é, de universidades diferentes, empresas e cargos diferentes, fora dos setores típicos de negócios e assim por diante.

Além disso, favoreça um mix de personalidades e estilos de pensamento. É bom contar com gente que pense rápido e com gente que pense devagar. Extrovertidos e introvertidos. Pessoas que captam o quadro geral e outras que se atentam aos detalhes. É a combinação delas que permite encontrar novas conexões e criar o inesperado.

4. Postergue a seleção de ideias – e então faça isso de modo sistemático e crítico

Até aqui, vimos diferentes métodos de criar uma longa lista de possíveis ideias para *insights* conceituais. O passo seguinte é reduzir essa lista e selecionar as ideias que serão refinadas.

Primeiro, você precisa definir critérios relevantes para avaliar o quanto as ideias são atraentes. Por exemplo, ao examinar ideias para plataformas alimentadas por IA, podemos ter como critérios:

- Ser atraente para vários lados da plataforma: será que a potencial plataforma múltipla provê valor para todos os lados envolvidos? Permitir resolver o problema do ovo e da galinha (como juntar os dois lados da plataforma), e, nesse caso, de que maneira?

- O potencial geral do negócio.

- A viabilidade tecnológica e legal.

Em segundo lugar, você precisa aplicar sistematicamente seus critérios às ideias que estão sendo avaliadas. Em geral, o primeiro passo nessa tarefa é designar uma equipe *analytics* para coletar os dados relevantes e modelá-los. Ademais, você precisa contar com opiniões qualitativas de especialistas, fazer discussões com potenciais parceiros e clientes, e realizar experimentos.

Em terceiro lugar, use práticas sociais para avaliar suas ideias de maneira mais detalhada e aprofundar-se em fatos e números. Uma técnica que funciona bem nos últimos estágios da avaliação de ideias são os debates formais: você designa uma equipe para defender uma ideia e outra para se opor a ela. Conforme as equipes debatem, elas identificam aspectos adicionais da ideia que sejam relevantes para o seu potencial e viabilidade. Além disso, um debate ativo energiza o processo de uma maneira que a análise formal e as apresentações não são capazes de fazer.

LIÇÕES-CHAVE PARA SUA ORGANIZAÇÃO

Criar o inesperado é um passo fundamental para o seu negócio. Trata-se de transcender os atuais limites do setor e passar para o próximo nível. Esse passo diz respeito a sair da estratégia estática da velha escola e adotar um estilo de estratégia radicalmente mais dinâmico. Para isso, você precisa de *insights* conceituais que definam para onde você deve se mover em seguida. Existem três métodos críticos para desenvolver *insights* conceituais. Além disso, independentemente do método, você deve liderar a dinâmica psicológica de sua equipe e da sua organização para estimular a criatividade.

■ **De fora para dentro**

- Que novas oportunidades as tendências externas estão criando para a sua empresa?
- Você poderia fazer algo análogo ao que outra empresa fez?
- Poderia criar algo de valor e único fazendo uma parceria com outra empresa?

■ **De dentro para fora**

- Quais são os seus pontos fortes atuais?
- Você poderia usar seus pontos fortes de novas maneiras ou com outras combinações?

- **"E se comprássemos?"**

  - Você conseguiria transformar uma empresa alvo com seus recursos?

  - Poderia transformar seu modelo de negócio adquirindo uma empresa de plataforma?

- **Liderar a dinâmica psicológica**

  - Você domina práticas para otimizar a dinâmica psicológica e chegar a *insights* conceituais?

  - Suas equipes são suficientemente diversificadas?

CAPÍTULO SETE

Organize-se em torno da IA

Como as plataformas ajudam várias partes a interagir, tendemos a encarar os efeitos de rede do ponto de vista dos participantes da plataforma. No entanto, você pode também fazer melhorias na eficácia e na eficiência internas da empresa alavancando IA e efeitos de rede para organizá-la.

Este capítulo tem foco nos recursos internos das empresas, mostrando de que modo a IA e as plataformas podem levar a novos tipos de estruturas organizacionais. Manter o desenho organizacional tradicional conduz a resultados que ficam abaixo do ideal na criação de valor. Muitas organizações aplicam novas tecnologias, mas mantêm a estrutura organizacional tradicional. Isso limita os benefícios. É como encarar a digitalização como uma maneira de simplesmente passar do papel para os PDFs, mas mantendo os mesmos processos para lidar com documentos. Na realidade, as empresas ganham mais quando "fazem extensivas mudanças em muitos processos" durante a implementação de IA. De acordo com um estudo da BCG, tais empresas tiveram cinco vezes maior probabilidade de obter benefícios financeiros significativos de seu esforço em comparação com empresas que fizeram apenas "pequenas mudanças em alguns poucos processos" (RANSBOTHAM *et al*, 2020).

Humanos costumam equipar velhos processos com nova tecnologia em vez de alavancar o potencial dela e criar maneiras melhores de trabalhar. Um estudo clássico sobre empresas de manufatura concluiu que os funcionários têm várias alternativas de contornar as atualizações para não precisarem mudar suas rotinas, embora contem com tecnologia avançada (TYRE; ORLIKOWSKI, 1994). As novas tecnologias permitiriam que automatizassem várias atividades, mas, em vez de aprenderem a usar a automação, eles encontram maneiras de contorná-la e continuar desempenhando as atividades manualmente, mesmo com a tecnologia de automação à disposição. Com isso, a mais recente tecnologia de automação acaba não agilizando as atividades. A empresa então, em vez de obter melhoras nas rotinas de trabalho e alcançar os ganhos previstos, reduz suas expectativas em relação ao potencial da nova tecnologia, achando que ela não é capaz de alcançar os benefícios que os líderes esperavam.

Pesquisas sobre adoção de IA sugerem um padrão similar (p. ex., MURRAY; RHYMER; SIRMON, 2021) e nossa experiência prática confirmam que essas reações são comuns. Apesar do uso disseminado, por exemplo, de programas de software colaborativo, como Dropbox, Microsoft Teams e Google Docs, muitas pessoas ainda se aferram às suas rotinas. Elas baixam arquivos para o disco rígido e enviam de volta por e-mail, criando problemas para gerir as várias versões, além de outras ineficiências que esses softwares foram concebidos para corrigir. Você precisa ter cuidado para que não ocorra esse tipo de "gambiarras para contornar o uso produtivo da tecnologia" ao fazer sua implementação de IA.

Para alcançar benefícios com o uso de IA, você tem que pensar nas maneiras alternativas de organizar o que a IA oferece. E são maneiras de organizar que multiplicam por dez os benefícios da nova tecnologia. Pense, por exemplo, em como a IA permite alocação dinâmica de tarefas, pareamento de talentos e criação de excelentes equipes.

A mudanças não acontecem, entretanto, do dia para a noite. Seus funcionários podem não confiar na decisão de implantar IA. Portanto, talvez seja útil começar permitindo que a IA faça apenas recomendações, e então ir aumentando a autonomia da IA pouco a pouco.

Para empresas que tenham uma infraestrutura física significativa, é útil livrar-se das limitações físicas por meio de gêmeos digitais, ou seja, réplicas digitais da infraestrutura da empresa que oferecem a flexibilidade de testar modelos de IA num ambiente simulado sem necessidade de testá-los no mundo físico. Portanto, permitem simular as coisas com maior rapidez e testar a IA num ambiente seguro.

Vamos mostrar três maneiras pelas quais a IA pode empoderar sua organização para que ela possa aproveitar o poder transformacional da IA:

⊙ Substitua a hierarquia formal por IA.

- Aprenda a trabalhar com IA pouco a pouco.

- Transcenda as limitações físicas no desenvolvimento usando gêmeos digitais.

SUBSTITUA A HIERARQUIA FORMAL PELA IA

As estruturas organizacionais tradicionais foram desenvolvidas para compensar a racionalidade limitada pelo fator humano. Os humanos só são capazes de considerar algumas poucas alternativas e uma quantidade restrita de informação ao tomarem decisões. As estruturas organizacionais tradicionais, portanto, introduzem uma hierarquia e várias subunidades. Cada subunidade tem as próprias metas, para assegurar que as unidades nas quais as pessoas focam sua limitada capacidade de pensamento alcancem seus objetivos. Infelizmente, esse foco também leva a otimizar apenas processos locais de curto prazo. Isso se dá à custa de processos de ponta a ponta, abrangendo a organização inteira, e impede que processos mais amplos sejam levados adiante por períodos de tempo mais extensos.

A Inteligência Artificial vai além da racionalidade limitada do humano. Portanto, permite que as organizações estruturem suas tarefas e processos de maneira mais eficaz.

Do ponto de vista organizacional, o aspecto mais importante da IA é que ela pode ver tudo dentro da organização ao mesmo tempo, o tempo todo. Depois que uma organização mede suas atividades relevantes e conecta esses dados a uma IA central, ela mantém um quadro contínuo de tudo o que ocorre na organização. Isso permite que a AI faça uma previsão de como as coisas andarão e que tipos de ações subsequentes podem levar aos melhores resultados.

A promessa final quando se organiza por meio de IA é conseguir que as estruturas organizacionais se tornem irrelevantes. A partir de certo momento, não precisaremos mais reduzir os papéis e aptidões das pessoas a categorias genéricas, como gerente regional ou engenheiro de software. Em vez disso, para cada atividade que tem lugar na organização, a IA é capaz de encontrar as melhores pessoas.

USE ESSES PASSOS PARA SUBSTITUIR
A HIERARQUIA FORMAL PELA IA

Você pode substituir a hierarquia formal por IA começando por áreas específicas e seguindo os seis passos a seguir:

1 Atribua tarefas dinamicamente por meio de IA

2 Use IA para combinar a expertise certa com a tarefa certa

3 Use IA para criar equipes otimizadas

4 Use IA para gerir interdependências

5 Melhore a comunicação de mudanças com IA

6 Defina limites para a IA

1. Atribua tarefas dinamicamente por meio de IA

A capacidade da IA de ver tudo ao mesmo tempo, o tempo inteiro, permite a várias empresas organizarem suas atividades de diferentes maneiras e conectar terceiros às suas plataformas de maneira dinâmica. É assim que a Uber gerencia seus motoristas. Não há nenhum gerente intermediário para dizer a cada motorista onde ele deve ir: é a IA que determina as corridas. A Uber opera e coordena milhares de motoristas sem um gestor intermediário. Em contraste com isso, nas hierarquias tradicionais, pode-se precisar de um gerente intermediário para cada dez funcionários.

A IA também gerencia a alocação de tarefas em contextos mais complexos. Veja, por exemplo, a coleta de lixo: tradicionalmente, as empresas de coleta de lixo têm trajetos definidos em que os veículos percorrem por intervalos regulares. O caminhão #7 coleta lixo das residências na zona sudeste da cidade às segundas-feiras, seguindo um trajeto predeterminado. Ele vai até cada caçamba de lixo do caminho, coleta o que há dentro e então segue até a caçamba seguinte.

O processo da coleta de lixo tradicional é fluente, mas contém várias ineficiências. Às vezes, as caçambas de lixo ficam cheias demais, e isso diminui a satisfação do cliente, porque as pessoas não gostam de ver lixo espalhado para fora da caçamba. A coleta também fica mais lenta, pois os funcionários precisam recolher o lixo que ficou no chão. Outras vezes, as caçambas estão relativamente vazias, o que significa que o caminhão passou por ali à toa – poderia ter ido na semana seguinte e poupado um tempo de trabalho valioso. Como centenas de caçambas são esvaziadas todo dia, a coleta poderia ser otimizada de maneira mais dinâmica. O caminhão iria apenas até aqueles locais em que o nível de lixo tivesse alcançado um limite crítico. Desse modo, cada caminhão atenderia vários clientes, provendo um serviço de melhor qualidade. E é isso o que estão fazendo as empresas estrangeiras de coleta de lixo mais inteligentes, como a Sensoneo (SENSONEO, 2021).

Uma maneira inteligente de organizar a coleta de lixo exige três elementos: 1) sensores em caçambas que meçam a quantidade de lixo dentro dela, 2) fontes adicionais de informação, como boletins sobre o tempo e as condições do trânsito, e 3) um algoritmo de IA que crie um novo trajeto para cada caminhão da empresa de coleta a cada noite. Além disso, tais sistemas podem alavancar recursos adicionais similares aos usados pelo Uber com seus motoristas para picos de demanda.

O algoritmo de IA calcula a maneira ideal de coletar lixo das caçambas que estão quase lotadas. Isso cria um trajeto para cada veículo, de modo que todas as caçambas relevantes sejam esvaziadas e cada trajeto seja o mais curto possível. O algoritmo também considera desvios e intercorrências ocasionados pelas condições de trânsito e do tempo. Além disso, quando locais individuais derem a impressão de gerar ineficiência para uma coleta pelo caminhão da empresa, o sistema de IA pode criar uma requisição para uso de motoristas terceiros. Estes podem ser pessoas que tenham caminhões de coleta ou outros veículos adequados para coletar pequenas quantidades de lixo. Se um desses sublocados assume a requisição, a localização é excluída do trajeto dos caminhões da empresa. Se ninguém assume a oferta, a IA reajusta o trajeto de um de seus caminhões para que cuide também daquela localidade.

Dessa maneira, o trajeto dos motoristas de caminhão não é mais determinado pelo gerente (e pelo planejamento ditado por sua racionalidade limitada), nem por sua rotina. Em vez disso, os veículos são controlados por um algoritmo de IA que leva em conta toda informação relevante, atualizada, para fazer as melhores escolhas.

Além disso, a empresa tem maior flexibilidade na alocação de recursos, pois pode sublocar pontos individuais de coleta por meio de seu serviço on-line.

No caso da sua organização, de que maneira as tarefas estão sendo alocadas? Você confia numa rotina que leva cada funcionário a fazer a mesma tarefa todos os dias, não importa qual seja a situação geral? Ou você confia em membros da equipe e gerentes intermediários que se atualizem sobre as necessidades atuais da empresa e da disponibilidade de funcionários? Seria possível automatizar parte desse trabalho por meio de IA?

2. Use IA para combinar a expertise certa com a tarefa certa

Quando uma organização precisa desempenhar uma tarefa, há várias qualidades individuais que influenciam a decisão a respeito do dever ou não de uma pessoa cuidar de uma determinada tarefa. Essas qualidades podem ser as aptidões relevantes para aquela tarefa, a localização física da pessoa, o domínio de idiomas, a habilidade para se relacionar pessoalmente ou a existência de outras atividades produtivas que a pessoa poderia desempenhar no lugar daquela.

Tradicionalmente, um papel dentro de uma hierarquia organizacional engloba aptidões para a tarefa e localização física. No entanto, à medida que as organizações se tornam mais complexas, as funções providas por papéis formais se tornam menos relevantes. Isso acontece porque há muitas outras dimensões a considerar na adequação de um funcionário à tarefa do que aquelas que um simples papel pode oferecer. Em vez de manter cada indivíduo categorizado sob um papel, você precisa definir múltiplas "tags" para cada pessoa, isto é, os "rótulos" que indicam suas várias aptidões e qualidades, e então selecionar a pessoa mais adequada à tarefa.

No entanto, considerando a maior parte da história moderna, não tem sido possível coordenar as ações de dezenas de pessoas com múltiplas aptidões. E não tem sido possível porque há muitas atividades acontecendo continuamente numa organização, e uma única pessoa pode se encaixar em muitas dessas tarefas. No entanto, uma IA que vê tudo ao mesmo tempo, o tempo inteiro, pode simular a melhor maneira de distribuir as tarefas entre os indivíduos. Ela calcula como maximizar a produtividade geral da organização em vez de isso ser definido a partir de uma única missão ou indivíduo.

Do ponto de vista do indivíduo, numa organização fluida significa que cada um recebe suas tarefas diárias a partir de IA e então desempenha o trabalho. Ele pode continuar com os mesmos membros de equipe e as mesmas tarefas do dia anterior, mas pode também ter algo diferente. Embora isso exija um pouco de tolerância à mudança, é provável que os indivíduos gostem de trabalhar dessa maneira porque são designados a fazer o melhor uso possível de suas aptidões. Além disso, a IA pode também otimizar os melhores encaixes interpessoais ao formar as equipes.

ESTUDO DE CASO

Usar a IA para combinar pacientes com provedores de cuidados médicos

Em vários domínios, encontrar o especialista certo para a tarefa costuma ser um desafio importante. Considere, por exemplo, uma ida ao médico. Digamos que você tem um problema específico no joelho e gostaria de se consultar com um médico muito experiente nesse tipo de caso. No entanto, como você nunca teve esse problema antes, não tem como avaliar qual seria a possível adequação desse médico ao seu problema. E quando verifica os sites de vários médicos, vê que as áreas de experiência são listadas de maneira bastante vaga.

Algumas plataformas de assistência médica usam uma solução alternativa, desenvolvida pela Futurice, uma empresa de software europeia (Aito.ai, 2018), para esse problema. Em vez de se apoiar nas palavras-chave que os médicos listaram nos perfis como suas áreas de atuação, a plataforma usa IA para determinar a verdadeira especialidade do médico. A IA lê informações relevantes a respeito de ações anteriores do médico, como registros de pacientes, e-mails e publicações médicas, para compreender o que ele ou ela têm feito. A IA então propõe aquele médico cuja especialidade se mostre mais adequada ao paciente. (A IA também considera outros fatores, como a localização e a preferência de preço). Desse modo, a plataforma permite pareamentos mais eficazes, por recorrer a uma IA avançada.

O uso do algoritmo de pareamento (*matchmaking*) não se limita às transações entre pacientes e médicos. Um cliente pode, por exemplo, entrar na plataforma movido por qualquer necessidade relacionada à saúde e bem-estar, seja uma dor no peito não muito clara, um nodo linfático inflamado, o desejo de perder peso ou uma alteração no humor. O cliente fornece uma breve descrição de suas necessidades e um algoritmo de IA faz o pareamento do cliente com o provedor de serviço mais adequado. Uma dor nas costas, reportada junto com alguma informação sobre antecedentes, pode levar a IA a indicar o paciente a um fisioterapeuta e a uma empresa de mobiliário. Isso asseguraria o tratamento do problema agudo e também a melhoria das condições de trabalho do cliente, para prevenir futuras dores nas costas.

Note como a IA permite organizar o processo inteiro de uma nova maneira: o cliente/paciente está em contato com uma plataforma on-line. Diferentes provedores de serviços se juntaram a essa plataforma on-line em segundo plano, e a IA determinou suas aptidões e capacidades interpretando dados textuais a respeito de suas atividades anteriores. A IA então combina o paciente com um conjunto de provedores de serviços e assegura que estes desempenhem seus serviços na sequência correta e de maneira consistente. O paciente/cliente obtém um serviço holístico, mas não há nenhum humano no controle do arranjo geral das atividades. A própria empresa não provê as atividades, mas a IA organiza cada provedor de serviço para desempenhar sua atividade no momento certo e no lugar certo. ∎

De que maneira sua organização está combinando a expertise com as tarefas? Você confia nos títulos das pessoas? Por exemplo, é sempre o gerente de comunicações que trabalha com assuntos relacionados à comunicação, independentemente de ele ter ou não um conhecimento substancial daquele assunto específico? E é o gerente de relações com o cliente que lida com tópicos relacionados ao cliente, não importa se ele tenha ou não uma boa compreensão do assunto particular daquele cliente, digamos uma tecnologia específica? Ou você conta com uma base de dados interna sobre as aptidões das pessoas, que alguém talvez atualize de vez em quando, mas que ninguém nunca utiliza? O quanto sua organização poderia ser muito mais produtiva se a te IA ajudasse a identificar a pessoa que dispõe do conjunto de aptidões mais relevante para a tarefa?

3. Use a IA para criar equipes otimizadas

Além de emparelhar um único indivíduo a uma tarefa específica, a IA pode ajudar você a formar ótimas equipes. A Futurice usa um algoritmo chamado BubbleBurster para montar novas equipes para tarefas específicas (ASIKAINEN, 2020). Quando um cliente envia uma solicitação, o algoritmo localiza os especialistas mais adequados para a tarefa. A equipe pode ter, por exemplo, uma pessoa com expertise relevante no setor, outra que tenha tido um relacionamento anterior com o cliente e uma terceira com expertise de conteúdo relevante. Juntas, essas pessoas podem gerar muito mais valor ao cliente do que qualquer outra combinação potencial de indivíduos entre as várias centenas de membros da equipe internacional da Futurice. Consegue-se isso pois é permitindo que a IA, em vez de um gestor, determine quem deverá trabalhar naquela questão do cliente.

O BubbleBurster rompe silos nas estruturas organizacionais, formados pela racionalidade limitada do humano. Tradicionalmente, quando se contava com várias centenas de funcionários, ninguém era capaz de conhecer todos eles e as respectivas aptidões. Portanto, uma hierarquia era criada. Cinco vice-presidentes eram nomeados e cada um deles passava a supervisionar sete gerentes intermediários, e cada um deles lidava com cerca de 10 membros de equipe. Essa hierarquia era necessária porque um único humano só é capaz de monitorar o trabalho de cerca de dez pessoas com suficiente rigor.

A hierarquia era eficaz por ser possível normalmente dividir as pessoas em termos de funções ou a partir de alguma outra dimensão. Por exemplo, engenheiros de radiodifusão ficavam sob gerência de um vice-presidente, engenheiros de software sob outro, pessoal de marketing sob um terceiro e assim por diante. Alternativamente, podia-se dividir o pessoal de acordo com a região geográfica. Em qualquer caso, era possível criar unidades relativamente independentes e deixar que a equipe fizesse a maior parte do trabalho dentro da unidade.

No entanto, um efeito colateral não pretendido da hierarquia e da divisão de tarefas é a formação de silos. Como cada unidade atende principalmente questões relacionadas à unidade, é raro que as pessoas levem em conta o que acontece nas demais unidades. Portanto, dificilmente ficam em contato com a expertise dos membros das demais. Por isso, muitas vezes acabam reinventando a roda em sua própria unidade ou deixando de alavancar a expertise interna a outras unidades para tarefas cruciais.

Com a organização ativada por IA, a necessidade de unidades praticamente independentes se reduz, já que ela pode lidar com tudo simultaneamente e manter conhecimento das atividades e expertise de cada um. Numa organização totalmente ativada por IA, os membros da organização não têm um cargo formal. Em vez disso, estão "locados" dentro de um único *pool* de gestores e funcionários. A IA sempre seleciona os indivíduos mais adequados desse pool para cada tarefa que a organização precisa desempenhar. Ela é capaz disso porque tem conhecimento sobre cada indivíduo, suas aptidões, rede, localização, disponibilidade, custo de oportunidade e outros atributos relevantes, além dos requisitos da tarefa.

Uma tarefa desempenhada por uma equipe como essa pode também produzir novas tarefas para a organização: uma primeira equipe pode identificar várias oportunidades de mercado e definir então uma nova tarefa para investigar essas oportunidades mais a fundo. A IA, então, seleciona um conjunto de indivíduos do *pool* para lidar com a segunda tarefa, e assim por diante. Os indivíduos selecionados para a segunda tarefa podem ou não ser os mesmos que desempenharam a primeira – vai depender de suas adequações à tarefa. Desse modo, cada indivíduo sempre estará desempenhando aquelas tarefas que trazem mais benefícios à organização. Numa visão mais avançada (talvez utópica), até mesmo a formulação estratégica e outras atribuições da liderança desempenhadas tipicamente pela equipe executiva poderiam ser tratadas dessa maneira dinâmica.

Um passo inicial na direção de organizar por meio de uma IA ativa, liberada da hierarquia e dos papéis, é o uso de ferramentas como a BubbleBurster, que ajudam você a romper os silos, uma tarefa ou reunião por vez. Você pode também criar vários "pequenos *pools*", de modo que haja algumas tarefas para as quais sejam escolhidos os funcionários mais adequados da maneira acima descrita. Você pode, por exemplo, ter um *pool* de funcionários para uma determinada região geográfica ou segmento de clientes. Então, para cada tarefa nessa região ou segmento, a IA selecionará uma equipe otimizada a partir do *pool* alocado para ela.

4. Use a IA para gerir interdependências

Uma organização fluida ativada por IA permite coordenar a interdependência das tarefas. Cada indivíduo tem uma produção específica que deve entregar em determinado tempo. Essas entregas funcionam como contribuições para a tarefa seguinte, do mesmo modo que produtos físicos seguem adiante ao longo de uma linha de montagem. Tradicionalmente, a coordenação entre tarefas tem sido uma razão para não mudar processos com frequência. No entanto, com soluções avançadas de IA, é possível uma coordenação mais dinâmica. Mesmo que a cadeia de tarefas mude com frequência, a IA pode modelar cada tarefa, contribuição, produção e sequência temporal.

Para ilustrar isso, considere um canteiro de obras inteligente onde os dados sejam registrados em tempo real para cada progresso das subtarefas. Em projetos de construção, várias das tarefas estão inter-relacionadas. Não se pode iniciar a tarefa seguinte antes que a atual tenha sido concluída. Por exemplo, o cimento precisa secar antes que o trabalho de eletricidade seja iniciado. Num canteiro de obras avançado, existe um dado em tempo real sobre a secagem do cimento. Conforme as condições climáticas e outros fatores, pode demorar de quatro a oito semanas. Esse dado em tempo real é usado para coordenar outras atividades. Numa solução de alto nível, o eletricista é programado para entrar em cena apenas depois que o cimento secou, tendo por base os dados de previsão da primeira semana.

Numa solução mais avançada ainda, a IA propõe medidas adicionais, como aquecimento e ventilação, para acelerar a secagem do cimento. Isso assegura que o projeto permaneça dentro da programação, desde que tais intervenções gerem menos custos que os atrasos causados pela demora na secagem do cimento e o atraso nos trabalhos interdependentes. Em outras palavras, a IA monitora como as coisas evoluem e recomenda ações corretivas que levam em conta todas as consequências relevantes.

Compare a operação inteligente com a abordagem tradicional em que a racionalidade limitada do humano restringe o que os gestores do projeto podem levar em conta. Eles têm um plano de construção: o pessoal que trabalha com cimento foi agendado para chegar na semana #4, e, com base numa estimativa típica, os eletricistas ficam para a semana #7. Eles baseiam essas estimativas na experiência e avaliação do planejador. No entanto, esses fatores refletem, mas não consideram plenamente o efeito das condições no local de construção sobre a velocidade de secagem do cimento. Não conseguem levar em conta todos os detalhes associados a cada tarefa, porque um projeto de construção envolve centenas de tarefas. Nenhum humano é capaz de desenvolver uma expertise profunda sobre cada tarefa e suas potenciais interdependências.

Conforme o projeto avança, o trabalhador em cimento chega na semana #4, aplica o cimento, e então vai embora do canteiro. Depois o cimento começa a secar e os trabalhadores ficam ocupados com várias outras tarefas. Na semana #7, o pessoal da eletricidade chega. Eles checam o cimento, notam que ainda não secou o suficiente e decidem voltar uma semana mais tarde. Mencionam isso ao gerente da construção, que fica chateado, mas entende que não há outra opção.

O gerente da construção informa, então, à pessoa encarregada de instalar os painéis decorativos após a conclusão da instalação elétrica que o trabalho de eletricidade atrasou. Eles não se importam com isso porque, de qualquer modo, estavam programados para vir apenas dali a duas semanas e também porque tinham vários outros projetos em execução. Porém, tampouco se dão ao trabalho de informar à equipe encarregada das tarefas seguintes já agendadas que o trabalho de decoração vai atrasar.

Nesse exemplo, os efeitos das limitações da racionalidade para a organização são visíveis: cada pessoa está considerando apenas a própria tarefa e suas implicações para a tarefa seguinte. No entanto, ninguém está ciente do conjunto geral de atividades e das suas várias interdependências. O gestor do projeto avalia o primeiro conjunto de implicações ao informar a pessoa encarregada dos painéis decorativos. No entanto, não leva em conta as implicações subsequentes, isto é, os atrasos causados aos estágios posteriores do trabalho.

Mais importante ainda, durante a primeira semana, quando o cimento não está secando tão rápido quanto se esperava, o gerente da construção não reage a isso. Eles não estão monitorando a secagem do cimento, pois estão envolvidos em dezenas de outras tarefas que são realizadas no canteiro de obras ao mesmo tempo. Não têm capacidade mental para monitorar isso, e as implicações afiguram-se vagas para eles, já que têm uma expertise limitada a respeito do processo de secagem do cimento. Falta-lhes também uma compreensão maior do custo desses atrasos acarretados pela lenta secagem do cimento, já que não percebem todas as implicações das tarefas interdependentes.

Assim, em vez do gerente da obra conseguir rever de que modo o processo de secagem do cimento vai influenciar o progresso geral e o custo do projeto, ele ignora o problema. Não se faz um acompanhamento constante da secagem do cimento nem são iniciadas ações corretivas para acelerar a secagem. Deixa-se que as coisas aconteçam e então só há uma reação quando os problemas já se agravaram o suficiente para que todos percebam.

A situação complica-se ainda mais porque várias atividades paralelas estão em andamento em cada um dos locais do canteiro de obras. O gerente da construção está monitorando a secagem do cimento e o progresso de várias outras atividades. Cada uma dessas atividades pode ter algumas implicações para várias outras, que por sua vez também terão implicações para outras. Com a racionalidade restrita dos humanos, não é possível ver todas essas conexões o tempo todo. Também é impossível atualizar a própria previsão mental de como as coisas vão andar e onde será necessário intervir.

Em contraste com isso, uma solução avançada de IA, combinada com sensores ativos no site, pode simular continuamente o progresso de cada subtarefa e modelar a implicações para as tarefas interdependentes. A IA é capaz também de identificar onde as intervenções vão prover o maior valor e, então, dedicar recursos adicionais a elas.

Dessa maneira, enquanto os humanos têm limitações na racionalidade e só conseguem ver poucas coisas por vez, uma IA pode ver tudo ao mesmo tempo, o tempo todo. E essa capacidade de estar e ver em todos os lugares permite-lhe recomendar ações que beneficiam ao máximo a organização e o processo, em vez de apenas otimizar uma subtarefa restrita.

No caso da sua organização, quais são os processos de ponta a ponta mais essenciais que poderiam beneficiar-se de uma coordenação baseada em IA? Em que pontos você tem situações nas quais as ações de uma primeira equipe causam substanciais atrasos em fases posteriores do processo?

5. Melhore a comunicação de mudanças com IA

Além das escolhas concretas relacionadas a alocação de tarefas, definição de pessoal e cronograma, a IA pode aumentar aptidões de gestão mais sutis. Em particular, pode ajudar a personalizar a comunicação de mudanças (STENIUS; VUORI, 2018). As características individuais das pessoas influenciam sua receptividade à mudança. Por exemplo, diferentes identidades nacionais ou históricos educacionais podem levar a diferentes percepções das mudanças organizacionais. Portanto, as organizações deveriam personalizar sua comunicação de mudanças para fazê-las corresponder ao seu público-alvo.

Tradicionalmente, são os gerentes intermediários que personalizam essa comunicação de mudanças organizacionais. Eles fazem a ponte entre a alta administração e os funcionários, comunicando preocupações para as hierarquias superiores e personalizando as mensagens delas para as hierarquias inferiores. Conhecem os membros de suas equipes e podem, portanto, enfatizar aqueles aspectos da mudança mais capazes de motivá-los. Hoje, porém, a IA permite que as organizações personalizem de modo automático sua comunicação a vários grupos. Como a IA conhece cada um na organização, também compreende do que cada um vai gostar mais.

A análise de dados ajuda a identificar as características e atitudes individuais que mais influenciam as reações das pessoas à mudança e de que maneira o fazem. Você pode, por exemplo, tornar mais agradável a mudança de escritórios fechados para escritórios abertos por meio de uma comunicação personalizada. Para os extrovertidos, comunique de que modo o arranjo criará novas oportunidades de interação. Em contraste, para os introvertidos, enfatize as medidas que asseguram que haverá suficientes possibilidades de trabalhar com tranquilidade. Como a IA é capaz de determinar os traços de personalidade dos funcionários, ela pode escolher que tipo de mensagem é melhor enviar a cada um.

Você pode personalizar sua comunicação de mudanças por meio de algo tão simples como começar com um vídeo mostrando uma fala do CEO e destacando o ponto mais relevante para cada indivíduo. Todos na organização verão o mesmo vídeo. Mas a IA irá determinar que trecho da fala terá maior repercussão para eles. Assim, diferentes indivíduos captam diferentes pontos de partida. Essa personalização pode variar, desde introduzir aspectos de mudança na gestão a ressaltar estratégias de mudança mais sistemáticas, holísticas, que moldam toda a experiência individual.

As organizações já têm dados variados e extensos sobre seus membros. Já se sabe o cargo atual deles, seu histórico profissional, idade, gênero, grau de instrução e outras características. Poderia-se expandir isso coletando mais dados de novas fontes, ainda não exploradas, como dados de plataformas de mídias sociais ou de dispositivos vestíveis que rastreiam atividades (dentro de limites éticos e legais, é claro).

6. Defina limites para a IA

Até aqui, nossos exemplos têm destacado a flexibilidade e as aptidões dinâmicas de organizar por IA. No entanto, você precisa estabelecer alguns limites para a IA.

Vamos ilustrar isso num canteiro de obras. Nesse caso, ter um cronograma geral costuma ser benéfico. Existem prazos finais para subtarefas. Por exemplo, pode ser decidido que o cimento vai secar em seis semanas, mesmo que isso exija um custo adicional, porque muitas outras atividades dependem da secagem do cimento.

Assim, a solução de IA não reprograma todas as atividades interdependentes. Em vez disso, ela ativa ações corretivas para secar o cimento no prazo. E todo mundo no canteiro de obras sabe que o cimento secar no prazo é uma prioridade e confiam que secará como programado. Isso assegura que todos estejam prontos para iniciar a fase seguinte do trabalho de maneira sincronizada, e melhora a eficácia geral do trabalho.

De modo similar, o foco e a extensão do trajeto dos motoristas dos caminhões de lixo devem ter algumas condições limitantes. Os motoristas têm maior probabilidade de um desempenho eficaz quando operam numa área que conhecem, e a empresa não pode fazê-los assumir uma sobrecarga de trabalho. Isso destaca que embora a IA forneça uma compreensão em tempo real e promova reajustes dinâmicos, essas atividades devem estar dentro de limites razoáveis para os humanos que operam no sistema.

APRENDA A TRABALHAR COM IA

A mudança não vai acontecer da noite para o dia. Seus funcionários e você têm expectativas e pressupostos diferentes em relação à nova tecnologia. Embora todos possam concordar que a mudança é inevitável a longo prazo, a curto prazo alguns podem ainda resistir à IA e aos modelos de negócio. Seu desafio é transformar o medo em energia, como vimos no Capítulo 1.

Para uma organização funcionar, ela precisa ter clareza de suas metas, papéis e regras para tomada de decisões. O mesmo se aplica à IA. Se a IA está numa posição auxiliar, mas os funcionários acreditam que é ela que deve decidir, podem acontecer coisas ruins. Ou, então, se os membros da organização esperam que a IA decida, mas os gestores não acreditam nela e tomam as próprias decisões, a coisas também poderá ir mal.

Portanto, defina o que você quer com a IA. Você está procurando um aconselhamento diante das várias alternativas ou decisões automatizadas?

Ou quer que ela aprenda novos parâmetros que influenciem decisões? Você precisa entender o contexto em que a IA está sendo usada e lembrar que ela aprende a partir de novos dados. Desse modo, a IA pode mudar a maneira pela qual uma organização funciona à medida que vai aprendendo mais. Cada um desses passos leva a um desenho organizacional diferente do ponto de vista humano. A meta não é automatizar tudo, mas definir uma configuração na qual o potencial da IA corresponda à tarefa em pauta.

USE ESSES QUATRO PASSOS PARA APRENDER A TRABALHAR COM IA

Sugerimos quatro passos que você pode seguir para levar adiante a IA na sua organização (ver também Murray *et al.*, 2021). Não automatize tudo desde o início. Progrida de maneira sistemática e aplique o ciclo de aprendizagem que vimos no Capítulo 4.

Quatro passos sobre como aprender a trabalhar com IA:

1. Permita que a IA faça recomendações, mas deixe que humanos decidam
2. Permita que a IA tome decisões automatizadas com base em critérios predeterminados
3. Use a IA para criar novos critérios para que um humano decida
4. Permita que a IA tome decisões autônomas com base na aprendizagem dela

1. Permita que a IA faça recomendações, mas deixe que humanos decidam

Nesse cenário, a IA é sua melhor conselheira, mas ela não vai decidir por você. Esse cenário é, portanto, um primeiro passo seguro enquanto você aprende a trabalhar com IA.

A IA pode analisar toneladas de dados que você não conseguiria examinar em seu tempo de vida, e faz isso em poucos segundos. Com base em critérios predeterminados, ela recomenda várias opções para que os humanos escolham. Estes, ao fazerem escolhas, mantêm uma sensação de controle e têm a probabilidade de gostar de trabalhar com IA.

Vamos voltar ao nosso exemplo da IA dedicada a escolher uma equipe para desempenhar uma tarefa específica. Nesse cenário, com base numa abordagem desenvolvida pela IBM (IBM, 2018), um humano define parâmetros relevantes para o desempenho da equipe. Esse humano reflete a respeito de aptidões que a equipe deve ter para ser bem-sucedida na sua tarefa. Ele ou ela confiam na experiência e na intuição para identificar as características necessárias. Os parâmetros podem ser, por exemplo, que pelo menos um dos membros da equipe tenha um dos seguintes atributos:

- Cinco anos de experiência em programação na nuvem.

- Cinco anos de experiência no setor do cliente.

- Relacionamento preexistente com o cliente.

- Uma graduação em negócios.

- Francês fluente.

- Esteja localizado na Europa Central.

O humano definiria esses atributos para o sistema de IA. Ela, então, buscaria funcionários adequados nas bases de dados da empresa e sugeriria uma equipe otimizada. A IA poderia usar várias abordagens para identificar as aptidões necessárias, além do CV formal e das bases de dados referentes a habilidades, como nas análises textuais que discutimos antes. A IA poderia, por exemplo, sugerir uma equipe de três pessoas:

- Pessoa 1

  - Tem experiência em programação na nuvem nos Estados Unidos.

- Pessoa 2

- É especialista de marketing e trabalhou com o cliente mais de cinco anos;

- Tem francês fluente;

- Está localizada na Europa Central.

○ Pessoa 3

- É um MBA recentemente contratado pelo escritório de Singapura.

Vendo essas sugestões, o humano pode decidir se aceita ou rejeita a proposta da IA. Poderia ponderar que seria ineficaz ter pessoas de três diferentes fusos horários. Então, ele ou ela rejeitaria essa proposta da IA (e possivelmente acrescentaria uma restrição de localização aos critérios). Se o humano rejeita a proposta da IA, ela pode, então, buscar uma combinação alternativa. A IA também pode ser programada para sempre sugerir, digamos, três alternativas, a partir das quais o humano fará sua escolha. Isto é, a IA presta assistência à tomada de decisões, mas ela mesma não decide.

Em que decisões você poderia usar contribuições adicionais da IA? Considere a variedade de escolhas que são feitas diariamente em sua organização. Quais dessas escolhas se baseiam em critérios e atributos que poderiam ser programados para a IA? Será que você deveria contratar um fornecedor para criar um sistema de IA que aprimorasse essas decisões?

2. Permita que a IA tome decisões automatizadas com base em critérios predeterminados

Nesse cenário, um humano define os critérios para uma decisão. Com base nesses critérios, a IA pode tomar uma decisão automática. Para continuar no nosso exemplo da escolha de uma equipe, um humano define os critérios usados para selecionar a equipe, e a IA automaticamente determina a composição da equipe e a sua programação para o trabalho.

Ao adotar essa abordagem, você ganha eficiência. Pode usar essa abordagem depois que as pessoas passarem a confiar nas recomendações da IA do primeiro passo. Ao constatar que você ou sua equipe aceitaram as últimas 20 recomendações da IA, pode-se concluir que é uma boa hora para deixar que a IA trabalhe autonomamente.

Um desafio nessa abordagem é que o conjunto de critérios criado pelo humano pode ser incompleto. Por exemplo, talvez exista um conflito pessoal entre dois funcionários. Portanto, eles não deveriam ser colocados na mesma equipe. No entanto, se isso não foi listado como um critério, a IA não levará em conta esse conflito, mesmo que todos na empresa estejam cientes dele. Portanto, é útil você pensar também em como maximizar a aprendizagem da IA.

3. Use a IA para criar novos critérios
para que um humano decida

A IA pode observar os resultados das equipes em tarefas específicas, analisar por que falharam ou foram bem-sucedidas e descobrir novos critérios para selecionar as equipes. Esses critérios podem ser compreensíveis a humanos, mas às vezes também são muito complexos e difíceis de explicar.

Por exemplo, ao recomendar uma equipe otimizada, a IA parte dos atributos favoráveis dos membros da equipe em vez de confiar na definição do humano. A IA faz isso analisando o desempenho dos projetos passados (relevantes) e comparando-os com os atributos dos membros do projeto, e também com a meta do projeto e com várias outras características relacionadas a ele. O essencial aqui é que em vez de se confiar na intuição e em ideias preestabelecidas de um humano a respeito do que torna uma equipe excelente, a IA aprende quais são os atributos que fazem prever o desempenho da equipe. Por meio de uma abordagem como essa, o Google descobriu que a segurança psicológica é um dos fatores-chave que contribuem para o desempenho da equipe (DUHIGG, 2016; RE:WORK, s.d.).

Outras características identificadas pela IA podem envolver algumas que são intuitivas para os humanos, como o setor e o país de um cliente. É possível incluir também outras menos intuitivas, como a estação do ano (verão, outono, inverno, primavera) ou a altura dos membros da equipe do projeto.

Se a IA tem acesso a dados de conversas sobre o projeto, pode inferir características da equipe a partir disso. Sem definir os critérios, pode concluir, por exemplo, que equipes que usam uma linguagem que favorece a segurança psicológica têm desempenho melhor que outras.

Depois que a IA identifica os atributos relevantes, ela procura funcionários que atendam a essas características. Ao identificá-los, sugere uma alternativa, ou várias, para que os humanos decidam. Os humanos então fazem a escolha.

Um desafio ao usar "IA para criar os critérios, mas deixando que humanos decidam" é que os humanos podem não entender por que a IA está sugerindo aquelas equipes e não outras. Isto é, as opções podem parecer contraintuitivas ou equivocadas segundo a visão dos humanos.

Humanos têm dificuldades para agir a partir de recomendações que não façam sentido para eles. Mas às vezes é benéfico fazer isso. Por exemplo, um fundo multimercado (*hedge fund*) de alto nível, o Renaissance, faz extensivo uso de AI e às vezes seus funcionários não entendem as recomendações dela. Mesmo assim, eles se beneficiam ao transacionar ações com base em anomalias não intuitivas detectadas por aprendizagem de máquina que são difíceis de explicar (PENG, 2020).

Portanto, essa abordagem requer coragem e confiança na IA por parte daqueles que tomam as decisões.

Para reduzir a necessidade de confiar cegamente na IA, você pode investir em IA explicável. Isso envolve módulos que tornam as recomendações de IA mais compreensíveis para as pessoas. Em primeiro lugar, onde for viável, você deve selecionar algoritmos que contenham uma lógica explícita para as escolhas que fazem. Além disso, vale a pena criar uma interface para explicação, que exponha as razões ao usuário. Várias novas técnicas para tornar a IA mais explicável estão sendo desenvolvidas e você pode recorrer às soluções mais avançadas (ver DARPA, 2021; IBM, 2021). Como executivo, você terá que decidir se esse investimento adicional vale de fato a pena.

4. Permita que a IA tome decisões autônomas com base na aprendizagem dela

Como último passo, você deixa a IA aprender e tomar decisões autônomas. Ela pode, por exemplo, observar os resultados das equipes em tarefas específicas e detectar por que falharam ou foram bem-sucedidas.

Ela ajusta seus critérios de acordo, para poder selecionar as equipes com base nisso, e, então, atribui automaticamente membros de equipe para as tarefas que venham em seguida.

Essa abordagem tem pelo menos dois benefícios substanciais: eficiência e eliminação das tendenciosidades humanas. Você ganha eficiência, porque não é mais necessário um humano para tomar conhecimento das alternativas ou travar batalhas políticas. E fica livre da discriminação humana, pois não há nenhum humano sobrepondo-se à recomendação da IA. Além disso, como a IA aprende a partir dos dados sobre desempenho, é provável que desenvolva uma compreensão superior dos fatores que influenciam o sucesso da equipe. Pode, portanto, criar equipes mais fortes que as criadas pelos humanos.

As desvantagens dessa abordagem decorrem de perder a visibilidade e o controle humanos. A IA provavelmente aprenderá padrões benéficos e tomará ótimas decisões. No entanto, numa situação qualitativamente diferente das anteriores, a IA pode fazer recomendações equivocadas, enquanto as pessoas verão as implicações óbvias.

Além disso, pelo fato de darmos à IA maiores responsabilidades para pensar e controlar, diminuem as oportunidades para que os humanos na sua organização assumam papéis de gestão. Quando não há IA, os gestores de nível mais baixo aprendem a lógica do negócio ao tomarem decisões rotineiramente. Mas se essas decisões ficam totalmente automatizadas, esses gestores perdem a chance de praticar.

De qualquer modo, os benefícios costumam ser maiores que os riscos e é útil começar com a construção dessa abordagem. Você pode, de início, automatizar decisões simples. Que decisões você já pode automatizar e deixar por conta do aprendizado de uma IA? Depois de ganhar familiaridade e começar a confiar na IA, qual será o próximo conjunto de decisões automatizadas que você transferirá a uma IA capaz de aprender?

TRANSCENDA AS LIMITAÇÕES FÍSICAS NO DESENVOLVIMENTO USANDO GÊMEOS DIGITAIS

Engenheiros da fábrica da Nestlé em Juuka, Finlândia, haviam acabado de introduzir novos dados num sistema. Uma rodada de produção semanal foi concluída apenas alguns segundos depois. Um engenheiro fez uma revisão dos resultados e ajustou os parâmetros da produção com base nos resultados da simulação. O que tornou isso possível foi um modelo digital preciso, um gêmeo digital, construído pela Siemens. Gêmeos digitais permitem a rápida simulação de eventos da vida real, como uma produção.

O mundo real é difícil de manejar. Imagine uma fábrica de papel com um complexo sistema de controle. Quando os engenheiros querem testar um novo algoritmo para melhorar o processo, levam várias semanas, ou mesmo meses, para realizar todos os testes. E há também o risco de que alguma coisa não funcione ou que o novo processo não se mostre bem-sucedido.

Portanto, as empresas precisam de gêmeos digitais. Um gêmeo digital é uma apresentação digital de processos, sistemas, ativos físicos e comportamentos operacionais da vida real. As pessoas costumam associá-los a fábricas e ao setor de manufatura. Mas um gêmeo digital consegue modelar qualquer coisa da vida real, até mesmo uma pessoa. Portanto, as empresas podem usá-los para vários propósitos.

Com um gêmeo digital, você pode organizar de maneira genuína a partir de IA. Se você modela sua plataforma como um gêmeo digital, abrem-se novas possibilidades, como a produção de dados por meio de simulações, a fim de treinar seus modelos de IA.

Pense nos serviços de entrega de comida, como o Uber Eats. Como vimos no Capítulo 4, "Crie um ciclo de aprendizagem", o Uber Eats modela e prevê o tempo de preparo da comida para programar o momento certo de retirá-la. Além disso, prevê o tempo de entrega da refeição preparada. Cada novo pedido melhora o sistema pelo fato de produzir mais dados. Como resultado, desenvolve um gêmeo digital mais preciso do processo de preparo e entrega da comida com base em dados do mundo real. Em pouco tempo, permite rodar simulações e testar um novo modelo de IA para otimizar o trajeto sem precisar entregar refeições de verdade. Depois que o algoritmo está pronto, ele é aplicado à produção. Os desenvolvedores podem também acrescentar um humano ao ciclo, que visualize o processo de entrega num mapa para acompanhar o comportamento do entregador e melhorá-lo.

Em outras palavras, você pode usar gêmeos digitais no desenvolvimento para transcender as limitações físicas. Vejamos como você pode começar a fazer isso.

CONSTRUA GÊMEOS DIGITAIS POR MEIO DESSES QUATRO PASSOS

Siga esses quatro passos para alavancar gêmeos digitais em sua organização.

Quatro passos para transcender limitações físicas usando gêmeos digitais:

1 Introduza a noção de gêmeo digital na sua organização
2 Construa um gêmeo digital da sua plataforma
3 Conecte a IA e os gêmeos digitais
4 Reimagine seu negócio com IA e gêmeos digitais

1. Introduza a noção de gêmeo digital na sua organização

Não se apresse em desenvolver gêmeos digitais antes de considerar as metas de seu negócio. Quando você tem clareza sobre suas metas, fica mais fácil pensar em utilizar gêmeos digitais. Pergunte à organização o que está limitando a velocidade de seu desenvolvimento. Há máquinas ou processos que você poderia modelar com gêmeos digitais? Você conseguiria tomar melhores decisões operacionais criando um gêmeo digital e usando-o para aprender e prever mais rápido?

Treine sua equipe para que compreenda o conceito de gêmeo digital e as oportunidades que ele oferece. Não seria bom ficar livre das limitações físicas de máquinas, processos e humanos? Nesse caso, quais simulações e ferramentas baseadas em IA você poderia usar para melhorar sua organização?

No Capítulo 4, descrevemos o sistema de IA da Finnair para prever congestionamentos de voos. Depois que ocorrem atrasos, o pessoal em terra precisa agir para resolver as coisas. Mas é difícil treinar pessoal numa situação real. Portanto, a Finnair desenvolveu um gêmeo digital para treinar seu pessoal em terra para acelerar os voos atrasados. O gêmeo digital é uma réplica virtual em 3D do aeroporto e dos aviões. O pessoal pode ser treinado em missões como acelerar o abastecimento de uma aeronave, agendar equipes de limpeza adicionais ou providenciar outras escadas para agilizar as partidas e o embarque de passageiros (ZOAN, s.d.).

2. Construa um gêmeo digital da sua plataforma

Para construir um gêmeo digital, você precisa começar identificando e modelando os componentes do sistema. Por exemplo, para criar um gêmeo digital de uma fábrica, você modela componentes individuais, como bombas e válvulas, com um modelo mecânico e físico. Você pode modelar seu desgaste a partir de dados históricos. A partir de um modelo mecânico, você acrescenta eletrônica e software de gestão. Pode, então, conectar produtos num modelo completo em nível de sistema. Pode também modelar fluxos de processo com modelos físicos ou de dados.

Para fazer um gêmeo digital ganhar vida, você precisa de dados em tempo real que consiga capturar do sistema da vida real por meio de sensores. Agora, sim, você criou uma réplica do sistema real para operar e observar, mesmo que seja de uma localização remota. Engenheiros podem planejar, simular, prever e otimizar a produção em questão de minutos. E quando algo sai errado no mundo real, você pode estudar o gêmeo digital para descobrir o que causou aquela condição defeituosa.

Princípios similares a esses estão em ação quando você cria um gêmeo digital de seus funcionários, como o Uber Eats e muitas outras empresas estão fazendo. Você cria um modelo físico que inclui, por exemplo, o mapa da cidade em foco e a velocidade estimada de diferentes métodos de entrega (a pé, de carro ou de bicicleta). Os sensores que você usa são os smartphones dos funcionários, que transmitem os dados de localização e outros parâmetros.

Para quem trabalha com conhecimento, o gêmeo digital usado pelas empresas costuma ser algo tão simples quanto uma planilha Excel. O Excel pode listar a disponibilidade da pessoa (isto é, sua atual carga de tarefas e as tarefas ainda pendentes atribuídas a ela), suas aptidões e sua velocidade típica (digamos, mais rápida que a média, média ou mais lenta que a média). Esses parâmetros permitem que as empresas modelem maneiras alternativas de alocar tarefas atuais e pendentes a diferentes funcionários, e vejam que padrão de alocação alcança resultados mais rapidamente.

E, lembre-se, o gêmeo digital não precisa ser completo. Precisa apenas ser bom o suficiente para modelar o problema que você está tentando resolver. Portanto, você pode começar com um sistema simples e ir melhorando-o pouco a pouco.

3. Conecte a IA e os gêmeos digitais

Parte do seu gêmeo digital são os modelos de IA que você desenvolveu para a sua plataforma. Agora você pode testá-los com rapidez muito maior sem necessidade de rodá-los num ambiente real. Você pode também produzir novos dados por meio de simulações no gêmeo digital a fim de treinar seu sistema de IA. Inversamente, a IA é usada para modelar o comportamento dinâmico do gêmeo digital.

Por exemplo, os engenheiros gostariam de ter uma bomba mais eficiente para aumentar a produtividade da fábrica. Isso é fácil num gêmeo digital; basta acrescentar o novo modelo, e o resto do sistema ajusta suas operações. Com IA, você pode analisar a mudança e identificar gargalos. Talvez algumas outras partes do sistema precisem também de um upgrade. O aumento de produtividade pode colocar algumas outras partes do sistema sob pressão e causar um desgaste mais rápido. A IA pode prever esse defeito.

Gêmeos digitais desencadeiam formas mais avançadas de IA. Como explicamos no Capítulo 4, a maior parte da aprendizagem de máquina hoje em dia é aprendizagem supervisionada, na qual o modelo aprende a partir de exemplos rotulados. Já descrevemos a aprendizagem por reforço, quando o modelo aprende a partir das recompensas que recebe ao realizar certas ações. Você pode aplicar a aprendizagem por reforço com gêmeos digitais sem receio de que sua fábrica sofra uma parada ao testar novos algoritmos. Treinar aprendizagem por reforço requer um número enorme de repetições. Com gêmeos digitais, isso não é um problema.

A IA pode trazer-lhe benefícios também quando você cria gêmeos digitais de seus funcionários. A IA aprende padrões que influenciam os tempos de conclusão de tarefas e a qualidade, e, portanto, melhora as sugestões que ela faz sobre como alocar tarefas. Por exemplo, suponha que a IA aprende que um determinado bairro tem alta probabilidade de gerar atrasos. Ela pode levar isso em conta ao alocar novos pedidos a um entregador que atenda a esse distrito. A IA poderia também modelar interdependências de certas tarefas, como os modernos aplicativos de gestão de tempo, e designar trabalhadores de conhecimento adicionais para tarefas que criem gargalos.

4. Reimagine seu negócio com IA e gêmeos digitais

A Hilti transformou-se de empresa de produto em negócio de soluções e plataforma. Sua meta é aumentar a produtividade de locais de construção. A Hilti constrói gêmeos digitais de canteiros de obras usando modelagem de informações sobre construção (*building information modelling*, BIM). O BIM é um processo para criar e gerir informações sobre um projeto de construção ao longo do ciclo de vida do projeto. Como resultado, produz uma descrição digital de cada aspecto do ativo construído, isto é, um gêmeo digital.

Em 2021, a Hilti levou isso ao nível seguinte. Implantou um piloto com a Boston Dynamic and Trimble para usar robôs de construção (TRIMBLE, 2019). O gêmeo digital baseado em modelos BIM permite, com precisão de milímetros, usar robôs para operar maquinário, como pistolas de pregos.

Com uma câmera integrada de 360 graus e documentação do local, robôs de software como o Boston Dynamics Spot podem capturar dados do local de construção (BOSTON DYNAMICS, 2020). Eles são capazes, portanto, de atualizar um gêmeo digital sobre o status do canteiro de obras. Este pode ser usado, por exemplo, para reprogramar atividades por meio de IA, como descrevemos anteriormente neste capítulo.

E cada local de construção vai produzir dados que acrescentarão valor a outros canteiros de obras. Isso acontece por meio de modelos mais avançados de IA que melhoram a programação das tarefas nos locais de construção e por meio de gêmeos digitais mais precisos. São efeitos de rede e ciclos de aprendizagem em ação num setor em que você talvez não tivesse pensado que existissem. Como resultado, empresas como a Hilti tornaram-se Plataformas Inteligentes.

LIÇÕES-CHAVE PARA SUA ORGANIZAÇÃO

Para concluir, apresentamos neste capítulo diferentes maneiras de aplicar a IA em sua organização. Não existe certo ou errado, pois isso depende do contexto. Muitas pessoas acham que a última meta é automatizar tudo. Isso pode não ser desejável ou às vezes sequer é permitido do ponto de vista legal. A IA pode também não saber o contexto da decisão, e, portanto, você ainda precisa de uma contribuição humana. A boa notícia é que, como humano, você pode decidir o nível de contribuição que dará ao planejar o modo de organizar sua empresa para IA.

■ **Use IA em vez de hierarquia formal**

- Você poderia usar IA para alocar tarefas aos funcionários e especialistas certos?
- O que iria melhorar se você usasse IA para coordenar várias tarefas?
- Como seria se você usasse IA para criar equipes otimizadas?
- É possível personalizar a comunicação de mudanças com IA na sua organização?

■ **Aprenda a trabalhar com IA**

- Onde você poderia usar IA para melhorar a tomada de decisões?
- Em que decisões você poderia deixar a IA aprender a partir de dados e definir novos critérios de decisão?

- Que decisões você poderia automatizar totalmente com uma IA que aprendesse autonomamente?

Construa um gêmeo digital

- As pessoas na sua organização enxergam o valor de gêmeos digitais?

- Você dispõe de máquinas, processos ou pessoas que poderiam ser modelados com gêmeos digitais?

- Que outras simulações e ferramentas baseadas em IA você poderia usar para melhorar sua organização?

CONCLUSÃO

Vivenciando os sete passos das Plataformas Inteligentes para transformar seu negócio

Como descrevemos na introdução, o negócio de telefones da Nokia não sobreviveu à era da plataforma. Mas a história da Nokia não terminou ali. Em 2012, a direção da Nokia começou a transformar *medo em energia* na empresa ao lidar com as emoções da alta administração. Os líderes da Nokia acabaram aceitando que precisavam se desapegar do enxugamento do negócio de telefones. E então *criaram o inesperado*, ao gerar várias opções estratégicas e analisá-las exaustivamente. A Nokia transformou-se numa empresa de redes, e atualmente dedica-se a desenvolver redes 5G que alavancam IA e propiciam várias plataformas e ecossistemas. Elas conectam humanos a veículos de condução autônoma, a fábricas e canteiros de obras complexos e a programas espaciais. (A transformação da Nokia está detalhada em VUORI; HUY, 2018; 2021.)

Durante essa jornada de renovação, a Nokia aprendeu a aplicar os outros passos descritos neste livro por meio de tentativa e erro. Para expandir o negócio de redes, a Nokia adquiriu a Alcatel-Lucent em 2015. A organização resultante da fusão inicialmente tornou-se complexa e criou muitos atritos dentro da Nokia e com seus clientes. A Nokia, portanto, tem procurado sistematicamente *reduzir o atrito* em suas operações, o que incluiu em 2021 uma simplificação radical em sua estrutura organizacional e processos. Ela está também simplificando e *focando sua oferta* naqueles que agregam mais valor a seus clientes e afastando-se de outros negócios, como enunciado por seu novo CEO, nomeado em 2021.

Em paralelo, a Nokia tem desenvolvido APIs e integrado IA de maneira ainda mais abrangente às suas operações. Aplicando a ideia de *cumprimentos de mão algorítmicos*, as APIs da Nokia ajudam terceiros a desenvolver soluções em todas as áreas-chave da Nokia: redes, IoT, produtos para a saúde, realidade virtual e infraestrutura de nuvem. Ela tem lançado ferramentas baseadas em IA para otimizar redes 5G e outras áreas, criando *ciclos de aprendizagem* (O'Halloran, 2020).

A empresa incentivou todos os seus membros, da diretoria aos funcionários típicos, a aprender IA (Siilasmaa, 2018) e tem adquirido tecnologias desse tipo (Olson, 2017). A empresa também introduziu várias ferramentas de IA para impulsionar a produtividade e a aprendizagem e aumentar a coordenação dentro da organização (Kotorchevikj, 2020). Mais recentemente, essas ações provavelmente irão propiciar que a Nokia se afaste de sua hierarquia tradicional e se torne *organizada em torno de IA*.

O ESPÍRITO E A APRENDIZAGEM DA NOKIA EM OUTRAS EMPRESAS

Enquanto a história da Nokia prossegue em áreas diversas da dos smartphones, os líderes da Nokia da era dos smartphones, entre eles Tero, aprenderam muito a partir de seus esforços anteriores no jogo da plataforma. Eles têm levado essas lições a várias outras empresas, e criaram novas Plataformas Inteligentes. Seus esforços ilustram como os sete passos descritos neste livro podem ajudar a criar uma nova plataforma inteligente ou transformar sua empresa em uma.

GOLDMAN SACHS

Tero contratou Marco Argenti em 2006 para comandar o ecossistema desenvolvedor da Nokia e sua *app store*. Depois da Nokia, tornou-se Diretor de Informações e membro do comitê gestor do Goldman Sachs. Outra pessoa da antiga equipe de Tero na Nokia, Atte Lahtiranta, é agora o Diretor Geral de Tecnologia (*chief technology officer*) do Goldman Sachs. O foco de Atte é atrair desenvolvedores para trabalhar com a empresa (Campbell; DeFrancesco, 2019). Marco e Atte estão transformando o gigante do setor bancário numa plataforma inteligente. Transformaram o medo dos desafios criados pelas empresas de tecnologia financeira (*fintech*) em energia para impulsionar a mudança.

Em particular, a empresa vem alcançando isso por meio da criação de uma nuvem financeira. Descrevemos o nascimento dos serviços na nuvem da Amazon, o AWS, no Capítulo 5, quando a gestão da Amazon percebeu que havia montado uma infraestrutura que outros podiam usar. O mesmo está acontecendo agora no Goldman Sachs. Ele elimina atrito para acessar serviços, da maneira que sua plataforma de negócios e análise de riscos fez para uso interno (BUTCHER, 2020). Seu alvo é tornar-se um parceiro para "banco-como-serviço" para empresas como Apple, Stripe, Amazon e Walmart. Portanto, elas podem embutir produtos e serviços bancários em sua oferta e deixar a parte pesada disso para o Goldman Sachs (CROSMAN, 2021).

VARJO

Um grupo de veteranos de tecnologia da Nokia fundou a Varjo em 2016, uma plataforma de realidade mista da próxima geração, focada em design criativo de empresas. Desde 2020, a empresa tem sido comandada por Timo Toikkanen, que já foi o líder do negócio de telefones celulares da Nokia. Em vez de tentar atender a todo tipo de clientes, a Varjo preferiu assumir um foco estreito, montando os melhores sistemas de realidade mista possíveis para o ambiente empresarial. A qualidade de seus serviços tem atraído tanto grandes empresas, como Boeing, Volvo e Autodesk, quanto clientes e parceiros delas. Na verdade, as parcerias talvez ajudem a orientar os próximos passos de sua história, permitindo-lhe, quem sabe, transcender os limites do setor.

THOMSON REUTERS

Taneli Ruda trabalhou na equipe de estratégia da Nokia antes de ir para a Thomson Reuters. Como diretor de estratégia, ele ajudou a empresa a criar ciclos de aprendizagem ativados por IA para alimentar o serviço de pesquisa legal inteligente da Westlaw Edge.

KONE

Matti Alahuhta esteve na equipe executiva da Nokia até 2005. Depois, tornou-se o CEO da KONE, cuja sede estava localizada a poucas centenas de metros da sede da Nokia, na bela praia do mar Báltico. Durante sua estada na KONE, a empresa lidou com fluxos de pessoas, o que requer gerir edifícios e ecossistemas mais amplos de soluções de mobilidade, em vez de apenas fabricar e vender elevadores e escadas rolantes.

Em particular, a KONE iniciou o desenvolvimento de APIs, que agora permitem que outras empresas se juntem à plataforma da KONE com um cumprimento de mão algorítmico. Apesar de a sede da Nokia ter se mudado da sua localização original depois que o negócio de telefone foi adquirido pela Microsoft em 2014, a torre da KONE ainda se ergue imponente no mesmo local.

GOOGLE

O fotógrafo e alpinista Hans Peter Brondmo fornece robôs ao Google por meio da X, sua fábrica de sonhos extravagantes, e continua criando o inesperado. Ele lidera um projeto de robô cotidiano, que desenvolve um robô aprendiz de propósito geral, capaz de operar autonomamente em ambientes não estruturados (X, 2021). Antes do ir para o Google, trabalhou na HERE, a unidade de mapeamento da Nokia, onde coliderou uma nova unidade de negócios voltada à inovação de produtos.

HILTI GROUP

Matias Järnefelt trabalhou com a equipe de estratégia corporativa da Nokia. Ele foi para o Hilti Group, onde é Diretor de Gestão para Europa do Norte e Grã-Bretanha. O Hilti ilustra bem a nova maneira de pensar a respeito da sua estratégia. Ele transcende os limites do setor; transformou-se de fabricante de ferramentas elétricas em plataforma inteligente para melhorar a produtividade de canteiros de obras, como descrito no Capítulo 7. Cria efeitos de rede. Cria um ciclo de aprendizagem e usa *insights* humanos para se expandir em novas áreas.

BETOLAR

Em seu livro *How to Avoid a Climate Disaster* (*Como evitar um desastre climático*), Bill Gates faz uma conclamação para que sejam encontradas soluções urgentes que substituam o cimento, a fim de resolver a crise climática (Gates, 2021). Isso também levou o antigo CEO da Nokia, Olli-Pekka Kallasvuo, e Tero a trabalharem de novo juntos. Eles alavancam estratégias de plataforma na construção civil e no setor de edificações em geral, a partir do que aprenderam na Nokia e em outros trabalhos. A Betolar é uma startup com uma tecnologia de materiais inovadora, a Geoprime. Ela substitui o concreto baseado em cimento, responsável por 8% das emissões mundiais de carbono (Rodgers, 2018), o que resulta em 80% menos emissões de carbono. Além disso, reduz a utilização de recursos naturais por meio do reuso de fluxos industriais secundários, o que fomenta a biodiversidade.

A Betolar é uma empresa de plataforma que otimiza seu produto com a ajuda de IA. Ela começou com foco num segmento, o de produtos para pavimentação. Ela remove atrito para acessar produtos amigáveis ao clima ao permitir o uso das atuais instalações de produção. Seu ciclo de aprendizagem baseado em IA otimiza a produção. Embora ainda seja focada em manter o negócio em funcionamento, já vislumbra o inesperado ao alavancar sua tecnologia para novas verticais, como estabilização e mineração.

PODERIA SER DIFERENTE?
QUAL É O SEU "MOMENTO SPOTIFY"?

Examinando em retrospecto, é tentador perguntar se as coisas poderiam ter sido diferentes para o negócio de telefones da Nokia. Refletir sobre essa questão, além de entretido, pode também levá-lo a pensar se você está enfrentando as escolhas cruciais que fazem diferença para o seu negócio.

Para a Nokia e para Tero, um desses pontos cruciais foi uma reunião com o fundador da Spotify, Daniel Ek, em Estocolmo, por volta de 2008. Daniel propôs uma parceria, que a Nokia rejeitou. A Nokia vinha desenvolvendo downloads digitais para concorrer com a Apple e deixou escapar a oportunidade propiciada pela tendência do streaming. Agora a Spotify é uma plataforma global e continua a criar o inesperado. Suponha que a Nokia tivesse juntado forças com a Spotify e focado no streaming de música como um serviço ponta de lança? Nesse caso, poderia ter construído a massa crítica e o engajamento para a sua plataforma.

Quais são as escolhas que você está fazendo hoje que poderiam determinar se a sua empresa se tornará uma plataforma de sucesso ou um dinossauro esquecido? Se você fizer uma revisão dos capítulos deste livro, identificará vários pontos em que suas escolhas podem estar levando-o na direção errada:

1. Você está apegado demais ao passado por medo do novo?

2. Está criando atrito em certos aspectos quando deveria buscar eliminá-lo?

3. Seus esforços são fragmentados demais em vez de focados para gerar valor de nível mundial e fãs?

4. A aprendizagem de sua empresa ainda se baseia principalmente na intuição humana? Será que você não está perdendo a oportunidade de aprender mais rápido com ciclos de aprendizagem alimentados por IA?

5. Você ainda depende apenas de cumprimentos de mão humanos em vez de promover colaboração por meio de APIs?

6. Você está empacado no seu modelo de negócio e setor atuais, quando poderia criar o inesperado e transcender os limites do setor?

7. Está acrescentando hierarquia formal e processos rígidos em vez de organizar o trabalho de modo mais eficaz em torno de IA e com plataformas?

Você se encontrou com seu "Spotify" hoje? Perdeu a chance de aderir a uma tendência? Desperdiçou uma oportunidade de negócios? O impacto das Plataformas Inteligentes continua crescendo. Elas penetram cada vez em mais setores. São a maneira básica de criar valor. Certifique-se de educar você mesmo e sua equipe a respeito das novas possibilidades e mecanismos para criar valor na era da IA e das plataformas. Desse modo, quando deparar com o seu "momento Spotify", saberá o que fazer.

Timo e Tero continuam a pesquisar e ensinar novos *insights* sobre estratégias de plataforma na Universidade Aalto. Você pode ler mais a respeito no site: www.intelligentplatforms.ai (arquivado em https://perma.cc/U4QG-5A6P).

REFERÊNCIAS

INTRODUÇÃO

ALIPAY. Alipay Announces Three-Year Plan to Support the Digital Transformation of 40 Million Service Providers in China. *Business Wire*, 10 mar. 2020. Disponível em: https://www.businesswire.com/news/home/20200309005906/en/ (arquivado em https://perma.cc/Q3LD-Z6WS). Acesso em: 1 ago. 2022.

KONE. The secret is in the rope. *KONE*, 22 out. 2019. Disponível em: https://www.kone.com/en/news-and-insights/stories/the-secret-is-in-the-rope.aspx (arquivado em https://perma.cc/M58H-59MG). Acesso em: 1 ago. 2022.

OJANPERÄ, T.; VUORI, T. O. 5 steps how Ant Financial built a \$200 billion platform business. *Platform Strategy Website*, 16 ago. 2020. Disponível em: https://intelligentplatforms.ai/5-steps-how-ant-financial-built-a-200-billion-platform-business/ (arquivado em https://perma.cc/KL3D-LLPQ). Acesso em: 1 ago. 2022.

SIILASMAA, R. *Transforming NOKIA: The Power of Paranoid Optimism to Lead Through Colossal Change*. Nova York: McGraw Hill Education, 2018.

THOMSON REUTERS. What Thomson Reuters is Doing with AI to Help Customers. *Thomson Reuters*, 20 jul. 2020. Disponível em: https://tax.thomsonreuters.com/blog/what-thomson-reuters-is-doing-with-ai-to-help-customers/ (arquivado em https://perma.cc/UBZ3-35VE). Acesso em: 1 ago. 2022.

VUORI, T. O.; HUY, Q. N. Distributed Attention and Shared Emotions in the Innovation Process: How Nokia Lost the Smartphone Battle. *Administrative Science Quarterly*, v. 61, i. 1, p. 9–52, 2016a.

VUORI, T. O.; HUY, Q. N. Mental Models and Affective Influence in Interorganizational collaboration for New Technology. *Academy of Management*, 2016b. Disponível em: https://doi.org/10.5465/ambpp.2016.145 (arquivado em https://perma.cc/4DT3-G2NC). Acesso em: 1 ago. 2022.

VUORI, T. O. HUY, Q. N. How Nokia Embraced the Emotional Side of Strategy. *Harvard Business Review*, 23 maio 2018. Disponível em: hbr.org/2018/05/how-nokia-embraced-the-emotional-side-of-strategy (arquivado em https://perma.cc/XD36-Q56M). Acesso em 1 ago. 2022.

CAPÍTULO 1

EICHENWALD, K. Microsoft's Lost Decade. *Vanity Fair*, 24 jul. 2012. Disponível em: https://www.vanityfair.com/news/business/2012/08/microsoft-lost-mojo-steve-ballmer (arquivado em https://perma.cc/4RGH-JGRZ). Acesso em: 1 ago. 2022.

FORBES. Nokia's Kallasvuo Puts Brave Face On Iphone. *Forbes*, 12 fev. 2007. Disponível em: https://www.forbes.com/2007/02/12/nokia-kallasvuo-iphone-faces-cx_cn_0212au-tofacescan01.html?sh=23f828d0addb (arquivado em https://perma.cc/GUP4-EGSF). Acesso em: 1 ago. 2022.

FORBES. The Power Of Open Source AI. Interview with Sri Ambati, CEO and Founder of H2O.ai. *Forbes Insights*, 22 maio 2019. Disponível em: https://www.forbes.com/sites/insights-intelai/2019/05/22/the-power-of-open-source-ai/?sh=18b948156300 (arquivado em https://perma.cc/45NY-HPQC). Acesso em: 1 ago. 2022.

FREITAG, M. Uber macht Daimler und BMW ein fast unmoralisches Angebot. *Manager Magazin*, 21 out. 2020. Disponível em: https://www.manager-magazin.de/unternehmen/freenow-uber-bietet-daimler-und-bmw-mehr-als-eine-milliarde-a-00000000-00020001-0000-000173605126 (arquivado em https://perma.cc/5GLM-Q5Z6). Acesso em: 1 ago. 2022.

GILBERT, C. G. Unbundling the structure of inertia: Resource versus routine rigidity. *Academy of Management Journal*, v. 48, i. 5, p. 741–763, 2005.

HALLEN, B. L.; EISENHARDT, K. M. Catalyzing strategies and efficient tie formation: how entrepreneurial firms obtain investment ties. *Academy of Management Journal*, v. 55, i. 1, p. 35–70, 2012.

HASTINGS, R.; MAYER, E. *No Rules Rules: Netflix and the Culture of Reinvention*. Londres: Random House Large Print, 2020.

INSEAD. E.ON: Building a New AI-Powered Energy World. *INSEAD*, jun. 2020. Disponível em: https://publishing.insead.edu/sites/publishing/files/2020-06/6595-eon-cs-en-0-06-2020-free-copy.pdf (arquivado em https://perma.cc/VDR6-78EF). Acesso em: 1 ago. 2022.

KELION, L. Why Amazon knows so much about you. *BBC News*, 2020. Disponível em: https://www.bbc.co.uk/news/extra/CLQYZENMBI/amazon-data (arquivado em https://perma.cc/658N-2J7S). Acesso em: 1 ago. 2022.

LIFSHITZ-ASSAF, H. Dismantling knowledge boundaries at NASA: The critical role of professional identity in open innovation. *Administrative Science Quarterly*, v. 63, i. 4, p. 746–782, 2018.

OZCAN, P.; EISENHARDT, K. M. Origin of alliance portfolios: Entrepreneurs, network strategies, and firm performance. *Academy of Management Journal*, v. 52, i. 2, p. 246–279, 2009.

REUTERS. VW CEO says carmaker faces same fate as Nokia without urgent reforms. *Reuters*, 16 jan. 2020. Disponível em: https://www.reuters.com/article/us-volkswagen-strategy-diess-idUSKBN1ZF1OB (arquivado em https://perma.cc/NBU5-993X). Acesso em: 1 ago. 2022.

ROSENBERG, M. B. *Nonviolent Communication: A Language of Life*. 2. ed. Encinitas: Puddledancer Press, 2003.

SANTOS, F. M.; EISENHARDT, K. M. Constructing markets and shaping boundaries: Entrepreneurial power in nascent fields. *Academy of Management Journal*, v. 52, i. 4, p. 643–671. 2009.

SIILASMAA, R. *Here are my Golden Rules for boards. Used in Nokia while reinventing the company. Feedback and ideas always welcome*. 11 dez. 2015, 20:11. Twitter: @rsiilasmaa. Disponível em: https://twitter.com/rsiilasmaa/status/675437729358979073?lang=en (arquivado em https://perma.cc/5W3L-C2KE). Acesso em: 1 ago. 2022.

STATISTA. Worldwide gross app revenue of the Apple App Store from 2017 to 2019 (in billion U.S. dollars). *Statista*, 13 dez. 2021. https://www.statista.com/statistics/296226/annual-apple-app-store-revenue/ (arquivado em https://perma.cc/TK76-ZKEX). Acesso em: 1 ago. 2022.

STENIUS, H; VUORI, T. O. Change Analytics: How Data-Analytics Can Improve Top-Down Change Communication. *Academy of Management Proceedings*, v. 2018, i. 1, 2018.

VIRTA. Virta named Europe's fastest-growing EV charging service provider. *Virta*, 2020. Disponível em: https://www.virta.global/news/fastest-growing-electric-vehicle-charging-service-provider-in-europe (arquivado em https://perma.cc/K25A-2FHY). Acesso em: 1 ago. 2022.

VUORI, T. O.; HUY, Q. N. Distributed Attention and Shared Emotions in the Innovation Process How Nokia Lost the Smartphone Battle. *Administrative Science Quarterly*, v. 61, i. 1, p. 9–52, 2016a. Disponível em: https://journals.sagepub.com/doi/abs/10.1177/0001839215606951 (arquivado em https://perma.cc/GV8J-DKB8). Acesso em: 1 ago. 2022.

VUORI, T. O.; HUY, Q. N. Mental Models and Affective Influence in Interorganizational Collaboration for New Technology. , *Academy of Management Proceedings*, v. 2016, i. 1, 2016b.

VUORI, T. O.; Huy, Q. N. Regulating Top Managers' Emotions during Strategy Making, Nokia's Distributed Approach Enabling Radical Change from Mobile Phones to Networks in 2007–2013. *Academy of Management Journal*, v. 65, i. 1, 2022. Disponível em: https://journals.aom.org/doi/10.5465/amj.2019.0865?ai=vctv&ui=3os1&af=H (arquivado em https://perma.cc/W8WF-5MUU). Acesso em: 1 ago. 2022.

YLE. OP:n Karhinen: Automaatio vie noin 30 prosenttia työpaikoista – 'Mitä näille ihmisille tehdään?'. *YLE*, 18 mar. 2017. Disponível em: https://yle.fi/uutiset/3-9518250 (arquivado em https://perma.cc/TZB7-M33S). Acesso em: 1 ago. 2022.

CAPÍTULO 2

HILTI CAREERS. Let's build the future with Code. *Hilti,* [s.d.]. Disponível em: https://careers.us.hilti.com/en-us/lets-build-future-code-1 (arquivado em https://perma.cc/C4UC-983F). Acesso em: 1 ago. 2022.

KATZMAIER, D. With a bullet to the head from Samsung, 3D TV is now deader than ever. *CNET,* 1 mar. 2016. Disponível em: https://www.cnet.com/news/3d-tv-is-now-more-dead-than-ever/ (arquivado em https://perma.cc/64QH-6D7S). Acesso em: 1 ago. 2022.

LAUKIA, L. *Evolution of digital platforms – Introduction and reinforcement of platform elements: A case study.* Thesis (Master's Programme in Industrial Engineering and Management) – Universidade de Aalto. Finlândia, 159 p., 2018.

LEINONEN, K. *Evolution of platform companies: A cross-case study.* Thesis (Master's Programme in Industrial Engineering and Management) – Universidade de Aalto. Finlândia, 122 p., 2020.

MOHN, C. *Platform business dynamics: A case study.* Thesis (Master's Programme in Industrial Engineering and Management) – Universidade de Aalto. Finlândia, 73 p., 2017.

MORRIS, D. Today's Cars Are Parked 95% of the Time. *Fortune,* 13 mar. 2016. Disponível em: https://fortune.com/2016/03/13/cars-parked-95-percent-of-time/ (arquivado em https://perma.cc/9ZMF-GW4J). Acesso em: 1 ago. 2022.

REPO, R. *Evolution of platform companies: a longitudinal case study.* Thesis (Master's Programme in Industrial Engineering and Management) – Universidade de Aalto. Finlândia, 170 p., 2018.

RINDFLEISCH, A. Transaction cost theory: past, present and future. *AMS Review,* n. 10, p. 85–97, 2020. Disponível em: https://doi.org/10.1007/s13162-019-00151-x (arquivado em https://perma.cc/Q88K-S5AW). Acesso em: 1 ago. 2022.

SCHMIDT, C. G.; WAGNER, S. M. Blockchain and supply chain relations: A transaction cost theory perspective. *Journal of Purchasing and Supply Management,* v. 25, i. 4, 2019.

WILLIAMSON, O. E. *Contract, Governance and Transaction Cost Economics.* Singapura: World Scientific Publishing, 2017.

CAPÍTULO 3

ANDING, M. *Platform economy meets B2B reality: Why your platform strategy may fail.* 25 fev. 2019. LinkedIn: markusanding. Disponível em: https://www.linkedin.com/pulse/platform-economy-meets-b2b-reality-why-your-strategy-may-anding/ (arquivado em https://perma.cc/XZ3C-77PR). Acesso em: 1 ago. 2022.

ANGULO, I. Ikea rolls out nationwide assembly services with TaskRabbit. *CNBC,* 13 mar. 2018. Disponível em: https://www.cnbc.com/2018/03/13/

ikea-rolls-out-nationwide-assembly-services-with-taskrabbit.html (arquivado em https://perma.cc/6375-L8PJ). Acesso em: 1 ago. 2022.

ANIRBAN, D. *et al.* Under the Hood of Uber's Experimentation Platform. *Uber Engineering*, 28 ago. 2018. Disponível em: https://eng.uber.com/xp/ (arquivado em https://perma.cc/Q69H-BDSD). Acesso em: 1 ago. 2022.

ASTUTE SOLUTIONS. What You Need to Know about Measuring Customer Engagement. *Astute*, 30 jul. 2019. Disponível em: https://astutesolutions.com/blog/articles/what-you-need-to-know-about-measuring-customer-engagement (arquivado em https://perma.cc/U7QY-HQQG). Acesso em: 1 ago. 2022.

DAVIS, S. Tesla, Tesla, Tesla: Building A Power Brand From Scratch. *Forbes*, 24 fev. 2014. Disponível em: https://www.forbes.com/sites/scottdavis/2014/02/24/tesla-tesla-tesla--building-a-power-brand-from-scratch/#151b19867e31 (arquivado em https://perma.cc/R8HM-PHEK). Acesso em: 1 ago. 2022.

GALLUP. Why Customer Engagement Matters So Much Now. *Gallup*, 22 jul. 2014. Disponível em: https://news.gallup.com/businessjournal/172637/why-customer-engage-mentmatters.aspx (arquivado em https://perma.cc/WJ3R-5SC9). Acesso em: 1 ago. 2022.

GRIFFITH, E. Peloton Is a Phenomenon. Can It Last?. *The New York Times*, 28 ago. 2019. Disponível em: https://www.nytimes.com/2019/08/28/technology/peloton-ipo.html (arquivado em https://perma.cc/KKT9-6GNY). Acesso em: 1 ago. 2022.

HUDDLESTON, T. How Peloton exercise bikes became a $4 billion fitness startup with a cult following. *CNBC*, 12 fev. 2019. Disponível em: https://www.cnbc.com/2019/02/12/how-peloton-exercise-bikes-and-streaming-gained-a-cult-following.html (arquivado em https://perma.cc/24AE-AZPD). Acesso em: 1 ago. 2022.

KAMAT, P.; HOGAN, C. How Uber Leverages Applied Behavioral Science at Scale. *Uber Engineering*, 28 jan. 2019. Disponível em: https://eng.uber.com/applied-behavioral-s-cience-at-scale (arquivado em https://perma.cc/V683-XZ73). Acesso em: 1 ago. 2022.

L, C. Peloton Testing More Software / Leaderboard Updates – New Feature Roundup, *Pelobuddy*, 4 set. 2020. Disponível em: https://www.pelobuddy.com/peloton-testing--more-software-leaderboard-updates-new-feature-roundup (arquivado em https://perma.cc/3639-VP78). Acesso em: 1 ago. 2022.

LEACH, M. Lenovo Becomes Reseller of Varjo Headsets to Deliver Complete Solution for Virtual and Mixed Reality Applications. *Lenovo StoryHub*, 26 out. 2020. Disponível em: https://news.lenovo.com/pressroom/press-releases/lenovo-becomes-reseller-of-varjo-head-sets-to-deliver-complete-solution-for-virtual-and-mixed-reality-applications/ (arquivado em https://perma.cc/6DSR-YFXN). Acesso em: 1 ago. 2022.

MANGALINDAN, J. P. Peloton CEO: Sales increased after we raised prices to $2,245 per bike. *Yahoo! Finance*, 5 jun. 2019. Disponível em: https://finance.yahoo.com/news/peloton-ceo-sayssales-increased-raised-prices-2245-exercise-bike-132256225.html (arqui-vado em https://perma.cc/R2TK-T83W). Acesso em: 1 ago. 2022.

MCDONALD, R. M.; EISENHARDT, K. M. Parallel Play: Startups, Nascent Markets, and Effective Business model Design. *Administrative Science Quarterly*, v. 65, i. 2, p. 483–523, 2019.

PELOTON. Peloton Announces Expansion Into Germany. *Peloton*, 22 maio 2019. Disponível em: https://www.prnewswire.com/news-releases/peloton-announces-expansion-into-germany-300854763.html (arquivado em https://perma.cc/CV6C-6R84). Acesso em: 1 ago. 2022.

PIETRUSZYNSKI, G. A. Recipe of Viral Features Used by the Fastest-Growing Startups. *Neil Patel*, (s.d.). Disponível em: https://neilpatel.com/blog/recipe-of-viral-features/ (arquivado em https://perma.cc/5GPN-99JJ). Acesso em: 1 ago. 2022.

RAESTE, J-P. Miljardin Euron Woltti. *Helsingin Sanomat*, 26 dez. 2020. Disponível em: https://www.hs.fi/talous/art-2000006657577.html (arquivado em https://perma.cc/D326-LU5A). Acesso em: 1 ago. 2022.

RINSTROM, A.; FARES, M. IKEA accelerates services drive as competition stiffens. *Reuters*, 11 fev. 2019. Disponível em: https://www.reuters.com/article/us-ikea-services-taskrabbit-focus-idUSKCN1Q00G3 (arquivado em https://perma.cc/MAF9-4TYR). Acesso em: 1 ago. 2022.

TETRA PAK. Tetra Pak launches first virtual marketplace for food and beverage manufacturers. *Tetra Pak*, 22 jan. 2020. Disponível em: https://www.tetrapak.com/en-gb/about-tetra-pak/news-and-events/newsarchive/virtual-marketplace-food-and-beverage-manufacturers (arquivado em https://perma.cc/3F3T-GWC7). Acesso em: 1 ago. 2022.

THOMAS, L. Peloton thinks it can grow to 100 million subscribers. Here's how. *CNBC*, 15 set. 2020. Disponível em: https://www.cnbc.com/2020/09/15/peloton-thinks-it-can-grow-to-100-million-subscribers-heres-how.html (arquivado em https://perma.cc/VQX3-ZU82). Acesso em: 1 ago. 2022.

VARJO. Varjo & Boeing: A New Era in Astronaut Training. *Varjo*, 2020. https://varjo.com/boeing-starliner/ (arquivado em https://perma.cc/E3JP-BZ6N). Acesso em: 1 ago. 2022.

CAPÍTULO 4

BAKER, J. Uber Eats. *Joshua M Baker*, 2018. Disponível em: https://www.joshuambaker.com/work-ubereats.html (arquivado em https://perma.cc/2QEQ-X8AX). Acesso em: 1 ago. 2022.

BERGSTEIN, B. What AI still can't do. *MIT Technology Review*, 19 fev. 2020. Disponível em: https://www.technologyreview.com/2020/02/19/868178/what-ai-still-cant-do/ (arquivado em https://perma.cc/CNJ7-796K). Acesso em: 1 ago. 2022.

EFRATI, A. What Makes Tesla's Autopilot Different. *The Information*, 5 nov. 2018. Disponível em: https://www.theinformation.com/articles/what-makes-teslas-autopilot-different (arquivado em https://perma.cc/8RAH-CQRM). Acesso em: 1 ago. 2022.

GILL, B. User Stories from the Industry of Things (Part Two). *Arc Advisory Group*, 9 ago. 2018. Disponível em: https://www.arcweb.com/blog/user-stories-industry-things-part-two (arquivado em https://perma.cc/7BYA-3K2F). Acesso em: 1 ago. 2022.

GLEESON, D. Orica leverages MWD data, AI to create new blast loading design benchmark. *International Mining*, 14 dez. 2020. Disponível em: https://im-mining.com/2020/12/14/orica-leverages-mwd-data-ai-create-new-blast-loading-design-benchmark/ (arquivado em https://perma.cc/L2DW-SX4R). Acesso em: 1 ago. 2022.

GREEN, J. Google Cloud AI Platform: Human Data labeling-as-a-Service Part 1. *Towards Data Science*, 17 nov. 2017. Disponível em: https://towardsdatascience.com/google-cloud-ai-platform-human-data-labeling-as-a-service-part-1-170cbe73137b (arquivado em https://perma.cc/5AY9ZFZA). Acesso em: 1 ago. 2022.

HAWKINS, A. Waymo pulls back the curtain on 6.1 million miles of self-driving car data in Phoenix. *The Verge*, 30 out. 2020. Disponível em: https://www.theverge.com/2020/10/30/21538999/waymo-self-driving-car-data-miles-crashes-phoenix-google (arquivado em https://perma.cc/NJ75-8JY5). Acesso em: 1 ago. 2022.

HERMANN, J; DEL BALSO, M. Meet Michelangelo: Uber's Machine Learning Platform. *Uber Engineering*, 5 de set. 2017. Disponível em: https://eng.uber.com/michelangelo/ (arquivado em https://perma.cc/L9AL-5PAX). Acesso em: 1 ago. 2022.

KARJALUOTO, A; MURANEN, K. Industrial data economy for Finland, position paper. *Intelligent Industry Ecosystem DIMECC*, Tampere, set. 2020. Disponível em: https://www.dimecc.com/wp-content/uploads/2020/09/DIMECC-Industrial-data-economy-for-Finland-PositionPaper-2020-2.pdf (arquivado em https://perma.cc/UC6H-ED3B). Acesso em: 1 ago. 2022.

LEE, T. Tesla just bought an AI startup to improve autopilot—here's what it does. *Ars Technica*, 10 fev. 2019. Disponível em: https://arstechnica.com/cars/2019/10/how-teslas-latest-acquisition-could-accelerate-autopilot-development/ (arquivado em https://perma.cc/74YZ-TZMD). Acesso em: 1 ago. 2022.

MARTIN, N. Uber Charges More If They Think You're Willing To Pay More. *Forbes*, 30 mar. 2019. Disponível em: https://www.forbes.com/sites/nicolemartin1/2019/03/30/uber-charges-more-if-they-think-youre-willing-to-pay-more/?sh=5869b8d87365 (arquivado em https://perma.cc/Y3FL-PVPZ). Acesso em: 1 ago. 2022.

NYKÄNEN, A. *Healthcare needs explainable human-in-the-loop AI*. 21 maio 2019. LinkedIn: annanykanen. Disponível em: https://www.linkedin.com/pulse/healthcare-needs-explainable-human-in-the-loop-ai-anna-nyk%C3%A4nen/ (arquivado em https://perma.cc/WS3J-MYLJ). Acesso em: 1 ago. 2022.

O'KANE, S. How Tesla And Waymo Are Tackling A Major Problem For SelfDriving Cars: Data. *The Verge*, 10 abr. 2018. Disponível em: https://www.theverge.com/transportation/2018/4/19/17204044/tesla-waymo-self-driving-car-data-simulation (arquivado em https://perma.cc/VS4N-TBT4). Acesso em: 1 ago. 2022.

RANSBOTHAM, S. *et al*. Expanding AI's Impact with Organizational Learning. *MIT Sloan Management Review, Boston Consulting Group*, 20 out. 2020.

SCHUBERT, S; DAYAN, F. H. When is data pooling anticompetitive?. *Lexology*, 14 dez. 2020. Disponível em: https://www.lexology.com/library/detail.aspx?g=40bb6970-8419-4f-78-90aa-a9e160c61ef7 (arquivado em https://perma.cc/4BGA-8UYN). Acesso em: 1 ago. 2022.

SHERER, L.; CLEGHORN, J. How Advanced Analytics Is Changing B2B Selling. *Harvard Business Review*, 10 maio 2018. Disponível em: https://hbr.org/2018/05/how-advanced-analytics-is-changing-b2b-selling (arquivado em https://perma.cc/8SWA-AKH3). Acesso em: 1 ago. 2022.

SILO AI. Finnair and Silo. AI improve situational awareness of air traffic with artificial intelligence. *Silo AI*, 23 maio 2019a. Disponível em: https://silo.ai/finnair-silo-ai-improve-situational-awareness-of-air-traffic/ (arquivado em https://perma.cc/5SYG-ESUK). Acesso em: 1 ago. 2022.

SILO AI. How artificial intelligence is transforming the water sector: Case Ramboll. *Silo AI*, 14 de fev. 2019b. Disponível em: https://silo.ai/how-artificial-intelligence-is-transforming-the-water-sector-case-ramboll/ (arquivado em https://perma.cc/AY69-JJ8Z). Acesso em: 1 ago. 2022.

SINEK, S. *The Infinite Game*. Nova York: Penguin, 2020.

TECHNOLOGY INDUSTRIES OF FINLAND. Model terms of the Technology industries for data sharing, *Teknova*, 2019. Disponível em: https://teknologiainfo.net/en/content/model-terms-technology-industries-data-sharing (arquivado em https://perma.cc/7295-7K8W). Acesso em: 1 ago. 2022.

TESLA. *Tesla Autonomy Day*. 22 de abr. 2019. YouTube: Tesla. Disponível em: https://www.youtube.com/watch?v=Ucp0TTmvqOE (arquivado em https://perma.cc/4YAC-8ABV). Acesso em: 1 ago. 2022.

TESLA. Future of Driving. *Tesla*, 2020. Disponível em: https://www.tesla.com/autopilot?redirect=no (arquivado em https://perma.cc/6KVE-YJ5E). Acesso em: 1 ago. 2022.

UBER. *Science at Uber: Powering Machine Learning at Uber*. 9 set. 2019. YouTube: Uber Engineering. Disponível em: https://www.youtube.com/watch?v=DOwDIHzN5bs (arquivado em https://perma.cc/E5RB-ZUFC). Acesso em: 1 ago. 2022.

WANG, Z. Predicting Time to Cook, Arrive, and Deliver at Uber Eats. *InfoQ*, 20 de nov. 2019. Disponível em: https://www.infoq.com/articles/uber-eats-time-predictions/ (arquivado em https://perma.cc/LL4N-JBF9). Acesso em: 1 ago. 2022.

CAPÍTULO 5

ADOBE. The Platform Economy: Why APIs And Integrations Are Crucial. *Adobe Blog*, 12 maio 2019. Disponível em: https://blog.adobe.com/en/publish/2019/05/12/entering-the-platform-economy-why-apis-and-integrations-are-crucial.html#gs.r3ll0z (arquivado em https://perma.cc/YU76-UC2M). Acesso em: 3 ago. 2022.

AKANA. John Deere is Using APIs to Grow the World's Food Supply. *Akana*, 18 nov. 2014. Disponível em: https://www.akana.com/blog/john-deere-using-apis-grow-worlds-food-supply (arquivado em https://perma.cc/DJ2E-BJU7). Acesso em: 3 ago. 2022.

BOYD, M. Five Metrics Every API Strategy Should Measure. *Hitch*, 18 jan. 2017. Disponível em: https://blog.hitchhq.com/five-metrics-every-api-strategy-should-measure-691596075b6 (arquivado em https://perma.cc/42R6-LMSQ). Acesso em: 3 ago. 2022.

DELLINGER, A. J. #FirstWorldProblems: Twitter third party clients continue to shut down, and its API is just getting more restrictive. *Digital Trends*. 18 mar. 2013. Disponível em: https://www.digitaltrends.com/mobile/firstworldproblems-twitter-api-and-third-party-problem/ (arquivado em https://perma.cc/3F9D-L8QV). Acesso em: 3 ago. 2022.

ENDLER, M. How API Management Accelerates Digital Business. *Apigee*, 18 set. 2017. Disponível em: https://medium.com/apis-and-digital-transformation/how-apimanagement-accelerates-digital-business-4ccea9b302df (arquivado em https://perma.cc/G6M7-N3WD). Acesso em: 3 ago. 2022.

GLAS, G. What is an API and SDK?. *App press*, 2020. Disponível em: https://www.app-press.com/blog/what-is-an-api-and-sdk (arquivado em https://perma.cc/DJW9-8FG8). Acesso em: 3 ago. 2022.

GLICKENHOUSE, A. Building APIs for the Manufacturing Industry. *IBM*. 30 jun. 2017. Disponível em: https://developer.ibm.com/apiconnect/2017/06/30/building-apismanufacturing-industry/ (arquivado em https://perma.cc/DSU3-F9HL). Acesso em: 3 ago. 2022.

IYENGAR, K. *et al.* What it really takes to capture the value of APIs. *McKinsey Digital*, 12 set. 2017. Disponível em: https://www.mckinsey.com/business-functions/mckinsey-digital/our-insights/what-it-really-takes-to-capture-the-value-of-apis (arquivado em https://perma.cc/UB55-FN6Z). Acesso em: 3 ago. 2022.

JOHN DEERE. 7th Annual Develop with Deere Conference Focuses on Digital Connectivity. *John Deere*, 4 fev. 2020. Disponível em: https://www.deere.com/en/our-company/news-and-announcements/news-releases/2020/agriculture/2020feb04-develop-with-deere-conference/ (arquivado em https://perma.cc/XQ89-TJDT). Acesso em: 3 ago. 2022.

KONE. An ecosystem of opportunities. *KONE*, 29 nov. 2019. Disponível em: https://www.kone.com/en/news-and-insights/stories/an-ecosystem-of-opportunities.aspx (arquivado em https://perma.cc/DSP7-WGH7). Acesso em: 3 ago. 2022.

KRAMER, S. D. The biggest thing Amazon got right: The Platform. *GigaOm*, 10 out. 2011. Disponível em: https://gigaom.com/2011/10/12/419-the-biggest-thing-amazon-got-right-the-platform/ (arquivado em https://perma.cc/TQ5Q-8R3R). Acesso em: 3 ago. 2022.

LEVINE, D. APIs are the next big SaaS wave. *TechCrunch*, 6 set. 2019. Disponível em: https://techcrunch.com/2019/09/06/apis-are-the-next-big-saas-wave/ (arquivado em https://perma.cc/V8DP-STAJ). Acesso em: 3 ago. 2022.

MANNING, L. Leaf Agriculture comes out of stealth with agtech API to integrate your farm data, AFN, 11 de fev. 2020. Disponível em: https://agfundernews.com/leaf-agri-culturecomes-out-of-stealth-with-agtech-api-to-integrate-your-farm-data.html (arquivado em https://perma.cc/EXZ5-RS4R). Acesso em: 3 ago. 2022.

MERSCH, V. Twitter's 10 Year Struggle with Developer Relations, Nordic API [Blog], 23 mar. 2016. Disponível em: https://nordicapis.com/twitter-10-year-struggle-with-develo-per-relations/ (arquivado em https://perma.cc/K9QP-ZNZV). Acesso em: 3 ago. 2022.

PROGRAMMABLEWEB. API Directory, 2021. Site da empresa. Disponível em: ht-tps://www.programmableweb.com/apis/directory (arquivado em https://perma.cc/953U--R5UG). Acesso em: 3 ago. 2022.

SALMIKUUKKA, J. Entrevista concedida aos autores. 2020.

SKYSCANNER. Travel APIs, 2021. Site da empresa. Disponível em: https://www.part-ners. skyscanner.net/affiliates/travel-apis (arquivado em https://perma.cc/X6M8-F4QL). Acesso em: 3 ago. 2022.

SUCCESSFULFARMING. How develop with Deere 2020 connects the dots. *Successful Farming*, 13 fev. 2020. Disponível em: https://www.agriculture.com/video/how-deve-lop-with-deere-2020-connects-the-dots (arquivado em https://perma.cc/4AJU-FJXN). Acesso em: 3 ago. 2022.

WILLIAMS, J. What is a developer program and what does it take to build one?. *Jesse Williams*, 18 mar. 2020. Disponível em: https://www.jesse-williams.com/what-is-a-de-veloper-program (arquivado em https://perma.cc/B94S-J5N6). Acesso em: 3 ago. 2022.

WINTROB, G. (2017) How the Flexport API enables global trade, *GET PUT POST*, 22 fev. 2017. Disponível em: https://getputpost.co/how-the-flexport-api-enables-global-trade--92b9131d4bd4 (arquivado em https://perma.cc/QE3E-HJGB). Acesso em: 3 ago. 2022.

CAPÍTULO 6

BARNEY, J. Firm Resources and Sustained Competitive Advantage. *Journal of Management*, v. 17, i. 1, p. 99–120, mar. 1991.

BARSADE, S. G. The Ripple Effect: Emotional Contagion and its Influence on Group Behavior. *Administrative Science Quarterly*, v. 47, i. 4, p. 644–675, dez. 2002.

BOHN, D. Amazon says 100 million Alexa devices have been sold – what's next?. *The Verge*, 4 de jan. 2019. Disponível em: https://www.theverge.com/2019/1/4/18168565/amazon-alexa-devices-how-many-sold-number-100-million-dave-limp (arquivado em https://perma.cc/LP47-XE6F). Acesso em: 3 ago. 2022.

BUSINESS INSIDER. 7 potential bidders, a call to Amazon, and an ultimatum: How the Whole Foods deal went down. *Business Insider*, 29 dez. 2017. Disponível em: https://www.businessinsider.com/breaking-it-down-amazon-tough-negotiations-how-the-whole-foods-deal-went-down-2017-12?r=US&IR=T (arquivado em https://perma.cc/PTL6-HPL8). Acesso em: 3 ago. 2022.

CAMPBELL, T. Should Amazon's PillPack Acquisition Frighten Pharmacies?. *The Motley Fool*, 28 jun. 2018. Disponível em: https://www.fool.com/investing/2018/06/28/should-amazons-pillpocket-acquisition-frighten-pha.aspx (arquivado em https://perma.cc/WF4D-Z9QF). Acesso em: 3 ago. 2022.

CHEDDAR. Facebook Makes First Blockchain Acquisition With Chainspace: Sources. *Cheddar News*, 4 fev. 2019. Disponível em: https://cheddar.com/media/facebook-blockchain-acquisition-chainspace (arquivado em https://perma.cc/D5RD-AJZ6). Acesso em: 3 ago. 2022.

EDMONDSON, A. *The Fearless Organization: Creating Psychological Safety in the Workplace for Learning, Innovation, and* Growth. Nova York: Wiley, 2019

FARR, C. The inside story of why Amazon bought PillPack in its effort to crack the $500 billion prescription market. *CNBC*, 10 maio 2019. Disponível em: https://www.cnbc.com/2019/05/10/why-amazon-bought-pillpack-for-753-million-and-what-happens-next.html (arquivado em https://perma.cc/3Q35-AU93). Acesso em: 3 ago. 2022.

FREDRICKSON, B. L. The Role of Positive Emotions in Positive Psychology: The Broaden-and-Build Theory of Positive Emotions. *American Psychologist*, v. 56, i. 3, p. 218–226, mar. 2001.

GAVETTI, G.; LEVINTHAL, D. A.; RIVKIN, J. W. Strategy Making in Novel and Complex Worlds: The Power of Analogy. *Strategic Management Journal*, v. 26, i. 8, p. 691–712, jun. 2005.

GSM ARENA. Flashback: the Motorola ROKR E1 was a dud, but it paved the way for the iPhone. *GSM Arena*, 1 set. 2019. https://www.gsmarena.com/flashback_the_motorola_rokr_e1_was_a_dud_but_it_paved_the_way_for_the_iphone-news-38934.php (arquivado em https://perma.cc/WTP8-WPXS). Acesso em: 3 ago. 2022.

GURMAN, M.; BLOOMBERG. Apple's self-driving electric car is at least half a decade away. *Fortune*, 7 de jan. 2021. Disponível em: https://fortune.com/2021/01/07/apples-self-driving-electric-car-half-a-decade-away/ (arquivado em https://perma.cc/JW2J-8GGU). Acesso em: 3 ago. 2022.

HEALEY, M. P.; VUORI, T. O.; HODGKINSON, G. P. (2015) When Teams Agree While Disagreeing: Reflexion and Reflection in Shared Cognition. *Academy of Management Review*, v. 40, i. 3, p. 399-422, jan. 2015.

HUNTER, P. G.; SCHELLENBERG, E. G. Music and Emotion. In: JONES, M. R.; FAY, R. R.; POPPER, A. N. (Eds). *Music Perception*. Nova York: Springer, 2010. Springer (Handbook of Auditory Research, v. 36). Disponível em: https://doi.org/10.1007/978-1-4419-6114-3_5 (arquivado em https://perma.cc/5W86-2WDV). Acesso em: 3 ago. 2022.

ISAAC, M. Zuckerberg Plans to Integrate WhatsApp, Instagram and Facebook Messenger. *The New York Times*, 15 jan. 2019. Disponível em: https://www.nytimes.com/2019/01/25/technology/facebook-instagram-whatsapp-messenger.html (arquivado em https://perma.cc/7KFD-M82T). Acesso em: 3 ago. 2022.

KOROSEC, K. Elon Musk predicts Tesla energy could be 'bigger' than its EV business. *TechCrunch*, 24 out. 2019. Disponível em https://techcrunch.com/2019/10/23/elon-musk-predicts-tesla-energy-could-be-bigger-than-its-ev-business/ (arquivado em https://perma.cc/X6JS-3N56). Acesso em: 3 ago. 2022.

LUNDEN, I. WhatsApp will not share user data with Facebook until it complies with GDPR, ICO closes investigation. *TechCrunch*, 14 mar. 2018. Disponível em: https://techcrunch.com/2018/03/14/whatsapp-will-not-share-user-data-with-facebook-until-i-t-complies-with-gdpr-ico-closes-investigation/ (arquivado em https://perma.cc/9ARJ-9AYA). Acesso em: 3 ago. 2022.

MACRUMORS. Apple Car – Apple's vehicle project, focused on building an autonomous driving car. *MacRumors*, 19 jan. 2021. https://www.macrumors.com/roundup/apple-car/ (arquivado em https://perma.cc/L88G-4NSU). Acesso em: 3 ago. 2022.

MEEKER. Internet Trends 2016. *Kleiner Perkins*, 1 de jun. 2016. Disponível em: https://www.kleinerperkins.com/perspectives/2016-internet-trends-report/ (arquivado em https://perma.cc/87QG-6465). Acesso em: 3 ago. 2022.

MILLER, R. How AWS came to be. *TechCrunch*, 2 de jul. 2016. Disponível em https://techcrunch.com/2016/07/02/andy-jassys-brief-history-of-the-genesis-of-aws/ (arquivado em https://perma.cc/2DLM-EUZS). Acesso em: 3 ago. 2022.

MILLER, R. Plaid puts Quovo acquisition right to work with new investments product. *TechCrunch*, 20 de jun. 2019. Disponível em https://techcrunch.com/2019/06/20/plai-d-puts-quovo-acquisition-right-to-work-with-new-investments-product/ (arquivado em https://perma.cc/6YX9-HT8A). Acesso em: 3 ago. 2022.

PHELPS, E. A.; LEMPERT, K. A.; SOKOL-HESSNER, P. Emotion and Decision Making: Multiple Modulatory Neural Circuits. *Annual Review of Neuroscience*, v. 37, i. 1, p. 263–287, 2014.

PRASZKIER, R. Empathy, mirror neurons and SYNC. *Mind & Society*, v. 15, i. 1, p. 1–25, 2016.

SOPER, S; GIAMMONA, C. Amazon Said to Mull Whole Foods Bid Before Jana Stepped In. *Bloomberg*, 12 abr. 2017. Disponível em: https://www.bloomberg.com/news/articles/2017-04-11/amazon-said-to-mull-bid-for-whole-foods-before-jana-stepped-in (arquivado em https://perma.cc/87WN-J62K). Acesso em: 3 ago. 2022.

TARGET. Here's How Acquiring Shipt Will Bring Same-Day Delivery to About Half of Target Stores in Early 2018. *A Bullseye View*, 13 dez. 2017. Disponível em: https://corporate.target.com/article/2017/12/target-acquires-shipt (arquivado em https://perma.cc/CK32-7LMD). Acesso em: 3 ago. 2022.

TARGET. A Closer Look at Target's Q3 2020. *A Bullseye View*, 18 nov. 2020a. Disponível em: https://corporate.target.com/article/2020/11/q3-2020-earnings (arquivado em https://perma.cc/R66H-T68R). Acesso em: 3 ago. 2022.

TARGET. Target Corporation Reports Third Quarter Earnings. *A Bullseye View*, 18 de nov. 2020b. Disponível em: https://corporate.target.com/press/releases/2020/11/Target-Corporation-Reports-Third-Quarter-Earnings (arquivado em https://perma.cc/4L35F7Y2). Acesso em: 3 ago. 2022.

CAPÍTULO 7

AITO.AI. Boosting Knowledge Management: How agile AI experiments can help big companies like Futurice identify who knows what within their organization. *aito.ai*, 27 nov. 2018. Disponível em: https://aitodotai.medium.com/boosting-knowledge-management-how-agile-aiexperiments-can-help-big-companies-like-futurice-daad96e49705 (arquivado em https://perma.cc/X5QD-9Y37). Acesso em: 3 ago. 2022.

ASIKAINEN, A. *Aiding Software Project Staffing by Utilizing Recommendation Systems.* Thesis (Master's Programme in Computer, Communication and Information Sciences) – Universidade de Aalto. Finlândia, 66 p., 2020. Disponível em: https://aaltodoc.aalto.fi/bitstream/handle/123456789/46107/master_Asikainen_Aleksi_2020.pdf?sequence=1&isAllowed=y (arquivado em https://perma.cc/2PH4-UN2C). Acesso em: 3 ago. 2022.

BOSTON DYNAMICS. Spot improves construction site documentation for Pomerleau. *Boston Dynamics*, 2020. Disponível em: https://www.bostondynamics.com/spot/applications/pomerleau (arquivado em https://perma.cc/CXQ3-3P6Z). Acesso em: 3 ago. 2022.

DARPA. Explainable Artificial Intelligence (XAI). *Darpa*, 2021. Disponível em: https://www.darpa.mil/program/explainable-artificial-intelligence (arquivado em https://perma.cc/326C-S6UE). Acesso em: 3 ago. 2022.

DUHIGG, C. What Google Learned From Its Quest to Build the Perfect Team. *The New York Times Magazine*, 25 fev. 2016. Disponível em: https://www.nytimes.com/2016/02/28/magazine/what-google-learned-from-its-quest-to-build-the-perfect-team.html?smid=pl--share (arquivado em https://perma.cc/EFJ5-DXQF). Acesso em: 3 ago. 2022.

IBM. Building a winning team using AI. *IBM Research Blog*, 16 mar. 2018. Disponível em: https://www.ibm.com/blogs/research/2018/03/build-winning-teams-using-ai/ (arquivado em https://perma.cc/68YB-D84X). Acesso em: 3 ago. 2022.

IBM. Explainable AI. *IBM Watson*, 2021. Disponível em: https://www.ibm.com/watson/explainable-ai (arquivado em https://perma.cc/8RJ5-2BGG). Acesso em: 3 ago. 2022.

MURRAY, A.; RHYMER, J.; SIRMON, D. G. Humans and Technology: Forms of Conjoined Agency in Organizations. *Academy of Management Review*, v. 46, n. 3, p. XX–XX, jul. 2021. Disponível em: https://journals.aom.org/doi/abs/10.5465/amr.2019.0186 2021(arquivado em https://perma.cc/D9N3-RE4B). Acesso em: 3 ago. 2022.

PENG, N. Y. How Renaissance beat the markets with Machine Learning. *Towards Data Science*, 3 jan. 2020. Disponível em: https://towardsdatascience.com/how-renaissance-beat-themarkets-with-machine-learning-606b17577797 (arquivado em https://perma.cc/V93L-JFT8). Acesso em: 3 ago. 2022.

RANSBOTHAM, S. *et al*. Expanding AI's Impact with Organizational Learning. *MIT Sloan Management Review; Boston Consulting Group*, 20 out. 2020.

RE:WORK. Guide: Understand team effectiveness. *re:Work*, [s.d.]. Disponível em: https://rework.withgoogle.com/print/guides/5721312655835136/ (arquivado em https://perma.cc/JJ7F-YMN9). Acesso em: 3 ago. 2022.

SENSONEO, 2021. Site da empresa. Disponível em: https://sensoneo.com (arquivado em https://perma.cc/Y3L4-A2UU). Acesso em: 3 ago. 2022.

STENIUS, H.; VUORI, T. O. (2018) Change Analytics: How Data-Analytics Can Improve Top-Down Change Communication. *Academy of Management Proceedings*, v. 2018, i. 1, ago. 2018. Disponível em: https://journals.aom.org/doi/10.5465/AMBPP.2018.12326abstract (arquivado em https://perma.cc/T3MM-G7XY). Acesso em: 3 ago. 2022.

TRIMBLE. Trimble, Hilti and Boston Dynamics Partner to Explore the Use of Autonomous Robots in Construction. *Trimble*, 19 nov. 2019. Disponível em: https://www.trimble.com/news/release.aspx?id=111919a (arquivado em https://perma.cc/X2UU-XDDR). Acesso em: 3 ago. 2022.

TYRE, M. J.; ORLIKOWSKI, W. J. Windows of Opportunity: Temporal Patterns of Technological Adaptation in Organizations. *Organization Science*, v. 5, i. 1, p. 98–113, fev. 1994.

ZOAN. Situational Awareness. *Zoan*, [s.d.]. Disponível em: https://zoan.fi/work/finnairsituational-awareness/ (arquivado em https://perma.cc/DDR5-64B4). Acesso em: 3 ago. 2022.

CONCLUSÃO

BUTCHER, S. The real reason Marco Argenti joined Goldman Sachs from AWS. *eFinancialCareers*, 31 jan. 2020. Disponível em: https://www.efinancialcareers.com/news/2020/01/marco-argenti-goldman-sachs (arquivado em https://perma.cc/S7KR-7DQ7). Acesso em: 3 ago. 2022.

CAMPBELL, D.; DEFRANCESCO, D. Goldman Sachs' new CTO shares his strategy for attracting outside developers to work more closely with the bank, giving a glimpse into the future of how Wall Street will work. *Insider*, 7 nov. 2019. Disponível em: https://www.businessinsider.com/goldman-sachs-incoming-cto-atte-lahtiranta-interview--2019-11?r=US&IR=T (arquivado em https://perma.cc/7BRM-GCA8). Acesso em: 3 ago. 2022.

CROSMAN, P. How new robo adviser fits into Goldman's tech strategy. *American Banker*, 18 fev. 2021. Disponível em: https://www.americanbanker.com/news/how-goldmans-new--robo-adviser-fits-into-its-tech-strategy (arquivado em https://perma.cc/ZEZ2-F5W6). Acesso em: 3 ago. 2022.

GATES, B. *How to Avoid a Climate Disaster: The Solutions We Have and the Breakthroughs We Need*. Murfreesboro: Diversified Publishing, 2021.

KOTORCHEVIKJ, I. Why and how Nokia changed the game with people analytics. *Hyperight*, 25 ago. 2020. Disponível em: https://read.hyperight.com/why-and-how-nokia--changed-the-game-with-people-analytics/ (arquivado em https://perma.cc/47A2-YKCD). Acesso em: 3 ago. 2022.

O'HALLORAN, J. Nokia launches AI-based operations to help telcos enter the 5G era. *Computer Weekly*, 31 mar. 2020. Disponível em: https://www.computerweekly.com/news/252480922/Nokia-launches-AI-based-operations-to-help-telcos-enter-the-5G-era (arquivado em https://perma.cc/6TL5-GZNE). Acesso em: 3 ago. 2022.

OLSON, P. Nokia Buys Comptel For $370 Million To Help It Woo Telcos. *Forbes*, 9 fev. 2017. Disponível em: https://www.forbes.com/sites/parmyolson/2017/02/09/nokia--buys-comptel-for-370-million-to-help-it-woo-telcos/?sh=685addb81939 (arquivado em https://perma.cc/9JV4-2WEC). Acesso em: 3 ago. 2022.

RODGERS, L. Climate change: The massive CO2 emitter you may not know about. *BBC News*, 17 dez. 2018. Disponível em: https://www.bbc.com/news/science-environment-46455844 (arquivado em https://perma.cc/7RLN-J2BL). Acesso em: 3 ago. 2022.

SIILASMAA, R. The Chairman of Nokia on Ensuring Every Employee Has a Basic Understanding of Machine Learning – Including Him. *Harvard Business Review*, 4 out. 2018. Disponível em: hbr.org/2018/10/the-chairman-of-nokia-on-ensuring-every-employee-has-a-basic-understanding-of-machine-learning-including-him (arquivado em https://perma.cc/7K2W-PJ4Z). Acesso em: 3 ago. 2022.

VUORI, T. O. e HUY, Q. How Nokia Embraced the Emotional Side of Strategy. *Harvard Business Review*, 23 maio 2018. Disponível em: hbr.org/2018/05/how-nokia-embraced--the-emotional-side-of-strategy (arquivado em https://perma.cc/XD36-Q56M). Acesso em: 3 ago. 2022.

VUORI, T O. e HUY, Q. Regulating Top Managers' Emotions during Strategy Making, Nokia's Distributed Approach Enabling Radical Change from Mobile Phones to Networks in 2007–2013. *Academy of Management Journal*, v. 65, n. 1, 2021. Disponível em: https://journals.aom.org/doi/10.5465/amj.2019.0865?ai=vctv&ui=3os1&af=H (arquivado em https://perma.cc/W8WF-5MUU). Acesso em: 3 ago. 2022.

X. The Everyday Robot Project. *X – The Moonshot Factory*, 2021. Disponível em: https://x.company/projects/everyday-robots/ (arquivado em https://perma.cc/BJ4E-T5RE). Acesso em: 3 ago. 2022.

ÍNDICE REMISSIVO

#

3D TV, 90, 249
5G, tecnologia, *121*, 255, 256

A

Aceleradores de redes neurais, 157–159, 163, 164
    insights por dados novos, 157, 163, 164
    redes neurais, *157–159*
ações conjuntas, 67, 71
acordos de não divulgação, 154
agregação de valor, 106, 109, 171
Airbnb, 17, 77, 81, 87, 95, 97, 99, 101
Alahuhta, Matti, 257
Alcatel-Lucent, 255
Alexa, 197, 198
Alibaba, 30, 33, 81
Alipay, 33, 77
alto engajamento, 131, 132, 134
Amazon, 20, 22, 30, 34, 36, 81, 90, 98, 109, 114, 124, 125, 126, 180, 192, 196, 208, 213
    aquisições, 30
    construção de capacidade, 81, 109, 124, 125
    foco, *51*, 124, 196
    insights conceituais, 34, 36, 126, 180, 196
    parcerias, 20, 22, 98
Amazon Fresh, 213
Amazon Marketplace, 20, 81
Amazon Prime, 78, 213
Amazon Web Services (AWS), 196, 197, 208
Amazon, Dash Buttons, 90

Amazon, livrarias, 114, 213
ambientes *sandbox*, 192
análise de dados, 39, 69, 121, 124, 196, 239
    ver também dados rotulados; dados sobre estado de ânimo; novos dados e *insights*; dados sobre desempenho; análise preditiva; plataformas de análise de riscos
análise interna, *60*, 64
análise preditiva, 65
analogias/tendências setoriais, *157–159*, *199*, 201–*204*, 218
    compartilhamento de informações, 184
    plataformas de API do setor, *187*, 191
Android, 58, 66–67, 126, 187, 195
ansiedade, 40, 51, 63, 76, 91–95, *101*, *102–103*
ansiedade de aprendizagem, 63
Ant Financial, 33, 77
API (*application programming interface*), 20, 35, 39, 169
API Manifesto (Amazon), 180
API marketing, 20, 35, 39, 169
APIs internas, 20, 35, 39, 169
APIs para gestão de plataformas, 20, 35, 39, 169
App Store, 17, 20, 45, 47, 50, 190, 207, 256
Apple, 17–20, 29–30, 37, 45, 47–48, 71, 105, 111, 126, 188, 206–207, 211, 257, 259
    ver também iPhone; Jobs, Steve Apple
apps, 30, 34, 50, 176, 179, 184, 186, *187*, 189, 207, 214
    aprendizagem de máquina, 19,

64, 71, 125, 157–159, 163, 165, 213, 245, 250

aprendizagem, 19, 64, 71, 125, 151, *157–159*, 163, 165, 213, 245, 250
  de reforço, 250
  supervisionada, 151, *157–159*, 250

aprendizagem não supervisionada, *157–159*

aprendizagem por reforço, 250

aprendizagem supervisionada, 151, *157–159*, 250

apresentações, 48, 61, 71, 218, 222

aquisições, 30, 48, 214

Argenti, Marco, 256

atenção plena, *51*, 53, 61

atenuação, 68, 100, 101

atenuação de riscos, 100

automação, 152, 161, 162, 197, 211, 225–226
  ver também IA; robôs; veículos autoguiados setor automotivo
  ver também e-scooters; carros (veículos) elétricos; carros autoguiados; Tesla; Volkswagen; Volvo
  autonomia, 106, *122*, 226
  ver também carros autoguiados

autopilotagem, 145, 159–164

avaliação de ideias, 219, 221

aversão ao risco, 46–49

AWS (Amazon Web Services), 196, 197, 208

B

B2B, 18, 31, 56, 66, 77, 81, 82, 84, 95, 116, *117*, 132, 134, 137, 152, 162, 177, 202
  baixo engajamento, 130

Ballmer, Steve, 48

"banco-como-serviço", 257

banda larga, 203

Betolar, 258–259

Bezos, Jeff, 21, 180

bibliotecas, 126, *186*, 218

bibliotecas físicas, 218

BlastIQ, 147

BlindSquare, 175

blockchain, 19, 78, 88, 99, 205, 216

BMW, 48

Boeing, *119–120*, 205, 257

Boston Dynamic Spot, 251

Brondmo, Hans Peter, 258

BubbleBurster, 233, 235

building information modelling (BIM), 251

C

cabos ópticos, 121

caminhos alternativos, *103*, 129, 138

carros autoguiados, 146

cartéis, 155

categorias de produtos, 127, 197

celular por internet, 88, 89, 105, 257

ceticismo, 46, 66, *72*

Chainspace, 216
  "Mude o DNA" (Nokia), 62
  gestão da mudança, 20, 33, 39, 45, 49, 60, 65, *114–115*, 239

Chemodis, 31

ciclo de vida da API, 41, 132, 170, 179, 183, 186–189, *193*, 251

ciclos de aprendizagem, 30, 32, 33, 35–41, 85, *122*, 140–167, 213, 217, 241, 247, 258–259

círculos de engajamento, 130

cláusulas dos direitos de propriedade intelectual, 154

código aberto, 71

colaboração humano/máquina, *119–121*, 147–148, *157*, 162

coleta de lixo, 228

compartilhamento de carona, 48

compartilhamento de dados, 150, 154, 217

compras *on-line* (*e-commerce*), 60, 199, 215
  ver também Amazon; Amazon Dash Buttons; Amazon *Marketplace*; Amazon Web Services (AWS)

computação na nuvem, 19, 22, 48, 208

comunicação, 30, 39–41, 52, 53, 60–68, 71, 92–94, 131–139, 172, *180*, 182, 183, 228, 233, 238, 239, *252*
  ver também feedback; apresentações planos de comunicação

concorrência, 39, 49, 54, 67, 108, 118, 155, 192, 216

confiabilidade, 89, *92*, 94, 95, 177, 178

confiança, 46, 55, 66, 69, 71–73, 97, 98, 101, 112, 190, 214, 245

construção de capacidade, 142, 145

construção de comunidades, 68, 137, 188
construção de relacionamento, 68
construção de reputação, 68, 165
contágio emocional, 220
criação de opções, 54
cultura de aprendizagem, 53
cultura de discussões, 52, 53
cultura tóxica, 51–52
cumprimentos de mão algorítmicos, 41, 56, 168, *193*, 205, 258
custos da ansiedade, 76, 91–92, *101, 103*
custos da incerteza, 76, 91–92, *101, 103*
custos de busca, 40, 79, 80–85, 88, *101, 102*
custos de esforço, 40, 79, 80–85, 88, *101, 102*
custos transacionais, 18, 40, 75–79, 91, 100
CVS Health, 210

D

dados de desempenho, 152
dados de vídeo, 145, 152
dados explícitos, 151
dados implícitos, 151
dados rotulados, 151, *158*, 160
dados sobre estados de ânimo, 219
Daimler, 48
Dash Buttons, 90
debates, 61, 222
DeepScale, 165
defesa, 26, 36, 131
defesa de marca, 131
Deliveroo, 88
DeliveryHero, 88
demanda, 31, 66, *81, 101, 102, 115*, 200, 203, 229
desconfiança, 46, 66, *72*
desenvolvedores, 34–35, 45, 50, 71, 171–172, *178*, 179, 184–192, 207, 214, 247, 256
despacho de produtos, 31, 205
Develop with Deere, 188
DIAS, 88
Diess, Herbert, 46
Disney (Disney+), 58, 201, 202
documentação, *186*, 192, 251
donos de produto, 183
Dorsey, Jack, 172
Drive.ai, 211
drones, 78, 192

Dropbox, 135, 226
Dropbox Basic, 135
Dropbox Plus, 135
Drugstore.com, 209

E
E.ON, 63
e-commerce (compras *on-line*), 60, 199, 215
　　ver também Amazon; Amazon Dash Buttons; Amazon *Marketplace*; Amazon Web Services (AWS)
economia de compartilhamento, 86–87
economia de trabalhos eventuais, 83
efeitos de rede, 34, 45, 79, 114, 136, 169, *178*
efeito de rede direto, 34
　　transações diretas, 34
eficácia, 39, 41, 100, 225, 240
Ek, Daniel, 112, 159
　　carros (veículos) elétricos, 39, 45–48, *69–70, 86*, 106, 135, 183, 209
　　ver também Tesla
e-mail direto, 125
e-mails, 125, 134, 188, 226, *231*
embarque de clientes, 249
emoções, 40, 44, 51, 63, *69–73*, 76, 91–95, *101, 102–103*
　　ver também "medo/energia"
emoções positivas, *69–73*
empatia, 71, 130, 219
energia, 30, 37–39, 44
engajamento, 40, 81, 106, 124, 126, 130–139, 260
Enron, 203
entrevistas, 112, 182
entrevistas com fornecedores, 113
equipes diversificadas, 32, 41, *217*, 220, *223*
escalar, 48, 98, 113, 126, 176, 225
escolha de local, 96
e-scooters, 87, 88
especialistas, 95, 144, 156, 206, 221
especialistas setoriais, 200, 233, *252*
estratégia, 31, 33, 37, *38*
estratégia de camada de preço, 33, *38*
estrutura organizacional, 225, 255
eventos para desenvolvedores, 188
Excel, 249
expansão de recursos, 172

expansão de serviços, 172, 195, 209
expansão geográfica, 127, 172
expansão incremental, 172
    efeito de rede indireto, 34
expansão por "razão para voltar", 127
experiência sem atrito, 75, 77
experimentação (exploração), 111, 113, 125, 134, 182
Express Scripts, 210

F

Facebook, 18, 30, 48, 107, 113–115, 124–128, 136, 184, 187, 197, 216, 217
feature creep, 86
feed de notícias [*newsfeeds*], 197
feedback, 53, 78, 95, *97*, 98, 101, 144, 157, 162
ferramentas de manutenção, 33, 64, 65, *186*, 256
Finnair, 148, 248, 249
Flexport, 31, 96, 176
foco, 25, 29, 31, 75, 89, 105, 200, 204, 211, 256, 257, 259
    debates formais, 222
    geográfico, 111
foco geográfico, 111
fotos, 78, 94, 126, 133, 216, 219
freemium, modelos, 184
FreeNow, 48
funis de vendas, 130
Futurice, *231*, 233

G

"gambiarras", 226
Gates, Bill, 258
gêmeos digitais, *246, 248*
Geoprime, 259
geração de ideias, 198, 219
gestão de pessoas, 173, 174
gestão de produto, 117, 163, 179
gestão de projeto, 65, 117, 176
gestores de comunidades, 65, 136
gestores intermediários, 57, 246
Goldman Sachs, 256
Google, 48, 67, 71, 142, 152, 171, 188, 195, 258
Google Docs, 226
Google I/O, 188
Google Maps, 171

governança, 189
GPS, 88
Gubbe, *83–84*

H

HERE, 258
Hilti, 75, 78, 87, 251. 252, 258
Hilti Fleet Management, 75
Host Guarantee, 99

I

IA, 29, 35, 58, 63, 65, 66, 77, 85, 136, 141–143, 147, 148, 156, 165, 176, 178, 252
    ciclos de aprendizagem, 35, 58, 63, 66, 85, 136, 141–143, 156, *165*, 252
    e gestão da mudança, 65, 77
    integração da, 176, 178
    inteligência de mercado, 29
    limitações da, 148
    ver também análise preditiva, controle de tráfego aéreo
IA estreita, 147
IA proprietária, 70
IBM, 99, 179, 205, 242, 245
IKEA, 111, 127, 129
imagens, 94, 95, 103, 120, *161, 188*, 192
incentivos, 21, 64
indicações, 145
inesperado, criação do, 30, 36, *38*, 55, 128, 149, 194
inovação, 20, 25, 30, 32, 35, 48, *58–59*, 69, 71, 155, 169, 171–*173*, 177, 184, 188, 190, 205, 258
inovação aberta, 58
insights conceituais, 195–*223*
    "fechadas", 137, 160
    aprendizagem contínua, 41, 142, 155, 156, *166*
    atualizações de clientes, 106, 112, *123*
    continuidade, 56, 59, *60*, 62, 116
    contratos, 96, 134, 154, 170, 203, 216
    controle, 21, 40, 49, 51, 53, 57, 72, *142*, 144, 148, 169, 171, *232*, 242, 246
    criatividade, 33, 36, 196

282 ESTRATÉGIA DE PLATAFORMA

embarque de clientes, 249
entrevistas com o cliente, 112, 182
experiência do cliente, 77, *85*
melhoria contínua, 41, 142, 155, 156, *166*
necessidades do cliente (hábitos), 31, 101, 180, 182, 196
oportunismo de clientes, 40, 95, 97, 98, 99, *101, 103*
produtos principais (foco), 25, 29, 31, 75, 89, 105, 200, 204, 211, 256, 257, 259
resenhas de clientes, 34, 98, 101, 131, 199
retenção de clientes, 132
setor de construção, 75
Instagram, 134, 216, 217
inteligência artificial, 29, 35, 58, 63, 65, 66, 77, 85, 136, 141–143, 147, 148, 156, 165, 176, 178, 252
    ver também IA Arzón, Robin
inteligência de mercado, 37, *38*, 155, 199
inteligência humana, 26, 30, 33, 36, *38*, 54
internet, 57, 60, 65, 78, 88, 106, 143, 201, 208
Internet das Coisas (Internet of Things, IoT), 78, 143
iPhone, 17, 30, 34, 35, 40, 45, 50, 105, 206, 211
iPod, 37, 206, 211

J

Järnefelt, Matias, 258
Jeeves, 174
Jobs, Steve, 29, 50, 71, 206
John Deere, 31, 34, 85, 89, 171, 176, *177–178*, 181, 182, 188, 190, 191
joint ventures, 48, 99, 204, 205
Just Eat, 88

K

Kallasvuo, Olli-Pekka, 26, 29, 259
KONE, 31, 56–57, 171–178, 180–185, 212, 257
    APIs, 56–57, 171–178, 180–185, 190
    aquisições, 212
KONE Equipment Status, 178
    KONE UltraRope, 31

L

Lahtiranta, Atte, 256
Lanxess, 31
Leaf, 192
lei da concorrência, 155
Lenovo, *119–121*
Lime, 88
linhas divisórias de plantações, 192

M

Maersk, 99, 205
manutenção preditiva, 65
marketing de desenvolvedores, 188
marketing, API,
marketplaces digitais,
marketplaces,
    avaliação de,
    cronograma geral,
    medições (métrica),
    pareamento [*matchmaking*],
    setor médico,
    ver também setor de assistência médica,
medição da API, 20, 35, 39, 169
medo, 40, 46, 51, 63, 66, 72, 76, 91–95, 101, *102–103*
    executivo, 46, 51, 55, *60, 72*
    organizacional, 57, *60, 72–73*
"medo/energia", abordagem, 40, 46, 51, 63, 66, *72*, 76, 91–95, *101, 102–103*
medo executivo, 46, 51, 55, *60, 72*
medo organizacional, 57, 60, *72–73*
"modo sombra" [*shadow mode*], 160, 164
Meego, 29
    efeito de mera exposição, 68
    orientação, 68
metas, 40, 132, 142, 144
metas do negócio, 142, 144–170
método reverso, 55
Microsoft, 29, 48, 52, 58, 62, 226, 258
    ver também Windows Microsoft Teams
mídias ricas, *92*, 93, 94
minimum viable products MVP, 107
Mirakl, *116–117*
Model 3 (Tesla 3), *122–123*, 136
Model S (Tesla), 47, 106

ÍNDICE REMISSIVO **283**

Model X (Tesla), *122–123*
Model Y (Tesla), *122–123*
modelagem, 251
modelos *API-first*, 192, 214
modelos de API paga, 184
modelos de compartilhamento de receita, 184–185
modelos de negócio, 22, 25, 33, 47, 56, 57, *72*, 179, 184, 240
modelos *live pricing* de API, 184
modularidade, 161, 164, 181
      ver também Tesla
monetização de dados, 179, 189
montagem de equipes, 57, 125, 131, 199, 208, 222, 234–235, 242–244
Moodmetric, 65
Motorola Rokr E1, 206
música, 112, 126, 206, 220, 260
      ver também iPod; Spotify
Musk, Elon, 39, 209

N

N95, 29
Nadella, Satya, 48, 52
Napster, 112
NASA, *58–59*, 62
necessidades latentes, 111
negação, 47
Nestlé, 246
Netflix, 53, 58, 62, 77, 78
níveis de serviço, 191
Nokia, 25, 29, 45, 62, 66, *119–121*, 255–259
      foco, 25, 29, 31, 75, 89, 105, 200, 204, 211, 256, 257, 259
novos aspectos/serviços, 57, 126, 149, 169, 174, 204

O

Oath, 48
observação, 110, 125, 151, 244, 245, 249
Ollila, Jorma, 30
OP Group, 26, 49
opções estratégicas, 54, 61, 255
OpenTable, 175
oportunismo, custos relacionados a, 40, 95, 97, 98, 99, *101*, *103*

Orica, 41, 142, 147, 150, 152, 160, 165
overfitting ["superadequação"], *157–159*
Ovi, 29

P

Paananen, Ilkka, 132
Palola, Jussi, *69–70*
paralisia e pânico, 46
parcerias, 31, 56, 154, 173, 199, 204, 257
pareamento inteligente, *83–84,* 101
Paytm, 89
Peloton, 105, 106, *114–115*, 125–138
PharmacyOS, 210
PillPack, 210
Plaid, 214
planos de ação, 62, 66
plataformas de análise de riscos, 257
Plataformas Inteligentes, 17, 29, 31, 35, 36, 38, 45, 71, 76, 78, 141, 144, 155, 195, 252, 254
Pong, *157–159*
pontos de pivotagem, 56
pontos fortes, identificação, 181, 195, 206, *207*, 209, 210, 222
pools de empregados, 235
Powerwall, 47, *209*
Pöyry, Elias, *69–70*
preço, 76, 80, 92, 96, 98, *114*, 122, 127, 129, 145, 149, 155, 176, 179, 201, *231–232*
      ver também estratégia de camada de preço; Preço Dinâmico
Preço Dinâmico [*surge pricing*], 149, 150
preparação de dados, 35, 39, 50, 67, 69, 101, 121, 124
Prime, 78, 213
processamento de linguagem natural, 151, 163, 197
processos, 25, 40, 47, 57, 63, *69–70*, 75, 85, 90, 105, 112, *146*, 148, 149, *157–159*, 161, *165–167*, *173, 177–178*, 182, 188, 191, *193*, 205, 215, 219, 225, 227, 235, 248, *252–253*, 255, 260
programas de desenvolvedores, 34–35, 45, 50, 71, 171–172, *178*, 179, 184–192, 207, 214, 247, 256
proposições de valor, 105
punições, 97, 99, *102–103*

Q

QR codes, 77, 89
qualidade, 33, 45, *114–115*, 124, 138, 144, 153, 162, 198, 206, 230, 257
Quovo, 214

R

racionalidade limitada, 227, 233, 236
radares, 141, *142–143*
Ramboll, 153
rastreadores vestíveis, 239
rastreamento em tempo real, 92, 93, *101, 102–103*
reação de presa, 54
ReachNow, 48
realidade aumentada, 78, 90, 211
realidade mista, *119*, 205, 257
    ver também Varjo
realidade virtual, 78, *119–121*
    ver também VR
recompensas, 134, 135, 250
    RFID (etiquetas de identificação por radiofrequência)
reconhecimento de voz, 197
recursos, 20, 65, 86, 107, 111, 118, 124, 125, 146, *186*, 190, 196, 204, *212*, 213, 216, 223
redes sociais, 29, 138, 216
    ver também Facebook; Instagram; Twitter, kits de desenvolvimento de software
reflexão, 36, 85, 172, 200, 207, 212, 259
regras, 52, 66, *97*, 99, *103*, 144, *150*, 153, *166*, 191, 240
Regras de Ouro (Nokia), 52
Renaissance, 245
Repsol, 156
resenhas, 34, 98, 101, 131, 132, 134, 199, 200
resistência, 46, 57, *58*, 60, 72, 161
rigidez, 46, 57, *58*, 60, *72*, 161
roadmaps de API, *186*
robôs, 31, 170, 174, 251, 258
robôs de serviço, 174, 251
Robotise, 174
RPA (*robot process automation*), 161
Ruda, Taneli, 257

S

S40, 29
Salmikuukka, Jukka, 173
SAP, *117*
Securitas, 212
segurança psicológica, 51, 244–245
seleção de ideias, *217*, 221
sensores ultrassônicos, 152
serviços de filiação, 197
serviços de rotulação, 151, 158, 160, 162, 250
serviços especializados, 37, 49, *83*, 87, 113, 134, 204, 216
setor de assistência médica, 162, 204, 209, *231*
setor de jornais, 57, 199
setor de manufatura, 55, 116, *147*, 165, 182, 225, 247
    fronteiras de mercado, 21, mercado de tecnologia financeira, 256
setor financeiro, 88
    ver também Ant Financial; Goldman Sachs; OP Group
    ver também setor automotivo; John Deere; KONE; Tetra Pak
setor veterinário, 109–110
Shipt, 215
Siilasmaa, Risto, 29, 52, 256
Silo AI, 25, 27, 148, 153
silos, 233–235
    desenvolvimento de aptidões, 63, 109, *158*, 185, 208, 227, 230–238
    edifícios inteligentes, 31, 174, 190
    etiquetas inteligentes (etiquetas RFID), 78, 153
    pareamento aptidões/tarefas, 226, 232
    pequenas ações, 55
    Skyscanner, 184
    smartphones, 29, 45, 105, 152, 190, 249
    ver também iPhone; Nokia smartwatches
sinergias, 36, 118
sistemas de classificação, 40, 97
sistemas de classificação por cinco estrelas, 98, 101

sistemas de energia domésticos, 133, 209

sistemas de rastreamento, *92*, 93, 101, *102–103*

> *ver também* etiquetas RFID (identificação por radiofrequência)

sistemas de TI, 161

sistemas de TI em tempo real, *92*, 93, *101*, *102–103*

> *ver também* API (*application programming interface*); Preço Dinâmico

sistemas de TI legados, 161, 176, 205

SnapChat, 216

Spotify, 111, 259

Stripe, *187*, 192, 257

Subway, 93

Symbian, 29

T

tarefa/aptidão, pareamento, 63, 109, *158*, 185, 208, 227, 230–238

Target, 69, 215

TaskRabbit, 111, 127, 129

Technology Industries of Finland, 154

> estímulos, 177
>
> técnicas de comunicação não violenta, 52
>
> tendências tecnológicas, 198, 200

tecnologia de sensores, 19, 163, 205, 249

tendências de mercado, 195, 198, 199

> implementação de IA, 29, 35, 58, 63, 65, 66, 77, 85, 136, 141–143, 147, 148, 156, 165, 176, 178, 252
>
> Model 3, *122–123*, 136
>
> Model S, 47, 106

Tensor Flow, 71

Tesla, 18, 30, *122–123*, 133, *141–143*, 152, 161, 163, 209

Tesla Autonomy Day, 160

Tesla Solar Roof [Teto Solar Tesla], 47, 209

testes A/B, 124, 125

Tetra Pak, 55, 66, 82, *116–117*, 202

Thomson Reuters, 32, 257

Thyssenkrupp, 212

Tier, 88

Titan, projeto, 211

Toikkanen, Timo, *119, 257*

tomada de decisões, 50, 61, 207, 240, 252

trabalhar identidade, 36, 50, 62, 72

traços de personalidade, 239

Tradelens, 99, 205

transparência de mercado, 97, 98, *101, 103, 116*

tratamento de água, 153

treinamento, 63, 79, 107, *119*, 144, 157, 161, 164

Trimble, 192, 251

Twitter, 171, 184

U

Uber, 41, 48, 87, 107, 149, 228, 229

> experiência sem atrito, 75, 114
>
> foco, 148
>
> implementação de IA, 93, 97, 149, 152, 175
>
> insights conceituais, 98, 125, 148, 152, 164, 175, 180, 196, 200

Uber Eats, 163

Uber Labs, 125

Uber X, 127

UberRUSH, 200

upgrades de software, 122, *161*

Upwork, 82, 98

usuários com deficiência visual, 175

usuários finais, 162, 172

V

valor pelo tempo de vida, 242

vantagem competitiva, 142, *143*, 155, 165

Varjo, *119–121*, 205, 257

Verizon, 48

Via, 48

videogames, *157–159*

Virta Ltd, *69–70*

Visa, 214

visão, 55, 62, 67, 68, *72–73*, 90, 100, *108*, 110, 111, *124*, 129, *138–139*, *146*, 147, 149, 155, 164, 165–167, 186, 188, 190, *193, 227*

visibilidade do impacto, 156, *157–159*

visualização de condução, 47, 255

Voi, 88

Volkswagen, 46–47

Volvo, *119–121*, 205, 257
VR (*virtual reality*), 78, *119–121*
VRIN, estrutura, 208

W

Walgreens, 210
Watch, 206
Waymo, 145
Weather Channel, The, 179
Westlaw Edge, 32, 257
WhatsApp, 216–217
Whole Foods Market, 210, 213
Windows, 58, 66, 67
Wolt, 88, 93, 132

workshops, 61, 186, 218

X

X (Google), 258
XP, 125

Y

Yammer, 134–135
Yelp, 171

Z

Zuckerberg, Mark, 113

Este livro foi composto com tipografia Adobe Garamond Pro e impresso em papel Off-White 90 g/m² na Formato Artes Gráficas.